उठो, जागो

रश्मि बंसल लेखक, उद्यमी और यूथ एक्सपर्ट हैं। उद्यमिता पर उनकी चार किताबें- छू लो आसमान, सच हुए सपने और जीरो टू हीरो, बेहद लोकप्रिय हैं। इनका अनुवाद 10 से ज़्यादा भाषाओं में हो चुका है।

रश्मि छात्रों और युवा उद्यमियों के लिए प्रेरक वक्ता भी हैं। आप सोफिया कॉलेज, मुंबई से इकोनॉमिक में स्नातक और आईआईएम अहमदाबाद से एमबीए हैं।

रश्मि छात्रों और युवा उद्यमियों के लिए प्रेरक वक्ता भी हैं। आप सोफिया कॉलेज, मुंबई से इकोनॉमिक में स्नातक और आईआईएम अहमदाबाद से एमबीए हैं।

आप उन्हें ट्विटर पर भी फॉलो कर सकते हैं:
www.twitter.com/rashmibansal
या उनके ब्लॉग पर Youthcurry
mail@rashmibansal.in

अनु सिंह चौधरी चर्चित लेखिका हैं। वो एक साथ हिंदी-अंग्रेजी दोनों भाषाओं में लिखती हैं और कई कला-माध्यमों में विश्वसनीय दखल रखती हैं।

उठो, जागो

10 ऐसे युवा स्टुडेंट एंटरप्रेन्योर
जिन्होंने ग्रेजुएशन अपने बिज़नेस में ही पूरी की

रश्मि बंसल

अनुवाद

अनु सिंह चौधरी

युवान बुक्स

युवान बुक्स

अनबाउंड स्क्रिप्ट का उपक्रम

उठो, जागो

प्रथम संस्करण : युवान बुक्स–2025

ISBN : 978-93-92088-09-4

प्रकाशक : **अनबाउंड स्क्रिप्ट**
2/41, अंसारी रोड,
दरियागंज, दिल्ली - 110002
वेबसाइट : www.unboundscript.com
ई-मेल : books@unboundscript.com
फोन नं. : 011-35807601

UTHO JAGO
by Rashmi Bansal
Translated by Anu Singh Choudhary

मुद्रक : यश प्रिंटोग्राफ़िक्स, नोएडा, उत्तर प्रदेश

मूल्य : ₹299/-

मेरे शिक्षक

सुनील हांडा के लिए

जिन्होंने मेरे भीतर की ज्योति जगाई

आभार

उन सभी लोगों का तहेदिल से, जिन्होंने इस किताब को मुमकिन बनाया।

शुक्रिया मेरी ट्रांसक्रिप्शन टीम -- अलेख्य राव, शुभम सिंह, अभिजीत यादव, आंचल कुमार, प्रियंका (*राईटर्समैलन*), ज्योति आर्य और सचिन वहावल का।

आईडिया स्पेस डिजाईन के सौरभ रॉय का, एक और शानदार कवर बनाने के लिए।

91 स्प्रिंगबोर्ड के प्रणय गुप्ता का, मेरे साउंडिंग बोर्ड बने रहने के लिए।

मेरी पार्टनर नियति पटेल, और मेरे मैन फ्राइडे रवीश कुमार का।

एडिटर के 'स्पेशल टच' के लिए आराधना बिष्ट का।

मेरे पब्लिशर गौतम पद्मनाभन का, उनकी सहजता और हंसमुख स्वभाव के लिए।

वेस्टलैंड की सेल्स टीम - केके, राजाराम और गैंग।

मेरे सभी अपने, मेरे खास।

ये साल मेरे लिए मेरे भीतर लौटने का, खुद को खामोशी से समझने के सफर का साल रहा है।

मैं अपने चेतन-अवचेन मन की शक्ति को सही दिशा में लगाने की खोज में हूं।

ताकि अपनी नियति के जरिए संवाद कर सकूं। बिना शब्दों के संवाद कर सकूं।

एक बार फिर, तहेदिल से आभार उनका, जिन्होंने मुझे प्यार दिया और इस सफर में मेरा साथ दिया।

आप जानते हैं कि आप कौन हैं। आप बेशकीमती हैं, आप मेरी रूह का हिस्सा हैं।

उठो! जागो! और तब तक मत रुको
जब तक लक्ष्य न मिल जाए।

-- स्वामी विवेकानंद

लेखक की कलम से

मैंने एक अखबार के लिए तब पहली बार लिखा, जब मेरी उम्र अठारह साल थी। ये सफर अपना नाम प्रिंट में देखने की ख्वाहिश से पैदा हुआ था।

लेकिन द *टाइम्स ऑफ इंडिया* के एडिटर को जब मैंने पहली बार अपना बड़ी सावधानी से टाइप किया वो आर्टिकल भेजा, तो मेरी कोशिश एक 'रिजेक्शन स्लिप' के साथ लौट आई थी।

मैंने कई बार और कोशिश की। करती रही। करती रही। लेकिन हर बार मुझे वही जवाब मिला। रिजेक्शन स्लिप के साथ भेजा हुआ औपचारिक जवाब।

मुझे तभी समझ जाना चाहिए था कि मुझमें वो बात नहीं है। लेकिन मुझमें और जोश आ गया। ये मेरे लिए एक किस्म का खेल बन गया।

अगर मैं और मेहनत से, थोड़ा और खेलती रहती, तो एक दिन जीत मेरी हो सकती थी।

हुआ भी यही। एक दिन मैंने अखबार खोला और देखा अपना नाम--पहली बार प्रिंट में। मैं वो लम्हा कभी नहीं भूल पाऊंगी। वो अहसास। सौ रुपए का वो पहला चेक।

हजार मील लंबी यात्रा भी पहले डग से शुरू होती है। लेकिन सड़क गीली और फिसलन भरी हो सकती है। ये भी हो सकता है कि आपके पास सही जूते न हों। आपको पास गूगल मैप्स भी नहीं है।

लेकिन फिर भी आप कदम आगे बढ़ाते हैं।

आप गिरेंगे, संभलेंगे। आप फिर उठेंगे और चल पड़ेंगे।

आपसे कई लोग ये भी कहेंगे कि कम से कम ग्रेजुएशन तो कर लो। मैं कहूंगी--वक्त क्यों बर्बाद करना? फिलहाल आप फुर्सत में हैं--आप प्रयोग कर सकते हैं, नए-नए रास्तों पर चल सकते हैं।

लेकिन ये रास्ता सिर्फ औसत बने रहने का नहीं है, जिस पर कई लोग

चलते रहते हैं।

कॉलेज में मैंने जो लिखा, उससे मुझे आगे का रास्ता दिखा। आईआईएम अहमदाबाद में दो साल पढ़ने के बाद मैंने प्लेसमेंट के लिए नहीं बैठने का फैसला किया।

मैं ये कर सकी क्योंकि मुझे समझ में आ गया था कि मैं क्या अच्छा कर सकती हूं।

आपके भीतर आपका ये राज छिपा हुआ है। ये राज कोई और नहीं खोल सकता।

ज़िंदगी के खेल में आपके साथ कई खिलाड़ी खलते हैं, और इंतजार करते हैं कि आप भी खेल के मैदान में उतरें। इसलिए मैदान में उतरने के लिए तैयार हो जाइए लेकिन खेल अपने तरीके से खेलिए।

कई ज़िंदगियां, कई नए अवसर आपका इंतजार कर रहे हैं, और आपका वक्त शुरू होता है अब!

जनवरी, 2015 **रश्मि बंसल**
मुंबई

अनुक्रम

अव्वल

उन्होंने देश के सबसे बड़े एंट्रेंस क्लीयर किए। लेकिन फिर नई चुनौतियों को चुना। ऐसी चुनौतियां जिनके लिए कोई 'कोचिंग क्लास' नहीं होती।

दोनों ने मिलकर नए बिज़नेस के लिए दस आईडिया सोचे, और तब जाकर आख़री आईडिया पर बात बनी। कॉलेज के फाइनल ईयर में शुरू हुआ ये स्टार्टअप अब बीस करोड़ की कंपनी है, और देशभर के 10,000 डॉक्टरों तक इसकी पहुंच है।

2008 में आईआईटी खड़गपुर से निकला ग्रैजुएट और अभी-अभी चार्टर्ड अकाउंटेंट बना एक नौज़वान, दोनों ने मिलकर एक पुरानी इंडस्ट्री में हलचल मचाने का फैसला कर डाला। आज मैजिक्रेट 150 करोड़ रुपए की कंपनी है, जो पूरे देश में कंस्ट्रक्शन की शक्ल बदल रहा है।

प्रकाश ने बिज़नेस प्लान कॉम्पटिशन में मजे-मजे में हिस्सा ले लिया, और जब कैंपस से निकले तो उनके पास लॉन्च करने के लिए तैयार एक बिज़नेस था। आठ सालों के बाद प्रकाश मुंद्रा साढ़े चार करोड़ की कंपनी के सीईओ हैं, और उन्हें किसी बात का कोई अफसोस नहीं है।

अड़ियल

वो स्टूडेंट्स जिन्होंने कोशिश की--फेल हुए--लेकिन फिर भी हार नहीं मानी। क्योंकि आसानी से कुछ नहीं मिलता। और हार मान लेना उनकी डिक्शनरी में था ही नहीं।

पृ. 60 **दो ईडियट्स**

प्रभकिरन सिंह और सिद्धार्थ मुनौत

(आईआईटी बॉम्बे)

बेवकूफ ब्रांड

आईआईटी के तीसरे साल में प्रभकिरन सिंह ने फ्लवेर्ड लस्सी बेचना शुरू किया। वेंचर फेल हो गया, लेकिन इससे ज़िंदगी का एक अहम सबक मिला। वो लस्सीवाला अब पांच करोड़ का ऑनलाइन बिज़नेस चलाता है।

पृ. 78 **लोचा-ए-बिज़नेस हो गया**

अंकित गुप्ता, नीरज अग्रवाल और ध्रुव सोगानी

(बीआईटीएस पिलानी)

इनोवेस टेक्नॉलोजिज

दो दोस्तों ने एक कूल आईडिया सोचा और तय किया कि साथ मिलकर बिज़नेस करेंगे। इनोवेस स्टार्टअप के आसमान का चमकता सितारा था, लेकिन आपसी मुद्दों ने कंपनी को तोड दिया। लेकिन हर अनुभव से आप कुछ न कुछ सीखते ही हैं।

पृ. 106 **आवारा पागल दीवाना**

रूपेश शाह

(आईईटी, अलवर)

इनओपेन टेक्नॉलोजिज

आईआईटी बॉम्बे की इन्टर्नशिप ने रूपेश शाह की ज़िंदगी का रुख बदल दिया। रूपेश ने खुद प्रोग्रामिंग, मार्केटिंग और लोगों से संपर्क करना सीखा। उनकी कंपनी इनओपेन टेक्नॉलोजिज अब पांच लाख से ज़्यादा बच्चों को कंप्यूटर साइंस पढ़ाती है।

मनचला

ये घुमक्कड़ बनी हुई राहों को छोड़ अनजाने रास्ते पर चल दिए। क्योंकि कभी-कभी आपके लिए 'प्लेसमेंट' काफी नहीं होता।

पृ. 126 **जीत की भूख**

अरुज गर्ग

(नेशनल लॉ स्कूल, बैंगलोर)

भुक्खड़

अरुज जब नेशनल लॉ स्कूल के थर्ड ईयर स्टूडेंट थे, तब उन्होंने कैंपस के कई भुक्खड़ों की भूख मिटाने के लिए एक टेकअवे फूड ज्वाइंट खोला। अब वे भूक्खड़ ब्रांड को नैचुरल फास्ट फूड के तौर पर हर जगह शुरू करने की योजना बना रहे हैं।

पृ. 142 **घर के जैसा एक घर**

अनुराग अरोड़ा

(आईसीएफएआई बिजनेस स्कूल, पुणे)

गणपति फेसिलिटिज

अनुराग पुणे में पढ़ने के लिए आए तो उन्हें एक दिक्कत का सामना करना पड़ा--घर का। तभी अनुराग ने हॉस्टल बिजनेस में अवसर देखा, और सेकेंड ईयर एमबीए स्टूडेंट होते हुए ही अपने जूनियर बैच के लिए हॉस्टल बिजनेस शुरू कर दिया। अपने दूसरे साल में ही गणपति फैसिलिटिज ने 25 लाख रुपए का मुनाफा कमाया, जो प्लेसमेंट में मिलने वाली नौकरी की तनख्वाह से पांच गुना ज्यादा था।

पृ. 156 **चोर को पकड़ो**

अपूर्वा जोशी

(सीए फाइनल स्टूडेंट)

फ्रॉडएक्सप्रेस

अपनी आर्टिकलशिप के दिनों में अपूर्वा ने फॉरेन्सिक अकाउंटिग का एक बिल्कुल नया क्षेत्र पकड़ा। कई मामलों पर काम करने के बाद अपूर्वा ने अब फ्रॉड-रिस्क असेस्मेंट पर एक कोर्स शुरू किया है जिसे यूनिवर्सिटी से पहचान मिल चुकी है।

पृ. 176 **रवा मसाला दोसा**

ईश्वर विकास और सुदीत साबत

(एसआरएम इंजीनियरिंग कॉलेज, चेन्नई)

दोसामैटिक

दो इंजीनियरों ने मिलकर एक ऑटोमैटिक दोसा मशीन बनाने का फैसला किया। तीन साल के भीतर दोनों मिलकर दुनिया का सबसे पहला टेबलटॉप दोसा प्रिंटर बनाने में कामयाब हो चुके थे और उनके पास तकरीबन 100 रेस्तरां मालिकों के पास से ऑर्डर थे।

अव्वल

उन्होंने देश के सबसे बड़े एंट्रेंस क्लीयर किए। लेकिन फिर नई चुनौतियों को चुना। ऐसी चुनौतियां जिनके लिए कोई 'कोचिंग क्लास' नहीं होती।

लहरें ज़िंदगी की

शशांक एन डी और अभिनव लाल
(एनआईटी सूरतकल)
प्रैक्टो टेक्नॉलोजिज

दोनों ने मिलकर नए बिज़नेस के लिए दस आईडिया सोचे, और तब जाकर आख़री आईडिया पर बात बनी। कॉलेज के फाइनल ईयर में शुरू हुआ ये स्टार्टअप अब बीस करोड़ की कंपनी है, और देशभर के 10,000 डॉक्टरों तक इसकी पहुंच है।

आईआईएम अहमदाबाद में पहले ही दिन मेरे बगल में एक तेज-तर्रार लेकिन बेहद सनकी लड़का आकर बैठ गया।

"कहां से हो?" मैंने पूछा।

"एनआईटी सूरतकल से", उसने जवाब दिया। शायद मुझे इम्प्रेस करना चाहता था, इसलिए उसने ये भी जोड़ दिया, देश का इकलौता ऐसा कॉलेज जिसके पास अपना प्राइवेट बीच, अपना समंदर का किनारा है।

सच कहूं तो मैं वाकई इम्प्रेस हुई थी। कई साल बाद जब मैं उस कैंपस में गई तो जाकर समंदर का वो प्राइवेट बीच भी देख आई।

मैं आपको अब ये भी यकीन के साथ बता सकती हूं कि एनआईटी सूरतकल से शशांक एन डी और अभिनव लाल जैसे तेज-तर्रार और सनकी लोग निकलते हैं।

2005 में जब हम कॉलेज में आए थे तब किसी ने आंट्रप्रेन्योरशिप का नाम तक नहीं सुना था। एनआईटी-के देश के उन पहले कॉलेजों में से एक था जिसने अपना ई-सेल शुरू किया था।

शशांक और अभिनव ने जब आंट्रप्रेन्योरशिप के बारे में जागरुकता फैलानी शुरू की तो एक अजीब सी बात हुई। उनके सिस्टम में वायरस चला गया और उन्होंने अपनी कपंनी शुरू करने का फैसला किया।

कॉलेज के आख़री साल में शुरू किया गया ये वेंचर अब प्रैक्टो नाम के सॉफ्टवेयर में तब्दील हो गया है, जिसका इस्तेमाल दस हज़ार से ज़्यादा डॉक्टर कर रहे हैं। इस कंपनी में तीन सौ से ज़्यादा लोग काम करते हैं, और साल की आमदनी बीस करोड़ रुपए से ज़्यादा की है।

एनआईटी-के अभी भी इकलौता ऐसा कॉलेज है जिसके पास अपना प्राइवेट बीच है, लेकिन देशभर के सैंकड़ों कॉलेजों में ई-सेल खुल गए हैं। इन कॉलेजों को मैं एक चुनौती देती हूं: क्या हर ई-सेल दस ऐसे छात्रों को प्रेरित कर सकता है जो कैंपस में रहते हुए अपना बिज़नेस शुरू कर सकें?

दुनिया के तेज-तर्रार सनकी लोगों के नाम दुआ है कि उनकी संख्या में इजाफा हो!

लहरें ज़िंदगी की

शशांक एन डी और अभिनव लाल
(एनआईटी सूरतकल) प्रैक्टो टेक्नॉलोजिज

शशांक एन डी बैंगलोर के एक मिडल क्लास परिवार में पैदा हुए और पले-बढ़े।

"मेरे मां-बाप सरकारी नौकरी में थे। मेरे पिता विश्वेस्वरैया आयरन एंड स्टील प्लांट (वीआईएसएल) में थे जबकि मेरी मां भारत इलेक्ट्रॉनिक्स लिमिटेड में काम कर रही थीं।"

उनका परिवार बड़ा था, सब एक साथ रहते थे। लेकिन बिज़नेस कोई नहीं करता था। शशांक ने केजी से लेकर बारहवीं तक की पढ़ाई नेशनल पब्लिक स्कूल, बैंगलोर में की। वे औसत छात्र थे, जिनका स्पोर्ट्स और एक्सट्राकरिकुलर में ज़्यादा मन लगता था।

"मैं बस हवा के साथ-साथ बह रहा था। कोई ऐसी अंदरूनी प्रेरणा नहीं थी। लेकिन अचानक बारहवीं में जाकर मुझे कुछ हो गया।"

जहां शशांक के बाकी के दोस्त और सहपाठी कई सारी एन्ट्रेन्स परीक्षाओं की तैयारी कर रहे थे और जानते थे कि उन्हें ज़िंदगी में करना क्या है, शशांक को बिल्कुल अंदाजा नहीं था कि उन्हें आगे जाकर क्या करना है। एक दिन शाम को शशांक ने अपने पेरेन्ट्स से कहा कि उनके कुछ दोस्त मैथ्स और साइंस के नेशनल ओलंपियाड के लिए चुन लिए गए हैं।

"तुमने कोशिश क्यों नहीं की?" उन्होंने पूछा।

"मैंने अपनी डॉरमेटरी में ई-सेल का पोस्टर देखा। मुझे बिल्कुल अंदाजा नहीं था कि आंट्रप्रेन्योरशिप आख़िर है क्या... मुझे मालूम भी नहीं था कि इसका मतलब क्या होता है।"

बात चुभ गई। शशांक डायनिंग टेबल से उठ गया और अपने दोस्तों को फोन लगाकर पूछता रहा कि अगला टेस्ट कब है। मतलब ये, कि अब सीरियस होना था।

"मैंने पूरे एक साल के लिए ख़ुद को एक कमरे में बंद कर लिया, दाढ़ी बढ़ा ली और ऐसे ही पूरे साल पढ़ाई की!"

शशांक न सिर्फ इन्फॉर्मैटिक ओलंपियाड के लिए चुन लिए गए, बल्कि ऑल इंडिया इंजीनियरिंग एंट्रेंस एक्जाम के नतीजे से सबको चौंका भी दिया। सब ये देखकर हैरान रह गए कि एक मस्तमौला-सा रहनेवाला लड़का एनआईटी-सूरतकल के लिए चुन लिया गया है।

"सूरतकल ने मेरी ज़िंदगी बदल दी। आस-पास के लोग कमाल के थे, और कॉम्पटिशन भी खूब था। यहां देशभर से आए बच्चे थे।"

शशांक ने जुलाई 2005 में एनआईटी-के में दाखिला लिया। सितंबर 2006 में उन्होंने पहली बार आंट्रप्रेन्योरशिप का नाम सुना। कॉलेज में आयुष झुनझुनवाला नाम का एक सीनियर था जो अमेरिका से इन्टर्नशिप करके लौटा था। स्टैनफोर्ड यूनिवर्सिटी में उसने ई-सेल (आंट्रप्रेन्योरशिप सेल) नाम सुना और तय किया कि ऐसा ही एक क्लब एनआईटी कैंपस में शुरू करेगा।

"मैंने 'ईफोरिया' का पोस्टर अपनी डॉरमेटरी में देखा, और मुझे लगा कि ये कुछ नई और मजेदार चीज है।"

शशांक पर उस पहले सेशन का इतना असर पड़ा कि उसने क्लब के लिए साईन अप कर लिया। हालांकि कई सारे लोगों ने अप्लाई किया था, लेकिन सेकेंड ईयर के सिर्फ चार स्टूडेंट चुने गए थे। उनमें से एक अभिनव लाल था, जो शशांक के हॉस्टल में, बल्कि उसी की ब्रांच में था। उन्हें बिल्कुल अंदाजा नहीं था कि आगे क्या होने वाला है।

'ईफोरिया' में उनका पहला काम था आंट्रप्रेन्योरशिप को लेकर

जागरुकता फैलाना। ये करने के लिए इन दो युवा इंजीनियरों को पहले खुद को शिक्षित करना था। इसके लिए ईफोरिया की टीम पहले आईएसबी हैदराबाद गई, और फिर यूरेका के लिए आईआईटी बॉम्बे पहुंची।

"मुझे याद है कि हम सब लोग सो रहे थे क्योंकि डिस्कशन बहुत ही बोरिंग था... फिर अचानक रिडिफ डॉटकॉम से एक बंदा आया, जिसका नाम था अजीत बालकृष्णन जिसने आते ही स्टेज पर हलचल मचा थी।"

ज़्यादातर स्पीकर माइक्रोसॉफ्ट जैसी बड़ी कंपनियों के थे, और अजीत इकलौते आंट्रप्रेन्योर थे। अजीत ने इतने उत्साह, ऊर्जा और जुनून से बात की कि सारे के सारे युवा श्रोता उनके फैन हो गए।

शशांक ने ख़ुद से कहा, "मैं भी इस आदमी की तरह बनना चाहता हूं।"

'ईफोरिया' टीम के पास एक आसान सी रणनीति थी--सिर्फ वैसे सेशन सुनो जहां कंपनी के फाउंडर बात कर रहे हों। उन्हीं लोगों से कुछ सीखा जा सकता है।

"हम कैंपस वापस लौटे और जल्दी से जल्दी वो सबकुछ करना चाहा जो हमने सुना था और सीखा था।"

इस तरह 'ईफोरिया' ने कई सारे इवेन्ट आयोजित किए जिसमें आंट्रप्रेन्योर बोलने आते थे, पैनल डिस्कशन का हिस्सा बनते थे। सूरतकल तक स्पीकर लेकर आना आसान नहीं था, लेकिन उन्होंने हार नहीं मानी। जिन कई लोगों से स्टूडेंट्स ने बात की, उनमें एक थे पैट्रिक टर्नर--इनसियाड बिज़नेस स्कूल में आंट्रप्रेन्योरशिप के प्रोफेसर। पैट्रिक न सिर्फ आने के लिए राजी हो गए, बल्कि अपने ख़र्चे पर भी आए।

"कैंपस में उनको लेकर बहुत उत्साह था... पूरा ऑडिटोरियम भरा हुआ था।"

प्रोफेसर टर्नर का मेसज सीधा-सा थाः "आप कुछ नया बना सकते हैं, आप आगे भी बढ़ सकते हैं। सिर्फ मेहनत कीजिए और आप कुछ भी कर सकते हैं।"

ज़िंदगी का मकसद कैंपस प्लेसमेंट नहीं होता। आप अपना रास्ता खुद

"हम अपने ख़र्चे पर कई जगह गए ताकि ये समझ सकें कि आंट्रप्रेन्योरशिप आख़िर है क्या चीज। और इस एक चीज ने मेरी ज़िंदगी बदल दी।"

बना सकते हैं। और तो और, उसके पीछे भी एक विज्ञान है।

"जब टॉक खत्म हो जाता था तब हमें समझ में आता था कि आंट्रप्रेन्योर कोई गंदा शब्द नहीं बल्कि कुछ मजेदार चीज है।"

एक साल में 'ईफोरिया' ने कई सारे इवेंट किए और मेंबरशिप बढ़ने लगी। सेकेंड ईयर तक आते-आते शशांक क्लब को-ऑर्डिनेटर बन गए। उन्हीं के कार्यकाल में 'ईफोरिया' ने 'इग्निशन' के नाम से दक्षिण भारत के कॉलेजों के लिए पहला आंट्रप्रेन्योरशिप सम्मिट किया जो बहुत सफल हुआ। लेकिन कहीं न कहीं कुछ और करने और अपना बिज़नेस शुरू करने की चाहत बनी रही।

"थर्ड ईयर में आकर हमने कई सारी चीजें की... कई नए आईडिया ट्राई किए।"

शशांक ने टवांट टेक्नॉलोजिज के लिए एक प्रोजेक्ट लिया, जिसमें शशांक के एक कॉलेज के सीनियर काम कर रहे थे। टवांट ने सोशलवे नाम का एक प्रॉडक्ट लॉन्च किया जो वे कॉलेजों में लोकप्रिय बनाना चाहते थे।

"हमने पोस्टर लगाए, लोगों को साईन अप करने के लिए कहा। लेकिन कुछ हुआ नहीं। हालांकि हम इतने मशगूल हो गए थे उस प्रोजेक्ट में कि ये हमें अपने वेंचर की तरह लगा।"

ये युवा टीम बैंगलोर में टवांट के ऑफिस जाती, वहां बैठती और क्या किया जाए पर अपना दिमाग खपाती। टीम ने कई रातें जागकर काम किया,

थर्ड ईयर हताशा से भरा हुआ था—हमारे पास कई सारे आईडिया था लेकिन नतीजा कुछ भी नहीं निकल रहा था। फिर फाइनल ईयर में जाकर रास्ता निकला।"

एक बिज़नेस शुरू करने का ख्वाब देखा और कॉलेजों में सोशल नेटवर्क शुरू करने का एक आईडिया उनके दिमाग में आया।

"अगले ही दिन हमने एक रिपोर्ट पढ़ी कि किसी* ने ये काम पहले ही कर लिया है और उन्हें दस मिलियन डॉलकर का फंड भी मिल चुका है।"

अगले दिन एक और नया आईडिया... यही वो वक़्त था जब अभिनव और शशांक को साथ मिलकर क्लब वेबसाइट बनाने का मौका मिला।

"कॉलेज में कई तरह के लोग आते हैं... जब आप साथ वक्त गुजारते हैं तो आपको कोई ऐसा इंसान मिल जाता है जिससे आपकी बनने लगती है।"

और यहां भी ठीक यही हुआ। दोनों आईटी स्टूडेंट्स थे। अभिनव कोडर ज़्यादा थे जबकि शशांक के पास मार्केटिंग का दिमाग था। दोनों ने मिलकर कई सारे वेब-वेंचर के बारे में सोचा--स्टॉक मार्केट प्रोग्राम से लेकर मैरिज हॉल के लिए सॉफ्टवेयर बनाने तक। सबमें मजा बहुत आ रहा था।

"हम लोग अपने ख़र्चे पर बैंगलोर आते थे, सूट पहन लेते थे और नेकवर्किंग इवेंट का हिस्सा बनते थे। हम लोग बात ऐसे करते थे जैसे कि इन बड़े लोगों को पहले से जानते हों। लेकिन हम वहां सिर्फ और सिर्फ सीखने जाते थे!"

और उनके पेरेन्ट्स कुछ कहते नहीं थे? नहीं, क्योंकि उन्हें बिल्कुल भी अंदाज़ा नहीं था कि उनके बेटे आख़िर कर क्या रहे हैं।

कॉलेज के तीसरे साल तक आते-आते अभिनव और शशांक ने ये तय कर लिया कि मामला अभी नहीं तो कभी नहीं का था। उनके दस आईडिया में से आख़री आइडिया डॉक्टरों के लिए सॉफ्टवेयर बनाने का था। इस बार वे लोग ये काम ठीक तरह से, और संजीदगी के साथ करना चाहते थे।

"हमने प्रैक्टो टेक्नॉलोजिज के नाम से एक कंपनी 2008 में रजिस्टर की। मैंने अपनी मां से दस हज़ार रुपए उधार लिए, कुछ विजिटिंग कार्ड

* उस कंपनी का नाम था मिंगलबॉक्सडॉटकॉम और उन्हें सेक्यूओइया कैपिटल ने फंडिंग दी थी।

छपवाए और फिर हमने डॉक्टरों के चक्कर लगाने शुरू किए।"

काम करने का तरीका आसान सा था। वे लोग येलो पेजेज लेकर बैठते थे और डॉक्टरों को ऐसे ही फोन करते थे। फोन पर कहते थे, "हैलो डॉक्टर, हमने आपके लिए ख़ास एक सॉफ्टवेयर डिजाइन किया है। हम आपसे मिलने कब आ सकते हैं?"

सच तो ये था कि कोई सॉफ्टवेयर नहीं था--सिर्फ एक बेसिक कॉन्सेप्ट था और कुछ स्लाईड्स की एक पीपीटी थी। शशांक वो आशावादी थे जिसने तय किया कि वे लोग एक इवेंट करेंगे और उसमें पच्चीस डॉक्टरों के सामने एक प्रेजेंटेशन करेंगे। जगह एक अस्पताल थी और शशांक की मां ने जूस और चिप्स ख़रीदकर उनकी मदद की। लेकिन जैसी योजना थी, वैसे काम हुआ नहीं।

"वो मेरी ज़िंदगी का सबसे खराब इवेंट था!" शशांक याद करते हुए कहते हैं। "मेरा सूट सही नहीं था, हमने जो पिच किया वो बहुत खराब था और जो लोग आए थे उनको हमारी बातों में कोई दिलचस्पी नहीं थी।"

बल्कि कई डॉक्टरों ने तो ये तक कह दिया कि ये आईडिया बहुत ही खराब है और हमें दोबारा डिस्टर्ब मत करना।

"हम बुरी तरह हताश हो गए थे। हमने अपने सारे पैसे खर्च कर दिए थे और हमारे सारे आईडिया भी ख़त्म हो गए थे।"

उन्हें लगा कि आगे का रास्ता बंद हो गया है।

फिर, एक दिन डॉ मोहम्मद अली नाम के एक डॉक्टर ने उनसे संपर्क किया और कहा कि उन्हें आईडिया पसंद है। क्या आप लोग मिलने आ सकते हैं?

डॉ अली युवा थे और शायद उन सारे बड़े डॉक्टरों में सबसे कम

"इस आईडिया में दम था क्योंकि ये बड़ा आईडिया था और इस पर काम करके इसे पूरा करने में वक़्त लगता—हमें यही बात बहुत उत्साहजनक लगी!"

महत्वपूर्ण थे जो इवेंट में आए थे। अब तक शशांक और अभिनव पूरी तरह हताश हो चुके थे और उनका आगे बढ़ने का बिल्कुल मन नहीं था।

"बल्कि डॉ अली ने हमें पांच-छह बार फोन किया और हमें मनाया कि हम उनसे जाकर मिलें!"

डॉ अली के क्लीनिक में दोनों पहुंचे तो उन्होंने समस्या बताई। जैसे उनके मरीजों को नियमित रूप से चेकअप के लिए आना होता था तो उन्हें एक रिमाइंडर देने के लिए फोन करना पड़ता था। क्या ये रिमाइंडर ऑटोमेटेड हो सकता था?

दोनों को ये प्रॉब्लम बहुत बड़ी या ख़ास नहीं लगी, लेकिन क्लायंट इसके लिए पैसे देने को तैयार थे।

"बल्कि उन्होंने हमें हाथ के हाथ पांच हज़ार रुपए का एक चेक दे दिया। प्रैक्टो टेक्नॉलोजिज की ये पहली कमाई थी।"

"हम लौटकर आए और सोचा कि अब क्या किया जाए? अब डॉक्टर ने तो हमें पहले ही पैसे दे दिए थे, इसलिए काम तो करना ही था।"

थर्ड ईयर खत्म ही हुआ था और उनके पास लंबी छुट्टियां थीं। शशांक के मां-पापा का एक घर था, जो खाली था और आठ सालों से बंद पड़ा था। घर में कोई फर्नीचर नहीं था, कोई सामान नहीं था। बस एक नल था जो चलता था, और बिजली थी। दो युवा लड़कों के लिए अचार और आलू परांठा खाकर शांति से काम करने के लिए इतना बहुत था।

अभिनव उन गर्मी की छुट्टियों में घर नहीं गया और बैंगलोर में रहकर दो हफ्ते तक लगकर दोनों कोड लिखते रहे। आख़िर में जाकर उनके पास एक ऐसा प्रोटोटाईप तैयार हो गया जो चल सकता था।

सॉफ्टवेयर के चार-पांच बेसिक फीचर थे जिसमें पेशेंट का नाम स्टोर किया जा सकता था और उन्हें एसएमएस से रिमाइंडर भेजा जा सकता था। लेकिन जब डॉ. अली ने उसका इस्तेमाल शुरू किया तो उन्होंने सबसे इस सॉफ्टवेयर के बारे में बात की।

"फीडबैक इतना अच्छा था कि हमें लगा कि चलो, इसमें आगे कुछ अच्छा कर सकते हैं।"

"किसी ने अभी तक ये सुना तक नहीं था कि कॉलेज के किसी बच्चे ने एक कंपनी शुरू कर दी हो, उसे आगे चला भी रहा हो और अच्छा भी कर रहा हो। कम से कम भारत में तो ऐसा किसी ने नहीं सुना था।"

इसी दौरान शशांक के पिता के घुटनों की सर्जरी होनी थी। एक बड़े डॉक्टर के पास सेकेंड ओपिनियन के लिए उन्हें अपनी रिपोर्ट दिखानी थी। रिपोर्ट की हार्ड कॉपी थी, और शशांक को हर पेज की तस्वीर लेने के लिए अपने सोनी एरिकसन कैमरा फोन का इस्तेमाल करना पड़ा। ये तस्वीरें कम्प्यूटर पर डाउनलोड की गईं और डॉक्टर को ईमेल की गईं।

"मुझे ये बिल्कुल समझ में नहीं आया कि जो हॉस्पिटल सर्जरी के लिए हमसे लाखों रुपए वसूल कर रहा था वो डिजिटल फॉर्मैट में हमें रिपोर्ट क्यों नहीं दे सकता था!"

बल्कि सारे रिपोर्ट एक फाइल में किसी तरह ठूंसे हुए थे, जिसमें शशांक के पहले टीके तक की फाइल थी। ये देखकर अच्छा लगता है कि आपके मां-बाप ने कितनी मेहनत से और प्यार से रिपोर्ट को संभाल कर रखा है, लेकिन आप ये भी सोचते हैं कि अगर ये फाइल खो गई तो? तभी शशांक के दिमाग में एक बड़ा आईडिया आया कि हर मरीज अपना हेल्थकेयर रिकॉर्ड ऑनलाइन रख सके तो?

"मेरे दिमाग में ये आईडिया अभी तैयार हो ही रहा था, और हमें डॉक्टरों से उनकी समस्याओं का समधान ढूंढने के लिए पैसे मिलने लगे थे।"

बल्कि डॉ. अली तो प्रैक्टो सॉफ्टवेयर से इतने ख़ुश थे कि उन्होंने अपने कई दोस्तों को इसका रेफरेंस भी दिया। अब इन दो युवा इंजीनियरों

"हमने अपने मन में कहा कि तीन से छह महीने में हम अपना काम समेट लेंगे। जब तक चलेगा। लेकिन हमें मजा आने लगा।"

के पास ऐसे दस से ज़्यादा क्लायंट थे जो पांच से दस हज़ार रुपए देने के लिए तैयार थे।

"हमें डॉक्टरों से बहुत सारा फीडबैक मिलता था, और हम अपने प्रोडक्ट पर काम करते रहते थे... बल्कि हम बैंगलोर में ही रुक गए और कॉलेज वापस गए ही नहीं।"

अभिनव का परिवार बिहार में था, और उन्हें मालूम ही नहीं था कि अभिनव कर क्या रहा है। शशांक ने अपने घर में ये कह दिया कि अब प्रॉजेक्ट और प्लेसमेंट की वजह से कॉलेज में क्लास नहीं हो रही थी। यहां तक कि शशांक ने उन्हें अपने काम में एक लाख रुपए लगाने तक के लिए राजी कर लिया।

"उन्होंने देखा कि मैं कितना उत्साहित हूं। मुझमें इतना कॉन्फिडेंस आ गया था। इसलिए मेरा साथ देने में उन्हें भी खुशी मिल रही थी।"

हालांकि उन्हें लगता यही रहा कि बच्चों के लिए ये एक दौर है और गुजर जाएगा। या फिर उन्हें दुनियादारी की समझ हो जाएगी। लेकिन लड़कों को बहुत मजा आ रहा था। वे उस घर में रहने लगे। दिनभर मस्ती करते थे और रात भर कोडिंग। लंच और डिनर अक्सर बाहर से आता था, और मां-बाप की भेजी हुई पॉकेटमनी से गुजारा चल जाता था।

"हम पर कोई जिम्मेदारी तो थी नहीं... हम बढ़िया खाने पर खर्च करते और बाकी बचा बिजनेस में लगा देते!"

बिज़नेस सीरियस भी था, और नॉन-सीरियस भी। दोनों को अपने काम में मजा तो आ रहा था लेकिन भविष्य अभी तय नहीं था। फिर कैंपस प्लेसमेंट का भी लालच था। अभिनव बिहार के एक छोटे से शहर से थे, इसलिए उनसे उम्मीद की जाती थी कि वे मेहनत करके पढ़ाई करेंगे और

"मैं कोई कोडिंग एक्सपर्ट नहीं हूं। बात सिर्फ इतनी सी है कि अगर मेरे सामने कोई समस्या है तो मैं उसका हल ढूंढ़ने की कोशिश करूंगा... चाहे उसमें कितना ही वक्त या मेहनत क्यों न लगे!"

"पहले दिन से ही हमारा फलसफा यही रहा कि आपके पास प्रोडक्ट का अच्छा होना ही काफी नहीं है। आपको सेल्स में भी अच्छा होना चाहिए।"

एक अच्छी नौकरी मिल जाएगी।

"मैंने शशांक से कहा कि मेरे लिए कैंपस जाना ज़रूरी था ताकि मैं प्लेसमेंट ले सकूं। वरना मेरी मां को शक हो जाएगा।"

इसलिए जिस दिन कॉलेज खुला, अभिनव सूरतकल पहुंचे और बस ऐसे ही एक कंपनी में नौकरी के लिए अप्लाई कर दिया। बाद में पता चला कि वो कंपनी सत्यम है।

"मैंने अपनी मां को फोन किया और कहा कि मुझे नौकरी मिल गई है। तो एक वो काम हो गया।"

अब शशांक पर दबाव बढ़ने लगा। हर दूसरे दिन कोई न कोई दोस्त फोन करके बताता कि उसे नौकरी मिल गई है। कैसे फलाना को माइक्रोसॉफ्ट में बारह लाख का पैकेज मिला और कैसे सब हॉस्टल में पार्टी कर रहे थे।

"मैं बैंगलोर में था, मेरा भविष्य तय नहीं था। मुझे डर लगने लगा।"

चार महीने के बाद शशांक से बर्दाश्त नहीं हुआ। वो सूरतकल गए और इंटरव्यू देने का फैसला किया। किस्मत ऐसी कि पहली कोशिश में ही नौकरी का ऑफर लेटर मिल गया। मिशन पूरा हुआ, इसलिए शशांक ने पहली बस पकड़ी और बैंगलोर लौट आए।

तो पूरे साल उन्होंने आख़िर किया क्या?

"हम नई-नई चीजें सीख रहे थे--छोटी छोटी चीजें। अब मुझे लगता है कि हमने पूरे एक साल कितना कम काम किया लेकिन हमें कितना मजा आ रहा था।"

जो काम करने थे उनमें डॉक्टरों से मिलना, सेल्स पिच करना, उनके फीडबैक के हिसाब से सॉफ्टवेयर पर काम करना शामिल था। इसके अलावा हम कॉन्फ्रेंस और नेटवर्किंग इवेंट में भी शामिल होते थे। जब भी हमारा

परिचय स्टूडेंट आंट्रप्रेन्योर के तौर पर किया जाता था, वहां एक मिनट के लिए चुप्पी छा जाती थी।

"हमें ये जानकर बहुत अच्छा लगता था कि हम उस कमरे में सबसे छोटे थे!"

साल था 2008 और इंटरनेट के आसपास बहुत सारी दिलचस्पी पैदा हो रही थी। फेसबुक जैसी साइट पोपुलर हो रही थीं; फ्लिपकार्ट किताबें बेचने का छोटा सा स्टार्टअप था। लेकिन एक हवा थी कि कुछ हो रहा है।

हर महीने के साथ चुनौतियां बढ़ती गईं। हर बार जब वह नए कस्टमर या कोड के नए पीस को डेप्लॉय करते तो वह उनके लिए बड़ी उपलब्धि होती। लोग कह रहे थे कि तुम्हारे निर्माण से कुछ फर्क पड़ा तो है।

फरवरी 2009, प्रैक्टो का नया वर्जन 2.0 अभी आया ही था। कंपनी के पास 20-25 क्लायंट हो गए थे और फीडबैक भी अच्छा मिल रहा था।

"हमें इससे बहुत आत्मविश्वास मिला और लगा कि हमें पूरी लगन के साथ यही करना चाहिए।"

एक क्लायंट ने कहा कि बैंगलोर के पैलेस ग्राउंड्स में एक प्रदर्शनी लगने वाली है। वो इवेंट बहुत बड़ा था और शहर भर के डेंटिस्ट उसमें शामिल हो रहे थे। मई का महीना था, ग्रैजुएशन के ठीक एक महीना पहले--और ये अभी नहीं तो कभी नहीं वाला लम्हा था।

"हमने अपने अकाउंट से एक लाख रुपए निकाले और पूरे का पूरा पैसा कान्फ्रेंस पर खर्च कर दिया।"

स्टॉल में साठ हज़ार रुपए लगे और फ्लेक्स बैनर और ब्रोशर में और तीस हज़ार लग गए। लेकिन हमारी कोशिश कामयाब रही।

पहले ही दिन प्रैक्टो के स्टॉल में बहुत सारे लोग आए और इतनी भीड़ जमा हो गई कि भीतर खड़े होने की जगह नहीं थी।

"हमने अपने दोस्तों को फोन किया और कहा कि मदद करने के लिए आ जाओ प्लीज!"

विजिटर्स को डेमो बहुत पसंद आया। जब कोई अप्वाइंटमेंट होती और

डॉक्टर का सेलफोन बीप करता तो उसका चेहरा चमक उठता। अभिनव के लिए ये 'अहा मोमेंट' था, जब उन्हें लगा कि "मैं ये काम आगे भी करना चाहता हूं।"

तब तक अभिनव को और अच्छी नौकरी मिल चुकी थी और जेएस सॉफ्टवेयर का ग्यारह लाख के पैकेज का ऑफर था। इसलिए फैसला लेना और मुश्किल हो गया।

"मैं घर गया और सबसे कहा कि मैं नौकरी नहीं करना चाहता। सबने कहा कि मैं पागल हो गया हूं।"

लेकिन अभिनव ने अपनी मां को मना लिया।

"मैंने कहा कि मुझे एक साल ये काम करने दो और अगर प्रैक्टो नहीं चलता तो मैं वापस लौट जाऊंगा और नौकरी कर लूंगा।"

इस बीच शशांक के सामने एक और उलझन आ गई। सात लाख रुपए के पैकेज को ना करना आसान नहीं था। साल था 2009, और मंदी का दौर था। मार्केट औंधे मुंह गिरा था और लोगों के पास नौकरियां नहीं थीं। ऐसे में कोई बेवकूफ ही होता जो एक अच्छी नौकरी को ठोकर मारता।

"जब सबने एक ही बात कहनी शुरू की तो मैंने सोचा, मुझे उन्हें गलत साबित करना ही होगा।"

और इस तरह बाईस साल के दो लड़कों ने अपने दिल की सुनने का फैसला किया। परीक्षा पास कर गए, डिग्रियां हाथ में ले लीं और वापस बिज़नेस में लग गए। लेकिन इस बार हकीकत से सामना होना था। स्टूडेंट-लाइफ खत्म हो चुकी थी, और अब सिर्फ हॉबी के तौर पर ये काम नहीं किया जा सकता था, न सिर्फ दिखावे के लिए किया जा सकता था।

स्टूडेंट आंट्रप्रेन्योर के तौर पर आप औसत हों तब भी लोग आपको नोटिस करेंगे। लेकिन ये बेस्ट न होने का बहाना नहीं बन सकता।

कॉलेज खत्म होने का ये भी मतलब था कि पॉकेटमनी खत्म होनी थी। आप अब बड़े हो गए थे, और अपना काम ख़ुद चलाना था।

"एक अच्छी बात ये हुई कि हम लोग ख़ुद को लेकर सीरियस हो गए--और मुझे लगा कि दरअसल हमारी कंपनी का जन्म तभी हुआ था।"

"कुछ बेचने के लिए आपको मैजिक क्रिएट करना होता है– और अगर मैजिक होगा तो आपके हाथ में चैक पांच मिनट में आ जाएगा।"

देर रात चलनेवाली पार्टियां, मूवी मैराथन, डोमिनोज से आनेवाली डेलीवरी सब बंद हो गईं। पूरी गंभीरता के साथ कोडिंग और क्रंचिंग का काम शुरू हो गया। बिज़नेस में निवेश करने के लिए बातचीत भी शुरू हो गई। अभी तक शशांक ने पांच लाख रुपए लगाए थे। अब अभिनव भी निवेश करना चाहता था।

"हम दोनों ने मिलकर दस-बारह लाख रुपए जमा किए।"

टीम बनाने के लिए इन पैसों की ज़रूरत थी। उन्होंने सबसे पहले एनआईटी सूरतकल के अपने बैचमेट से संपर्क किया।

"हमने कहा, 'हमारे पास इतना अच्छा आईडिया है। तुम लोग हमें ज्वाइन क्यों नहीं करते'!"

सिद्धार्थ निहलानी वो पहला शख्स था, जो टीम में शामिल हुआ। सिद्धार्थ बहुत तेज था और एक नई कंपनी के लिए सिर्फ इसलिए काम करने को तैयार था क्योंकि वो कुछ अलग हटकर करना चाहता था। दो महीने के भीतर चार और लोगों ने प्रैक्टो ज्वाइन कर लिया--दो कोडर थे जबकि बाकी सेल्स में थे।

शुरू में टीम को दस-पंद्रह हज़ार की छोटी तनख्वाह मिलती थी। लेकिन प्रैक्टो में काम करने का एक बड़ा फायदा था--मुफ्त में रहने की व्यवस्था। लड़के शशांक के खाली घर में रहने लगे। ग्राउंड फ्लोर पर उनका ऑफिस था और ऊपर के फ्लोर पर डॉरमेटरी।

"हम उनसे कहते थे कि बस तुम्हें अपना बिस्तर लाना है।"

लड़कों ने उन दोस्तों से सस्ते दाम में कंप्यूटर भी ख़रीद लिए जो आगे की पढ़ाई के लिए विदेश जा रहे थे।

"हम पैसे-पैसे का हिसाब रखते थे, फिर भी तंगी रहती थी। लगता था कि आप हमेशा दबाव में हैं।"

इसके लिए एक ही चीज हो सकती थी--सेल्स में बढोतरी की जाए। इसके लिए कोई निश्चित योजना नहीं थी, लेकिन अगर आपमें भरोसा है कि आप मेहनत करेंगे तो कोई न कोई रास्ता निकलेगा। शशांक ने अपने टीम मेंबर में से एक को चेन्नई भेजा और दूसरे को मुंबई।

"वापस मत लौटना, तब तक जब तक जितना बेच सकते हो उतना बेच न लो", उन्हें बस इतना ही निर्देश दिया गया।

होटल के लिए कोई बजट नहीं था। इसलिए तरीका ये था कि उन शहरों में ऐसे दोस्त ढूंढ़े जाए जिनके पास कुछ दिनों के लिए रहा जा सके। ऑफिस में कैफे कॉफी डे की एक टेबल थी और एक मोबाइल फोन था।

पहले छह महीने 'करो, मरो और जुगाड़' का फलसफा लगाया गया। उसके बाद धीरे-धीरे ऑर्डर आने लगे। हर महीने दस, पंद्रह, बीस। महीने में एक से दो लाख की कमाई हो जाती थी, और किसी अच्छे महीने में चार लाख तक मिल जाते थे।

"हमें मुनाफा होने लगा। कम से कम हमारा गुजारा चलने लगा।"

संघर्ष के इन दिनों में एक रोशनी की किरण थी। मोर्फियस वेंचर पार्टनर्स* ने नई स्टार्टअप कंपनियों के लिए एक एक्सिलरेटर प्रोग्राम शुरू ही किया था। वेबसाइट में लिखा था कि हम ऐसे आंट्रप्रेन्योर की मदद करेंगे जो कुछ बड़ा करना चाहते हैं। शशांक और अभिनव को ये बात बहुत अच्छी लगी।

"हमने अप्लाई कर दिया और हमसे पंद्रह मिनट बात करने के बाद पार्टनरों ने कहा कि हमें आईडिया पसंद है और हम साथ काम करेंगे।"

डील सिंपल थीः हर स्टार्टअप को मेन्टरिंग मिलती और सलाह के साथ बिज़नेस कनेक्शन भी मिलते। इसके बदले मोर्फियस को कंपनी में 4-8% हिस्सेदारी मिलती। पहले बैच में दो और कंपनियों को चुना गया--इंटरव्यूस्ट्रीट और कॉमनफ्लोर।

"हमें पैसे नहीं मिले लेकिन सिर्फ इतना विश्वास कि कोई आप पर

* मोर्फियस वेंचर पार्टनर्स भारत का पहला निजी स्टार्टअप एक्सिलरेटर था। कंपनी फरवरी 2014 में बंद हो गई।

"हमें मालूम है कि हम सब कुछ नहीं कर सकते। हम सब कुछ करना भी नहीं चाहते। लेकिन हम एक बार में एक समस्या का हल तो ढूंढ़ ही सकते हैं।"

यकीन करता है, हमारे लिए बहुत था।"

मोर्फियस ने सेल्स और मार्केटिंग पर बहुत कीमती इनपुट देना शुरू किया। समीर गुगलानी, इन्डस खेतान और नंदिनी हीरिआनिया अनुभवी आंट्रप्रेन्योर थे। मीटिंग में उनकी मौजूदगी से प्रैक्टो की सेल्स पिच को बहुत फायदा मिलता था।

"वे हमसे बड़े और अनुभवी लगते थे और उनके विजिटिंग कार्ड पर वेंचर पार्टनर्स लिखा होता। इससे क्लायंट हमें सीरियसली लेने लगे।"

लेकिन सच तो ये है कि कोई सेल्स डील एक अच्छा सेल्समैन ही कर सकता है। प्रैक्टो टीम धीरे-धीरे बिज़नेस के गुर सीखने लगी। अगर आपने डॉक्टर को प्रभावित कर लिया है और उनकी समस्या का समाधान उनकी आंखों के सामने ढूंढ़ निकाला है तो आपको बिज़नेस मिल जाएगा।

"आपको जादू करना होता है, और इसके लिए आपके पास सिर्फ पांच मिनट का वक्त होता है। अगर जादू नहीं किया आपने तो क्लायंट फैसला लेने में छह महीने लगा देगा। और आपने जादू दिखा दिया तो आप चैक के साथ ही बाहर जाएंगे।"

खुशकिस्मती से प्रैक्टो ने जादू करना सीख लिया। डॉक्टर जैसे ही अपना नाम और नंबर सॉफ्टवेयर में डालने को कहता, उसका फोन तुरंत वाइब्रेट करने लगता था।

"आप अपने मरीजों को रिमाइंडर भेजने के लिए इसका इस्तेमाल क्यों नहीं करते?" सेल्समैन कहता।

"वाह, मुझे मालूम ही नहीं था कि ऐसा भी हो सकता है," डॉक्टर कहता और सॉफ्टवेयर के लिए साइनअप कर देता।

फैसला लेना इसलिए भी आसान था क्योंकि उनके पास तीस दिनों

का फ्री ट्रायल ऑफर था। उसके बाद उन्हें एक वार्षिक फीस देनी होती थी। उस वक्त के लिए ये क्रांतिकारी आईडिया था।

"*सॉफ्टवेयर एज ए सर्विस* (एसएएएस) वो कॉन्सेप्ट था जिसके बारे में तब भारत में बहुत कम लोग जानते थे। हम ये सर्विस देने वाली कंपनियों में पहले थे।"

डॉक्टर सॉफ्टवेयर खरीदने के लिए पांच हज़ार रुपए दे रहे थे और उसे अपने कंप्यूटर पर लगवा रहे थे। अब प्रैक्टो का इस्तेमाल करने के लिए उन्हें हर साल दस हज़ार रुपए देने थे। लेकिन दिक्कत ये थी कि उन्हें प्रोडक्ट तो पसंद आ रहा था लेकिन इसके लिए प्रीमियम कीमत देने को वे तैयार नहीं थे। वो कीमत वसूलना विज्ञान भी है और कला भी।

विज्ञान ऐसे कि उनके बैक एंड पर एक डैशबोर्ड था, जहां आप ये देख सकते थे कि कौन सा डॉक्टर लॉग इन कर रहा है, और सॉफ्टवेयर का वाकई में इस्तेमाल कर रहा है। ऐसे डॉक्टर पैसे देने को तैयार हो जाते। और कला थी उनसे इंसानी तौर पर जुड़ना। इसमें पुराने क्लायंट के रेफरेंस ने मदद की। लेकिन कई बार उसके आगे भी जाना होता था।

"आप डॉक्टर के साथ उसकी बेटी को पिकअप करने जाते हैं... डॉक्टर के साथ खाना खाते हैं। इस तरह आप अपने रिश्ते बनाते हैं।"

मार्च 2010 तक प्रैक्टो ने बीस लाख रुपए का टर्नओवर हासिल कर लिया था और निवेशकों से संपर्क करना शुरू कर दिया था। लेकिन किसी ने कोई दिलचस्पी नहीं दिखाई। कैपिटल उठाने के लिए वो वक्त सही नहीं था। इसके अलावा दिक्कत ये थी कि प्रैक्टो इंडियन मार्केट की ओर देख रहा था।

"वेंचर कैपिटलिस्ट देखते थे कि बीस-बाइस साल के लड़के हिंदुस्तानियों को सॉफ्टवेयर बेच रहे हैं, वो भी डॉक्टरों को। इस मॉडल पर कभी काम हुआ नहीं था, इसलिए कोई पैसे लगाने को तैयार नहीं था!"

जब दुनिया आपको ठुकरा रही हो तो आपके पास दो विकल्प हैं। या तो आप ख़ुद को बदल लें और वो बन जाएं जो दुनिया आपको बनाना चाहती है या फिर आप ख़ुद के प्रति समर्पित रहें। जो गिरगिट की तरह

रंग बदल लेता है, वो कभी अलग खड़ा नजर नहीं आता।

"हम इसलिए लगे रहे क्योंकि हमें डॉक्टरों से अच्छी प्रतिक्रिया मिल रही थी। हम वाकई में उनकी समस्या सुलझा रहे थे, इसलिए ख़ुद पर शक करने का तो कोई सवाल ही नहीं था।"

मेहनत रंग लाई। सितंबर 2010 में सेक्यूओइया कैपिटल के शैलेन्द्र सिंह प्रैक्टो की टीम से मिलने को राजी हो गए। युवा टीम उत्साह से भर गई--ये उनका रेड कार्पेट लम्हा था।

"मुझे याद है कि हम सेल्स मीटिंग के लिए गए थे और बंबई में थे। वहां हम आख़िर कैसे सफर करते--लोकल ट्रेन से ही न? इसलिए हम वक्त से पहले तैयार हो गए और टैक्सी लेकर मीटिंग के लिए गए, जो उस वक्त हमारे लिए बहुत महंगा था।"

परेल में सेक्यूओइया का ऑफिस इंटरनेट की दुनिया में धूम मचा रहे आंट्रप्रेन्योर से भरा पड़ा था--स्टीव जॉब्स, सर्गेई ब्रिन, लैरी पेज। सेक्यूओइया ने एप्पल और गूगल में निवेश किया था। शशांक ने तुरंत तस्वीरें लेनी शुरू कर दीं।

"मैंने तस्वीरें लेकर सबको भेजना शुरू कर दिया कि देखो मैं इस ऑफिस में हूं। क्योंकि सच में मुझे लग रहा था कि मैं वापस इस ऑफिस में कभी नहीं लौटने वाला हूं।"

और तभी शैलेन्द्र सिंह अंदर आए और उसके बाद एक घंटे लंबा सेशन हुआ। किसी इन्वेस्टर के साथ होने वाले सेशन से कहीं अलग।

आमतौर पर एक वीसी आपसे पूछता है--"आपका आईडिया कितना बड़ा हो सकता है? आपका मार्केट सेगमेंट इतना छोटा क्यों है? आपने अपने प्रेजेन्टेशन में *रिटर्न ऑन इन्वेस्टमेंट* जैसे टर्म का इस्तेमाल क्यों नहीं किया।"

शैलेन्द्र सिंह ने हमसे बस इतना पूछा, "आप लोग ये क्यों कर रहे हैं?"

उसके बाद पूरी मीटिंग में जैसे उत्साह भर गया। शशांक ने बताया कि प्रैक्टो डॉक्टरों के लिए सिर्फ एक सॉफ्टवेयर नहीं था बल्कि इसका मिशन और विजन बहुत बड़ा था। हम मरीजों के सारे रिकॉर्ड को डिजिटाइज करना

चाहते थे।

शशांक ने ईमानदारी से, खुलकर और जुनून से भरकर बातें की। एक घंटे के बाद शैलेन्द्र ने कहा, "अच्छा आईडिया है। हम आपको इतने पैसे दे सकते हैं।"

शशांक को अपने कानों पर यकीन नहीं हुआ।

"उस वक्त हमारे बैंक में चार अंकों में रुपए थे और तब किसी ने कहा कि हम तुम्हें आठ अंकों में राशि देंगे। मुझे लगा कि वो मजाक कर रहे हैं।"

शशांक इतना हैरान था कि उसने मॉर्फियस वेंचर पार्टनर्स को फोन किया और बताया कि क्या हुआ। उन्हें भी समझ में नहीं आया कि क्या कहें। उनके पोर्टफोलियो में कोई ऐसी कंपनी नहीं थी जिसे इस तरह का ऑन-द-स्पॉट ऑफर मिला था।

मॉर्फियस ने इन्वेस्टर को फोन करके वापस खबर कन्फर्म किया। शैलेन्द्र ने कहा, "टीम बहुत अच्छी है, प्रोडक्ट बहुत अच्छा है, मार्केट बहुत अच्छा है और किसी को उनके बारे में मालूम नहीं है। इसलिए मैं उन्हें पैसे देने के लिए तैयार हूं।"

डील क्लोज करने में छह महीने लगे--और इस दौरान प्रैक्टो कंजूसी के कम पैसे में किसी तरह काम चलाता रहा।

"हमारे पास एचडीएफसी का एक अकाउंट था, जिसे मैं ऑपरेट करता था। हमें वाकई में पैसों का इंतजार करना पड़ता था ताकि हम कोई पेमेंट क्लियर कर सकें।"

चिंदी पर काम चलाने का ये दौर तब तक चला, जब तक मार्च 2011 में पैसे नहीं आ गए। उसके बाद तनख्वाह बेहतर हुई, खाना बेहतर हुआ, बीयर बेहतर हुई। लेकिन जहां तक काम का सवाल था, टीम को और ज़्यादा मेहनत करनी पड़ी।

ये डील सिर्फ पैसों की नहीं थी, भरोसे की थी।

एक साल पहले घरवाले और दुनिया भर के लोग आपसे कह रहे थे कि आपने कितनी बड़ी बेवकूफी की है। अब अचानक ये वेंचर कैपिटलिस्ट,

जिसने इतनी बड़ी कंपनियों में निवेश किया है आकर कहता है--आपमें कुछ बात तो है। आपको वाकई में लगता है कि आप दुनिया के राजा हैं।

लेकिन इस काल्पनिक सिंहासन पर बैठे रहने से कुछ नहीं होता। आपको बाहर जाकर दुनिया भी फतह करनी होती है, नए किले जीतने होते हैं। इसके लिए आपके पास और सेनापति होने चाहिएं, सैनिक होने चाहिएं।

"हमारा फोकस सेल्स पर था। हमें रेवेन्यू बढ़ाना था और ये सुनिश्चित करना था कि हमें अगले दौर की फंडिंग मिले।"

नौकरीडॉटकॉम के डेटाबेस और एचआर कन्सलटेंट्स का सहारा लेकर सेल्स टीम को बढ़ाया गया। जैसे-जैसे टीम बढ़ी, वैसे वैसे अलग-अलग शहरों में ढंग के ऑफिस की ज़रूरत महसूस होने लगी। सबके लिए पैसों की ज़रूरत थी--जो बैंक में थे, लेकिन जिन्हें खर्च करना मुश्किल था।

"हमारे पास माहिम में एक सीढ़ी के नीचे मेज और कुर्सी रखने जितनी जगह थी, और हम उसके लिए पांच हज़ार का किराया दे रहे थे। हम पैसे को लेकर इतनी ही सावधानी बरत रहे थे।"

मुंबई में नए ऑफिस के लिए लीज साईन करने से पहले शशांक ने बोर्ड मेंबरों में से एक को फोन करके पूछा, "क्या हम 35,000 किराए पर खर्च कर सकते हैं?"

उन्होंने कहा, "बिल्कुल। तुम लोगों को ऑफिस की ज़रूरत है। और ऐसे किसी सवाल के लिए मुझे फिर फोन मत करना।"

लेकिन प्रैक्टो का ये सिद्धांत था, जिसने इतने दिनों तक कंपनी को बचाए रखा था। अगले छह महीने में ही बिज़नेस बहुत बढ़ गया। दो-एक लाख की कमाई दस लाख से ऊपर पहुंच गई। मार्च 2012 तक प्रैक्टो का टर्नओवर दो करोड़ था और कंपनी में 25 कर्मचारी थे और 6 सेल्स के दफ्तर थे।

तभी सेक्यूओइया ने वापस आकर कहा, "इतने कम निवेश में जो तुम लोग कर रहे हो, हमें अच्छा लग रहा है। हम तुम्हें और पैसे देना चाहते हैं।"

2012 में ही सेक्यूओइया ने प्रैक्टो में पच्चीस करोड़ का निवेश किया।

सबसे पहले टीम ने उस पैसे से मरीजों के लिए वेबसाइट बनाने का फैसला किया। अगस्त 2012 में प्रैक्टो ने प्रैक्टोडॉटकॉम शुरू किया, जिससे मरीजों को पता चल सके कि कौन सा डॉक्टर उपलब्ध है और वेबसाइट के जरिए अप्वाइंटमेंट की व्यवस्था की।

अक्टूबर 2012 में प्रैक्टो सिंगापुर तक पहुंचा और तीन महीने बाद वहां ऑफिस तक खोल लिया।

"हमें मालूम है कि भारत में बहुत बड़ा मार्केट है, लेकिन हमारा लक्ष्य कहीं न कहीं ग्लोबल हेल्थकेयर प्लेटफॉर्म तक पहुंचना भी है।"

विदेश में ऑफिस खोलने का एक और लक्ष्य है--प्रैक्टो एक सिंगापुरियन कंपनी है जिसकी भारत में सब्सिडरी है। इससे कंपनी को आईपीओ मिलने में आसानी होगी।

"सेक्यूओइया दूर की सोच रहा है, लेकिन कहीं न कहीं निवेशक को एक्जिट भी करना होता है।"

एक आंट्रप्रेन्योर हमेशा आगे बढ़ने का रास्ता तलाश रहा होता है, और इसके लिए कई सारे आइडिया पर काम कर रहा होता है। एक अच्छे निवेशक का काम उसे सही दिशा दिखाना है।

"एक मोड़ पर आकर हम बीटूबी ई-कॉमर्स में घुसना चाहते थे लेकिन सेक्यूओइया ने हमसे कहा कि वहां सफलता का चांस कम है। इसलिए हमने भी इस बारे में आगे कुछ नहीं करने का फैसला किया।"

अभी भी सोच डॉक्टरों और मरीजों पर ध्यान देने की ही है, लेकिन प्रैक्टो कई सारे नए और कारगर फीचर जोड़ रहा है। डॉक्टर अपने प्रेस्क्रिप्शन ईमेल और एसमएस के जरिए भेज सकते हैं, क्लीनिकल नोट्स रख सकते हैं, टेस्ट रिजल्ट और एक्सरे देख सकते हैं। ये सॉफ्टवेयर बिलिंग और इन्वेंटरी का भी ख्याल रखता है। कई बार ऐसा होता है कि क्लिनिक की टेलीफोन लाइनें व्यस्त होती हैं। ऐसे में एक वर्चुअल रिसेप्शनिस्ट होता है जो प्रैक्टो हैलो नाम की एक सर्विस है। इसके आप चौबीस घंटे में कभी भी अप्वाइंटमेंट ले सकते हैं।

टीम डॉक्टरों के लिए एक टैबलेट तैयार करने में जुटी है। इससे मरीज

बिना लंबे चौड़े फॉर्म भरे आसानी से प्रैक्टो सॉफ्टवेयर का इस्तेमाल कर सकते हैं।

पिछले दो सालों में प्रैक्टो बहुत तेजी से बढ़ा है। तीन सौ लोग काम करते हैं और रेवेन्यू बीस करोड़ है। दस हज़ार से ज़्यादा डॉक्टर इस सॉफ्टवेयर का इस्तेमाल कर रहे हैं और एक लाख से ज्यादा मेडिकल प्रैक्टिशनर इसकी वेबसाइट पर रजिस्टर्ड हैं।

“हमारा लक्ष्य है कि हम अगले दो-तीन साल में भारत के 60-70% डॉक्टरों तक पहुंच जाएं और कम से कम चार से पांच देशों में हमारी पहुंच हो।”

हैरानी की बात ये है कि ये समस्याएं हर देश में हैं। चाहे आप भारत में हों या दुबई में, आपको नहीं मालूम कि क्लीनिक में आपको कितनी देर इंतजार करना पड़ सकता है या किस डॉक्टरों के बारे में मरीजों की राय क्या है। ऐसी जानकारियां जल्दी ही प्रैक्टो की वेबसाइट पर मौजूद होंगी।

“बैंकिंग के उलट हेल्थकेयर में टेक्नॉलोजी की पहुंच बहुत कम है। ये हमारे लिए सबसे बड़ी चुनौती और सबसे बड़ा मौका है।”

इसलिए टीम के पहले सात लोग अभी भी प्रैक्टो के साथ हैं। कंपनी में उनके शेयर हैं और बड़ी भूमिकाएं हैं।

“सब एक साथ बढ़े हैं आगे और ये कमाल की फीलिंग है। हमने कभी नहीं सोचा कि हम ही दो आंट्रप्रेन्योर हैं--बल्कि ये पूरी टीम है आंट्रप्रेन्योर्स की।”

ज़िंदगी फुटबॉल के उस खेल की तरह है जिसमें जो टीम बॉल पास करती है, गोल वही करती है।

ज़िंदगी का खेल जुनून, सफलता और जीत के लिए खेला जाना चाहिए। बॉल यहीं कहीं हमारे सामने है।

युवा उद्यमियों को सलाह

अभिनव

जल्दी शुरुआत अच्छी है। कॉलेज में बिज़नेस शुरू करना अपने वक़्त के सदुपयोग का सबसे अच्छा तरीका है। आपके ऊपर कोई ज़िम्मेदारी नहीं होती, खोने के लिए कुछ नहीं होता। लेकिन सवाल है--एक बार जब आप ग्रैजुएट हो जाते हैं तो क्या आपको कोई नौकरी ले लेनी चाहिए, या बिज़नेस करते रहना चाहिए? मेरी मानसिकता थी--मैं पहले एक-दो साल काम करके देखूंगा। लेकिन काम शुरू करने का, और फिर लहर के साथ-साथ चलते रहना का फैसला मेरी ज़िंदगी का सबसे अच्छा फैसला था।

दूसरी बात है कि आप अपने लक्ष्य पर लगातार नजर बनाए रखें। आपका लक्ष्य या विजन ये नहीं होना चाहिए कि "मुझे सौ करोड़ की एक कंपनी चाहिए", लेकिन ये होना चाहिए कि "मैं इस समस्या का समाधान चाहता हूं।" जब आप एक समस्या सुलझा रहे होते हैं तो सारी चीजें अपने आप ठीक होने लगती हैं।

शशांक

ऐसी कई बड़ी कंपनियां हुई हैं जो भारत से निकली हैं, यहां सफलता के मौके भी बढ़े हैं। इसलिए अपना कुछ करने और उसे बड़ा बनाने की एक और वजह है आपके पास। दूसरी बात ये कि महत्वाकांक्षा अच्छी चीज है, हम सब रईस और मशहूर होना चाहते हैं। लेकिन ऐसा एक रात में नहीं होता। आप कई सारे नेटवर्किंग इवेंटों में जाने के चक्कर में मत पड़िए, बल्कि सिर्फ और सिर्फ अपने आईडिया पर काम कीजिए।

आप इक्कीस-बाईस साल के हैं, और आपको कई सारी चीजें साबित करनी हैं। आपको चीजें आसानी से नहीं मिलने वालीं। आप खूब मेहनत कीजिए, एक अच्छा प्रोडक्ट बनाइए और उसे बेचिए, बेचिए, बेचिए!

भारत में अगर आप एक सफल कंपनी बनना चाहते हैं तो आपको कम से कम 75% वक़्त सेल्स को देना होगा। सेल्स से मेरा मतलब है, 'फेस टू फेस' मीटिंग्स। जस्टडायल, नौकरी या जोमैटो को देख लीजिए--इन सबने पैसे इसलिए बनाए क्योंकि सब जमीन से जुड़े रहे।

जमीन से जुड़े रहिए और अपना फोकस बनाए रखिए। सफलता ज़रूर मिलेगी।

पुनीत मित्तल

सौरभ बंसल

सिद्धार्थ बंसल

आप भी कर सकते हैं मैजिक

सौरभ बंसल (आईआईटी खड़गपुर), पुनीत मित्तल (सीए) और सिद्धार्थ बंसल (आईआईटी दिल्ली, आईआईएम लखनऊ)

मैजिक्रेट

2008 में आईआईटी खड़गपुर से निकला ग्रैजुएट और अभी-अभी चार्टर्ड अकाउंटेंट बना एक नौजवान, दोनों ने मिलकर एक पुरानी इंडस्ट्री में हलचल मचाने का फैसला कर डाला। आज मैजिक्रेट 150 करोड़ रुपए की कंपनी है, जो पूरे देश में कंस्ट्रक्शन की शक्ल बदल रहा है।

आईआईटी खड़गपुर वीरानी के बीचोबीच बसा हुआ है। ये शहर जनरल नॉलेज की किताबों में दुनिया के सबसे लंबे रेलवे प्लेटफॉर्म की वजह से मशहूर रहा है, लेकिन शहर छोटा सा है। न कोई मॉल, न मल्टीप्लेक्स, और न ही ढंग का कोई रेस्तरां।

जब मैं पहली बार 2008 में खड़गपुर गई थी, तब अनोखी लगी थी मुझे वो जगह। उस कैंपस पर लंबी रातें गुजारने का सबसे अच्छा तरीका है दोस्तों के साथ वक़्त गुजारना। किसी के कमरे में देर तक बैठे रहना और हर मुमकिन मुद्दे पर लंबी गप्प शप्प करना, जिसे वहां 'भाट मारना' कहते हैं।

आर के हॉल ऑफ रेजिडेंस का ऐसा ही कमरा था डी 206, जिसमें सौरभ बंसल नाम का लड़का खिचड़ी बना रहा था। दाल और चावल की नहीं, किस्म-किस्म के आईडिया की। मुद्दा था, आप ज़िंदगी में आख़िर करना क्या चाहते हैं। कोई कुछ कह रहा था, कोई कुछ और। फिर अचानक वो लड़का खड़ा हुआ और उसने दीवार पर एक नंबर लिख दिया--5000 करोड़।

उस वक़्त सौरभ बंसल थर्ड ईयर में थे, और उनके पास कोई बिज़नेस कार्ड भी नहीं था जिस पर लिखा हो, 'फाउंडर ऑफ फलाना कैंपस स्टार्टअप।' लेकिन उन्हें मालूम था कि उन्हें अपना कुछ करना है।

प्लेसमेंट के वक़्त स्टार्टअप्स सिमटने लगे क्योंकि नौकरी का लालच छोड़ना बहुत मुश्किल था। लेकिन सौरभ ने वो लालच छोड़ा। उनके पास कोई पुख़्ता योजना नहीं थी, लेकिन उन्हें मालूम था कि कोई न कोई बिज़नेस पकड़ लेंगे। आख़िरकार सौरभ उद्यमियों के शहर सूरत से जो थे!

"और फिर ये भी ख़ुशफहमी थी कि अगर दूसरे कर सकते हैं तो अपनी आईआईटी डिग्री के साथ तो मैं और भी बेहतर कर सकता हूं।"

अगले सात सालों में सौरभ ने ये बात साबित कर दी। उनकी कंपनी मैजिक्रेट डेढ़ सौ करोड़ का टर्नओवर पार कर चुकी है और अपने फील्ड में लीडर है। लेकिन अभी भी एक लंबा रास्ता तय करना बाकी है।

डी 206 की दीवारों की पुताई हो चुकी होगी, लेकिन वो जादुई आंकड़ा सौरभ बंसल के जेहन में कहीं अटक गया होगा।

"एक दिन करेंगे, ज़रूर करेंगे! 5000 करोड़!"

सभी कमरों में चार दीवारें होती हैं। करना सिर्फ इतना होता है कि उठकर उस पर एक सपना लिख देना होता है।

और उस सपने में यकीन रखना होता है, वो सपना दिन-रात जीना होता है, और आंखें खोले वो सपना देखते रहना होता है।

आप भी कर सकते हैं मैजिक

सौरभ बंसल (आईआईटी खड़गपुर), पुनीत मित्तल (सीए) और सिद्धार्थ बंसल (आईआईटी दिल्ली, आईआईएम लखनऊ)

मैजिक्रेट

"मेरे पिता एक टेक्सटाइल कंपनी में डायरेक्टर (एक्सपोर्ट्स) थे। 1998 में उन्होंने अपना काम शुरू करने का फैसला किया और चूने (क्विकलाइम) की मैन्युफैक्टरिंग शुरू कर दी।"

उस वक्त सौरभ दसवीं क्लास में थे और साथ में अपने पापा की मदद भी कर रहे थे। वे उनके साथ क्लायंट से मिलने जाते, डैडी की गैरहाजिरी में फैक्टरी का काम देखते और अपने छोटे भाई सिद्धार्थ के साथ मिलकर मार्केटिंग का मैटिरियल तैयार करते।

सौरभ को उसी उम्र में लगने लगा था कि वे अपना बिज़नेस शुरू करना चाहते हैं। हालांकि कॉमर्स एक सही विकल्प होता, लेकिन उनके डैडी अलग ढंग से सोचते थे।

उन्होंने कहा, "आगे जाकर टेक्नौक्रैट्स का टाइम है--तुम्हें टेक्नॉलोजी की पढ़ाई ज़रूर करनी चाहिए।"

और वैसे भी अच्छे स्टूडेंट्स आमतौर पर साइंस की ओर ही भेज दिए जाते हैं। इसलिए, सौरभ ने कोटा में बंसल क्लासेज ज्वाइन कर ली और आईआईटी जेईई की तैयारी करने लगे। फिर आईआईटी खड़गपुर में दाखिला मिल गया, लेकिन रैंक 1700+ था, इसलिए उन्हें चार साल का बीटेक कोर्स नहीं मिला, बल्कि इंडस्ट्रियल इंजीनियरिंग एंड मैनेजमेंट में पांच साल की डुअल डिग्री

“दसवीं क्लास में एकदम भेड़चाल जैसा होता है, मैं भी उसी में शामिल हो गया। दोस्तों की तरह इंजीनियरिंग करने चला गया।”

मिली।

“पहले दो साल तो बहुत खुश था कि आईआईटी में एडमिशन हो गया, अब तो ज़िंदगी में हर चीज आसानी से मिल जाएगी।”

लेकिन थर्ड ईयर तक आते-आते सौरभ को लगने लगा कि आगे का रास्ता लंबा था। अपने लिए विकल्प तलाशने थे और ये देखना था कि आगे जाकर क्या करना है। सब लोग बहुत स्मार्ट थे, बहुत ज़्यादा कॉम्पटिशन था। कोई जीआरई की तैयारी कर रहा था तो कोई कैट की। लेकिन सौरभ को आगे पढ़ाई करने में कोई दिलचस्पी नहीं थी। वो अपनी ज़िंदगी के और दो साल क्लासरूम में नहीं गुजारना चाहते थे। बहुत पढ़ाई हो गई, अब बाहर जाकर काम करने का वक़्त था!

“दरअसल हमारे पास सप्लाई चेन और आंट्रप्रेन्योरशिप जैसे कोर्स डुएल डिग्री में ही थे। मैं ये नहीं कहता कि एमबीए कॉलेज में यही पढ़ाई होती, लेकिन हमें बेसिक्स पढ़ा दिया गया था।”

सौरभ पढ़ाई में अच्छे थे, लेकिन कैलकुलस पर कभी उनकी पकड़ नहीं रही। इसलिए कैंपस में 6-प्वाइंटर रहे। इसलिए ‘फंडू’ प्लेसमेंट की संभावना कम थी। सौरभ का मन वैसे भी नौकरी करने का था नहीं। उनके दिमाग में कई तरह के आइडिया आ रहे थे, और सवाल था कि कौन सा आइडिया अच्छे बिज़नेस में तब्दील हो सकता था।

“मैंने अपना बीटेक प्रोजेक्ट आरएफआईडी में किया था, इसलिए मेरे दिमाग में पहला विचार उसी से जुड़ी कोई चीज करने का आया। दूसरा आइडिया ऑनलाइन रोड-फ्रेट मार्केटप्लेस बनाने का था। तीसरा डिजिटल ऐड नेटवर्क में कुछ करने का था।”

बस ऐसे ही--ये भी, वो भी, कई सारे मजेदार आईडिया। ज़्यादातर आईडिया असंगठित क्षेत्र यानी डिसऑर्गनाइज्ड सेक्टर को संगठित करने से जुड़े हुए थे। सौरभ ने इस सारे आईडिया का इस्तेमाल करके कई सारे

टेक्नो-मैनेजमेंट फेस्ट के बिज़नेस-प्लान और स्ट्रैटेजी कॉम्पिटिशन में भेजा। आईआईटी चेन्नई में हुई ऐसी ही एक प्रतियोगिता में उनका बिज़नेस प्लान तीसरे नंबर पर आया।

"प्लान था सूनामी-प्रभावित इलाकों में मछुआरों की जीपीएस से चलने वाली नावों से मदद करना।"

सौरभ 'आगे क्या करना है' की दुविधा में थे, तभी उनके छोटे भाई सिद्धार्थ ने दूसरा रास्ता पकड़ लिया था। सौरभ से एक साल छोटे सिद्धार्थ उन टॉपर बच्चों में से थे, जो हमेशा क्लास में अव्वल आते थे। सिद्धार्थ आईआईटी दिल्ली से इंजीनियरिंग फिजिक्स की पढ़ाई कर रहे थे, और उसी साल ग्रेजुएट होने वाले थे जिस साल सौरभ भी आईआईटी से निकलते। लेकिन सिद्धार्थ ने कैट की परीक्षा दी और सोचा कि किसी दिन कोई कन्सलटिंग फर्म ज्वाइन करेंगे।

"हमने ये सोचा कि एक के लिए नौकरी करके लीक पकड़े रहना ठीक रहेगा और दूसरा बिज़नेस शुरू करेगा। जब एक का बिज़नेस बड़ा हो जाए तो बाद में पहला वाला भी बिज़नेस में आ जाएगा।"

वो सब तो बाद की बात थी, फिलहाल आईआईटी खड़गपुर छोड़ने का वक़्त नजदीक आ रहा था। सौरभ के दिमाग में अभी कोई तय दिशा नहीं थी।

ग्रेजुएट करने के दो महीने पहले सौरभ के पिता के एक दोस्त ने सोलर पावर का जिक्र किया और सौरभ ने उसके बारे में पढ़ना शुरू कर दिया। सौरभ ने पाया कि थिन फिल्म सोलर के नाम से एक टेक्नॉलोजी के इर्द-गिर्द बहुत चर्चा हो रही थी। मई 2007 में सूरत लौटने के बाद सौरभ ने इस आईडिया पर काम करने का फैसला किया।

"मुझे ये मौका अच्छा लगा और अंकल इस प्रोजेक्ट में निवेश करने को तैयार भी थे।"

सौरभ ने तीन महीने इस बिज़नेस पर रिसर्च करने में लगाए और कुछ प्रदर्शनियां देखने जर्मनी भी गए। सौरभ को वहां जाकर अहसास हुआ कि यूरोप

"मुझे कभी वो चार्म नहीं था कि जॉब में जाना है। मुझे कभी नहीं लगा कि मुझे किसी और के लिए काम करना है।"

"बड़े सपने देखो। आईडिया सोचो। लोगों के पास फंड है। फंड कभी चुनौती नहीं होता।"

में सरकार सौर ऊर्जा पर भारी सब्सिडी देती है, इसलिए कंपनियों को मुनाफा होता है। भारत में ऐसी कोई प्रेरणा नहीं थी।

"आख़िरकार हमने ये आईडिया त्याग दिया और मैंने अपने डैड के साथ लाइम मैन्युफैक्चरिंग का काम शुरू कर दिया।"

जब एक नया दिमाग एक पुराने बिज़नेस में आता है तो उसे बहुत ऊर्जा मिलती है। सौरभ ने सोचना शुरू किया कि फैक्ट्री को कैसे और प्रभावी बनाया जाए और कैसे प्रोडक्शन को बढ़ावा मिले। लेकिन एक्स्ट्रा आउटपुट ख़रीदता कौन?

"क्विकलाइम यानी बिना बुझे हुए चूने का इस्तेमाल सबसे ज़्यादा एफ्लुएंट ट्रीटमेंट में होता है। मैंने सोचना शुरू किया कि लाइम का और क्या-क्या किया जा सकता है। इसे आगे कैसे ले जाया जा सकता है?"

एक सुबह सौरभ ने देखा कि एक कस्टमर ने बहुत बड़ा ऑर्डर किया है--पचास-सौ टन से कहीं ज़्यादा। हज़ारों टन का ऑर्डर। सौरभ को जिज्ञासा हुई कि ये लोग इतने सारे चूने का करेंगे क्या? कंपनी का नाम सिपोरेक्स था और सौरभ को मालूम पड़ा कि ये लोग 'ऑटोक्लेव्ड एरिएटेड कॉन्क्रीट ब्लॉक्स' यानी एएसी बना रहे थे।

"मैंने तय किया कि मैं उनकी फैक्टरी जाकर देखूंगा कि ये लोग करते क्या हैं?"

सौरभ पुणे गए और ये दिखावा किया कि वे उनके प्रोडक्ट्स के डिस्ट्रिब्यूटर बनना चाहते हैं। सौरभ को प्लांट दिखाया गया और सौरभ को समझ में आ गया कि इस इंडस्ट्री में बहुत सारा स्कोप है। सवाल ये था कि फिर और कंपनियां ये बिज़नेस क्यों नहीं कर रही थीं। सिपोरेक्स के अलावा पूरे देश में एएसी ब्लॉक्स के सिर्फ तीन मैन्युफैक्चरर थे।

"जब मैंने प्रोडक्ट पर रिसर्च किया तो मुझे मालूम पड़ा कि एएसी ब्लॉक्स आम ईंटों से आकार में दस गुणा होते हैं, लेकिन वजन में सत्तर फीसदी हल्के

होते हैं। लेकिन लोग इसका इस्तेमाल इसलिए नहीं कर रहे थे क्योंकि इनको बनाने में खर्चा दोगुना था।"

अगर कीमत कम की जाए तो इस मार्केट में बहुत संभावनाएं थीं। जाहिर है, इसमें निवेश भी बड़ा लगता। एक फैक्ट्री लगाने में पच्चीस करोड़ रुपए लगते। एक ग्रेजुएट के पास इतने सारे पैसे आते कहां से?

"मेरे दिमाग में हमेशा से ये बात रहती थी कि मैं अपने पिता से एक रुपया भी नहीं लूंगा। फिर उनका बिज़नेस इतना बड़ा भी नहीं था कि वे इतने पैसे लगा पाते।"

लेकिन सौरभ के मन में ये यकीन था कि पैसा आ जाएगा। एक अच्छा आईडिया चुंबक की तरह होता है, सही निवेशक खिंचा चला आता है।

उस युवा इंजीनियर ने मार्केट का अध्ययन किया और खूब उत्साहित हो गया। ईंट की मैन्युफैक्टरिंग का उद्योग पचास हज़ार करोड़ का है, और स्टील या सीमेंट की तरह इस क्षेत्र में कोई बड़ा खिलाड़ी नहीं है। कोई बड़ा ब्रांड नहीं है।

"मैंने सोचा कि जब स्टील और सीमेंट में लिस्टेड कंपनियां हैं तो ईंटों में क्यों नहीं?"

सौरभ ने ये भी देख लिया कि यूरोप में क्या हो रहा है, एशिया में क्या, और ये निष्कर्ष निकाला कि भारत भी ग्लोबल ट्रेंड में शामिल होगा। चीन में 50% इमारतें एएसी ब्लॉक्स से बन रही थीं। इस जानकारी के साथ सौरभ ने एक बढ़िया बिज़नेस प्लान बनाया। ऑपरेशन में कुशलता, प्रोडक्शन में कम लागत।

सिपोरेक्स फैक्ट्री डीजल बॉयलर का इस्तेमाल कर रही थी, जबकि कोयले से चलने वाले बॉयलर 60-70% सस्ते होते हैं। इस तरह कई जगहों पर लागत को कम किया जा सकता था।

एएसी ईंटों की कीमत फिर भी साधारण ईंटों से 20-50% ज्यादा होती,

"पहले मैं बड़ी हिस्सेदारी अपने पास ही रखना चाहता था, लेकिन फिर मैं व्यावहारिक हो गया।"

“जो बहुत ज़्यादा गिनती करने वाला होता, तो शायद इसमें एन्टर ही नहीं हो पाता...”

लेकिन बिल्डर प्लास्टर, स्टील और छड़ों पर पैसे बचाता। इस तरह कन्स्ट्रक्शन की लागत में बहुत कमी आ सकती थी। ये एक अच्छा प्रस्ताव था, और निवेशकों के सामने पेश होने के लिए तैयार था।

तब तक सिद्धार्थ आईआईएम लखनऊ में दूसरे साल की पढ़ाई कर रहे थे। सिद्धार्थ ने अपनी समर इनटर्नशिप बेयरिंग प्राइवेट इक्विटी के साथ की थी। अपने संपर्क सूत्रों का इस्तेमाल कर सिद्धार्थ ने सीनियर मैनेजरों के साथ एक मीटिंग रखवा दी। बंसल बंधुओं ने एक बोल्ड बिज़नेस प्लान पेश किया, जिसमें पांच सालों में एक हज़ार करोड़ की लागत से दस प्लांट लगाए जाने की बात थी।

“पीछे मुड़कर देखने पर अब लगता है कि हमारी योजना बहुत महत्वाकांक्षी थी। हम यंग थे, और खूब सारा जोश था हममें। हमें मालूम नहीं था कि हमें कैसी चुनौतियों से होकर गुजरना है!”

जो भी हो, बेयरिंग को आईडिया अच्छा लगा। लेकिन ग्रोथ कैपिटल फंड आमतौर पर पांच मिलियन डॉलर से ज़्यादा सिर्फ बड़ी कंपनियों में लगाता है, इसलिए उन्होंने निवेश करने से इंकार कर दिया।

उन्होंने कहा, “आप स्टार्टअप हैं। हम स्टार्टअप में पैसे नहीं लगाते।” इसलिए हमने एंजेल इन्वेस्टरों से बातचीत करनी शुरू कर दी।

सूरत शहर में एंजेल अंकल लोगों के रूप में आते हैं--वैसे लोग जो आपके परिवार की जान-पहचान के हैं, और जिन्हें हाई नेट वर्थ इंडिविजुअल्स के रूप में जाना जाता है। ऐसे ही एक अंकल राजेश पोद्दार थे। राजेश पोद्दार एक काबिल बिज़नेसमैन थे, और उन्होंने प्रोजेक्ट को बहुत करीब से देखा था, इसलिए इसमें उन्हें संभावनाएं नजर आईं। और तो और, उन्हें ये भी यकीन था कि सौरभ इस प्रोजेक्ट के नेतृत्व के लिए बिल्कुल सही थे।

राजेश पोद्दार ने 70% इक्विटी के बदले दस करोड़ के निवेश के लिए हामी भर दी।

"शुरू में मैं थोड़ा हिचक रहा था क्योंकि मैं बड़ी हिस्सेदारी अपने पास रखना चाहता था। लेकिन फिर मैंने सोचा, मैं अपना करियर बस शुरू कर रहा हैं। मुझ पर किसी ने इतना भरोसा किया है--ये मैं कर ही लेता हूं!"

एक बार जब डील हो गई तो पुनीत मित्तल भी साथ में आए। उस वक्त पुनीत सीए के स्टूडेंट थे और फाइनल एक्जाम की तैयारी कर रहे थे। पुनीत के पिता और राजेश पोद्दार एक टेक्सटाइल यूनिट में पार्टनर थे। इसलिए दोनों परिवारों के बीच बहुत गहरा भरोसा था।

"पोद्दार अंकल ने मुझे इन नए बिज़नेस को देखने के लिए कहा और पूछा कि क्या मैं ज्वाइन करना चाहूंगा?"

पुनीत ने प्रोजेक्ट प्लान में अपने अकाउंटिंग के फंडे लगाए और निष्कर्ष निकाला कि इसमें बढ़ने की संभावना है। लेकिन कागज पर सब बढ़-चढ़कर दिखाई दे सकता है। आख़िरकार बात हिम्मत करके छलांग लगाने की होती है।

"गट फीलिंग वाली बात थी कि भाई रिस्क तो है, पर मेहनत करेंगे तो हो जाएगा।"

अप्रैल 2008 में मैजिक्रेट बिल्डिंग सॉल्यूशन्स प्राइवेट लिमिटेड एक कंपनी के तौर पर गठित हुआ, जिसमें राजेश पोद्दार, सौरभ बंसल और पुनीत मित्तल बोर्ड ऑफ डायरेक्टर्स में थे। सौरभ को सीईओ बनाया गया, जबकि पुनीत को सीएफओ की ज़िम्मेदारी दी गई।

"हममें से किसी के पास कंपनी चलाने का अनुभव नहीं था, न फाइनेंस मैनेज करने का अनुभव था। बल्कि कुछ भी मैनेज करने का अनुभव नहीं था।"

कुछ नया करेंगे, अच्छा करेंगे--एक किस्म का एडवेंचर था बस।

खुशकिस्मती से उनकी सोच निवेशक की भी सोच थी। पहली बार राजेश पोद्दार जवान लड़कों के साथ बैठे और उनसे सीधा सा सवाल पूछा।

"अपना प्रोजेक्ट तीस गाड़ी का है, स्टार्ट में तीन गाड़ी तो निकल जाएगी

"शुरू के सालों में तो सब कुछ एकदम इनोवेशन जैसा लगता था, वो साधारण सी चीजें भी जिनका आमतौर पर इंडस्ट्री में चलन था।"

"मेरे ख़्याल से आईआईटी खड़गपुर से जो सबसे बड़ी चीज मुझे मिली थी वो ये आत्मविश्वास था कि मैं कुछ भी कर सकता हूँ।"

न।"

पुनीत ने 'हां' में जवाब दिया।

"ठीक है--तो बाकी साल भर बाद देखेंगे।"

रोम एक दिन में नहीं बना था, और न ही एक कंपनी बनती है।

शुरुआती प्लान था कि एक प्लांट खड़ा किया जाएगा और उसमें 2009 के पहले तिमाही तक मैन्युफैक्चरिंग शुरू हो जाएगी। लेकिन ऐसा नहीं हुआ। सिविल कन्स्ट्रक्शन तो वक्त पर शुरू हो गया, लेकिन उसे बीच में रोकना पड़ा। फैक्टरी की साइट सूरत जिले के पलसाणा तालुक में थी। आसपास के गांववालों ने ये कहकर विरोध शुरू कर दिया कि फैक्टरी से निकलने वाले धुँए से उनकी फसलों पर असर पड़ेगा।

"हमने घलुड़ा के ग्राम पंचायत में एक प्रेजेंटेशन किया और उन्हें दिखाया कि हम कैसे प्रदूषण नियंत्रण के सारे मापदंड अपना रहे थे। लेकिन वे अपनी जिद पर अड़े थे।"

इसलिए फैक्टरी की साइट को वहां से शिफ्ट करने का फैसला लिया गया। इससे पूरे प्रोजेक्ट में छह महीने की देरी हो गई।

इस वक्त युवा उद्यमी प्रोजेक्ट के लिए ज़रूरी दस करोड़ के कर्ज जुटाने में भी लगे हुए थे। जिस बैंक ने इन नौजवानों पर यकीन किया, वो था स्टेट बैंक ऑफ इंडिया।

"मुझे याद है कि पहले लोन के बाद लगा था--कि यार बैंक ने हम पर भरोसा कर दस करोड़ रुपए का लोन तो पास कर दिया। ये बहुत बड़ी बात थी हमारे लिए।"

नवागंतुकों की तरह फील्ड में हर रोज कुछ न कुछ सीखने के लिए होता था। मशीनरी का आयात करते हुए बैंक से 12-13% के ब्याज पर लोन लेना आम बात है। लेकिन सौरभ को एक नए कॉन्सेप्ट 'बायर्स लाइन ऑफ क्रेडिट' के बारे में पता चला। इस कॉन्सेप्ट का इस्तेमाल कर फंड LIBOR + 0.5%

पर उपलब्ध होता है*।'

"जब हमें मालूम पड़ा कि हम 2% ब्याज दर पर पैसे ले सकते हैं तो हमें लगा कि यार ये तो कोई जादू निकला है।"

हालांकि ऐसे कर्ज को घाटे से बचाने के लिए सुरक्षा देनी होती है। इसके लिए 7-8% की दर पर फॉरवर्ड कॉन्ट्रैक्ट** किया जाता है। और शोध करने पर मालूम पड़ा कि एक 'कॉल' स्प्रेड कीमत को भी कम कर सकता था, और उसमें खतरा भी कम था।

"इस तरह हमको 4-5% की दर पर फाइनेंस मिल गया।"

एक और ख़तरा था कि मशीनरी का आयात किया कैसे जाए। जो सबसे आधुनिक तकनीक थी, वो चीन में उपलब्ध थी। लेकिन अच्छा सप्लायर ढूंढ़ निकालना आसान नहीं है। ख़ासकर तब जब पूरा का पूरा समझौता एक दुभाषिए के माध्यम से हो रहा है।

अच्छे वेंडर भी हैं, और बुरे वेंडर भी हैं--आपको इनकी पहचान करनी होती है। फिर छोड़ा भरोसा करना पड़ता है।

"हमारे लिए चीन के लोगों के साथ काम करने का ये पहला अनुभव था, लेकिन खुशकिस्मती से ये अनुभव अच्छा रहा।"

अप्रैल 2009 में नवसारी जिले के अरक गांव के पास फैक्टरी के निर्माण का काम फिर से शुरू हुआ। अगले महीने मशीनरी आ गई और अक्टूबर 2009 में मैजिक्रेट प्रोडक्शन के लिए तैयार था। जब फैक्ट्री से एएसी ईंटों की पहली खेप निकली तो लड़कों के जेहन में एक सवाल उठा कि खरीदेगा कौन?

"हमें लगा कि जो लोग वैसे भी एएसी ईंटों खरीद रहे हैं, वे हमारी ईंटें खरीदेंगे। लेकिन बाजार बहुत छोटा था।"

एक बड़ा मौका उस जगह मौजूद था जहां ईंटों का इस्तेमाल करने वालों को ब्लॉक का इस्तेमाल करने के लिए प्रोत्साहित किया जाता। बात सिर्फ कीमत की नहीं थी। ईंट एक हज़ार साल पुरानी तकनीक है, और बिल्डर को

* LIBOR वो बेंचमार्क ब्याज दर है जो दुनिया के कुछ सबसे बड़े बैंक एक-दूसरे को शॉर्ट टर्म लोन उपलब्ध कराते हुए चार्ज करते हैं।

** फॉरवर्ड कॉन्ट्रैक्ट वो एग्रीमेंट है जिसके आधार पर एक तय कीमत पर सुनिश्चित तारीख पर कोई संपत्ति खरीदी या बेची जाती है।)

“अब हमारे सामने ये बड़ी चुनौती है कि अपने बिज़नेस के इर्द-गिर्द सुरक्षा का घेरा कैसे तैयार किया जाए।”

इसकी आदत है। बदलाव कभी भी आसान नहीं होता।

“लोग हमसे सवाल पूछते थे कि प्लास्टरिंग सही से होगी की नहीं, गिर तो नहीं जाएगी बिल्डिंग।”

सबूत इस्तेमाल करने में है। राजेश पोद्दार अपने ही प्रोडक्ट के सबसे पहले ग्राहक बने--उन्होंने एएसी ब्लॉक का अपने सारे नए रियल एस्टेट प्रोजेक्ट में इस्तेमाल किया। फिर उन्होंने अपने नए पार्टनर और सूरत के सबसे बड़ी कन्स्ट्रक्शन कंपनियों में से एक, रघुवीर डेवेलपर्स को एएसी का इस्तेमाल करने के लिए राजी किया।

सौरभ उस मीटिंग में पूरे आत्मविश्वास के साथ आए। आख़िरकार आईआईटी ग्रेजुएट थे, जो एक क्रांतिकारी प्रोडक्ट बेच रहा था। सौरभ के हिसाब से एएसी की सबसे बड़ी ख़ासियत ये थी कि ये ऊर्जा सक्षम थीं और पर्यावरण* के लिहाज से अच्छी थी।

मीटिंग के शुरुआती पांच मिनट में ही उनका आदर्शवाद धराशायी हो गया।

“कस्टमर के सामने बैठने के बाद मुझे अहसास हुआ कि बिल्डर को उससे कोई मतलब नहीं है कि आपका प्रोडक्ट पर्यावरण के लिहाज से अच्छा है या नहीं। बिल्डर को इससे मतलब है कि प्रोडक्ट के लिए जो कीमत वो चुका रहा है, उसके बदले उसे अच्छी चीज मिल रही है या नहीं।”

क्लायंट ने इस युवा इंजीनियर को दिखाया कि सौ वर्गफुट दीवार में साढ़े चार सौ ईंटें लगतीं, और 6% मसाला लगता। इस तरह उन्होंने

* एएसी ब्लॉक पारंपरिक ईंट की अपेक्षा महज 20 प्रतिशत एनर्जी के साथ बन सकते थे

“ब्लॉक्स तीस रुपए प्रति स्कावयर फुट में मिलते हैं। हम दीवार खड़ी करने में लगने वाले पूरे सत्तर रुपए का सामान तैयार करने का लक्ष्य रखते हैं।”

एक-एक ईंट का हिसाब कर दिखाया। सौरभ के पास इस हिसाब का तोड़ मौजूद नहीं था।

"उस दिन मुझे अहसास हुआ कि मुझे अपना होमवर्क ठीक से करना होगा।"

सौरभ वापस लौटकर आए और बैठकर एक तुलनात्मक अध्ययन किया--चार इंच ईंट की दीवार बनाम चार इंच ब्लॉक दीवार, नौ इंच ईंट की दीवार बनाम नौ इंच ब्लॉक दीवार--प्रति स्कावयर फुट कितनी लागत लगती। कंपनी ने एक स्ट्रक्चरल इंजीनियर से एएसी ब्लॉक की बिल्डिंग का केस स्टडी तैयार करवाया। इंजीनियर ने अनुमान लगाया कि ऐसे स्ट्रक्चर में 15% स्टील का इस्तेमाल होता।

"स्टील पर बचत से ही कन्स्ट्रक्शन का बजट पच्चीस रुपए प्रति स्कावयर फुट कम हो जाता है। तो हमारे लिए ये एक बहुत बड़ी बात थी।"

इन आंकड़ों से रघुवीर डेवलपर्स को मनाने में आसानी हुई, और उन्होंने तुरंत अपने प्रोजेक्ट के लिए एएसी ब्लॉक का इस्तेमाल करना शुरू कर दिया। दूसरे स्थानीय डेवलपरों ने भी यही किया। सूरत से कंपनी ने मुंबई के बाजार का रुख करने का फैसला किया। मुंबई में डेवलपरों को राजी करना आसान था क्योंकि यहां पहले से ही वे सिपोरेक्स के ब्लॉक्स का इस्तेमाल कर रहे थे।

फिर भी मुंबई में पैर जमाना आसान नहीं था। यहां सिपोरेक्स का एकाधिकार था और मांग के बावजूद सप्लाई हो नहीं पा रही थी। डिस्ट्रिब्यूटर मैजिक्रेट के एएसी ब्लॉक रखने को तैयार थे क्योंकि उनकी कीमत कम थी।

"हम आर्किटेक्टों से भी मिले ताकि उन्हें यकीन दिला सके कि हम वक्त पर सही मात्रा में सप्लाई कर पाएंगे।"

सिपोरेक्स बी जी शिरके कन्स्ट्रक्शन ग्रुप का हिस्सा है, और प्लांट का मुख्य मकसद अपने प्रोजेक्ट के लिए ही सप्लाई करना था। जबकि मैजिक्रेट के लिए एएसी ब्लॉक बेचना ही उनका बिज़नेस था। इस तरह अपने ऑपरेशन्स के पहले साल में कंपनी ने आठ करोड़ का सेल्स किया। ये आंकड़ा अच्छा था, लेकिन प्लांट अभी भी अपनी 30% क्षमता पर ही काम कर रहा था। कंपनी को नए मार्केट, जैसे अहमदाबाद और वड़ोदरा में अपने पैर जमाना ज़रूरी

था। लेकिन एक जनरल एक ही बार में अलग-अलग फ्रंट पर युद्ध नहीं कर सकता।

"प्रोडक्शन देखने के साथ-साथ हर जगह सेल्स देखना बड़ी चुनौती होता जा रहा था। तब हमें समझ में आया कि टीम बनाना बहुत ज़रूरी है--एक ऐसी टीम जो मुझसे कहीं बेहतर हो।"

सभी आंट्रप्रेन्योर सही लोगों की तलाश में होते हैं। लेकिन सवाल है कि सही लोग मिलते कहां हैं?

सौरभ आईआईटी खड़गपुर के अपने बैचमेट्स की ओर मुड़े। सबने कैंपस प्लेसमेंट के जरिए नौकरी ले ली थी, लेकिन सौरभ कुछ और भी ऑफर कर रहे थे। उनके पास एक मजेदार एडवेंचर में शामिल होने का मौका था।

सबसे पहसे पी वी एस श्रीकांत ने ज्वाइन किया, जो सौरभ से एक साल छोटे थे, लेकिन उसी हॉस्टल में थे। मुंबई में हेड ऑफ मार्केटिंग के रूप में श्रीकांत वेस्टर्न रीजन में प्रोडक्ट की पहुंच बढ़ाते। फिर आए गौरव सेंगर, जो अपना वेंचर चला रहे थे, लेकिन ज़्यादा फायदे में नहीं थे। सौरभ ने कहा, "तू यहां आ जा। साथ में मिलकर करते हैं। आगे बढ़ते हैं। हमारे पास फंडिंग है।"

उसी दौरान सौरभ की श्वेता से शादी हो गई, और श्वेता भी बिज़नेस में जुड़ गईं। उन्होंने अपने एमबीए का सही इस्तेमाल किया और कंपनी के भीतर कई प्रोडक्ट लाइन तैयार किए।

"मुझे लगता है कि श्वेता मेरे लिए मेरा लकी चार्म है", सौरभ कहते हैं।

मार्च 2011 में कंपनी का टर्नओवर चार गुना होकर इकतीस करोड़ हो गया। मैजिक्रेट की पहली फैक्टरी 150,000 क्युबिक मीटर की क्षमता वाली थी, जो दुगुनी हो गयी और दूसरी फैक्टरी भी बगल में ही खोल दी गई। ये फैक्ट्रियां पूरे वेस्टर्न रीजन (ढाई सौ किलोमीटर की परिधि में) की मांग पूरी कर रही थीं। अब और विस्तार का वक्त आ गया था।

"मैं अब तीन महीने में एक बार फैक्ट्री जाता हूं,
क्योंकि वहां एक सिस्टम है, टीम है जो काम देख रही है।"

गूगल मैप्स की मदद से टीम ने हरियाणा के झज्जर में एक लोकेशन को ढूंढ़ा। क्योंकि ये एक पावर प्लांट के नजदीक है, लेकिन एएएसी ब्लॉक्स बनने में लगने वाली राख की सप्लाई में यहां कमी नहीं होती। झज्जर जयपुर, आगरा और चंडीगढ़ जैसे बड़े मार्केटों के बहुत दूर भी नहीं है।

"तब तक सिद्धार्थ कंपनी ज्वाइन कर चुके थे, और हमने निवेशकों से संपर्क करने का फैसला किया।"

आईआईएम लखनऊ से निकलने के बाद सिद्धार्थ ने मैकेन्सी और फिर एक प्राइवेट इक्विटी फर्म लाइटहाउस के साथ काम किया था। इसलिए उन्हें अंदाजा था कि ये सेक्टर किस तरह काम करता है। इससे इस नयी कंपनी को बहुत फायदा हुआ।

पहला पिच लाइटहाउस को हुआ, और उन्होंने दिलचस्पी दिखाते हुए तुरंत एक टर्म शीट ऑफर कर दिया। लेकिन सिद्धार्थ की पहचान एवेन्डस आई-बैंक से भी थी, और इस डील को कई प्राइवेट इक्विटी कंपनियों के पास ले जाया गया। 2013 में मोतीलाल ओसवाल प्राइवेट इक्विटी ने मैजिक्रेट में 35 करोड़ रुपए लगाए, ताकि कंपनी का और विस्तार हो सके।

"जब हम निवेशक ढूँढ़ रहे थे तो उनकी पहली चिंता होती थी कि टीम कितनी अच्छी है। इसलिए प्रोफेशनल डिग्री का होना, और आईआईटी का ब्रांड ज़रूर कारगर होता है।"

हालांकि कंपनी ने पांच सालों में बहुत तेजी से बढ़ोतरी देखी, और इससे कंपनी की कीमत बढ़ी भी। मार्च 2013 में कंपनी का टर्नओवर सौ करोड़ रुपए था और टीम इस बात को बहुत आराम से बताती है।

"हम जिस रास्ते पर चल रहे हैं उसकी नींव 2007-08 में ही पड़ गई थी। जब हमने अपना बिज़नेस प्लान बनाया तभी हमने सोचा था कि हमारी 8-10 फैक्ट्रियां होंगी।"

किसी भी बिज़नेस में एक वक्त ऐसा आता है जो आपके लिए बड़ा सबक होता है। बिज़नेस के रास्ते पर चलना उस तीर्थयात्रा की तरह होता है जहां पहाड़ की चढ़ाई आपको खुद करनी है, और वहां जाने के लिए कोई हेलीकॉप्टर सेवा नहीं होती।

पांच साल तो बिज़नेस सीखने में लग जाते हैं। उसके बाद आप बढ़ना शुरू करते हैं।

नवंबर 2012 में एक और आईआटी के ग्रेजुएट--सिद्धार्थ शर्मा ने मैजिक्रेट का स्ट्रैटेजिक ऑपरेशन्स ज्वाइन किया। सिद्धार्थ सौरभ से खड़गपुर में एक साल सीनियर थे। ऊपर से नीचे तक मैजिक्रेट हुनर के दम पर बनी कंपनी है।

"कंपनी में हर पोजिशन के लिए हम अखबार में इश्तेहार देते हैं। उम्मीदवार परीक्षा देते हैं, फिर इंटरव्यू होता है।"

मैजिक्रेट में सेलेक्टशन 'कौन किसको जानता है' के दम पर नहीं बल्कि 'कौन क्या जानता है' के दम पर होता है। इसके अलावा कौन सीखने को इच्छुक है, और जिज्ञासु है, उससे भी फर्क पड़ता है। कई सारे कर्मचारी स्थानीय बीकॉम ग्रेजुएट हैं, और दो फुलटाइम सीए कंपनी में हैं।

फाइनेंस के क्षेत्र में सबसे बड़ा सबक कैश फ्लो मैनेज करना रहा है।

"एक रनिंग कंपनी में हमेशा पेमेंट और कलेक्शन को लेकर खींचतान चलती रहती है," पुनीत बताते हैं।

शुरू के दिनों में जो पैसे सात दिनों में आने होते थो वो दो-तीन महीने में आया करते थे। इससे बहुत सारा तनाव होता था। लेकिन धीरे-धीरे चीजें काबू में आ गई हैं, और सिस्टम्स मजबूत हुए हैं।

"हमारे पास एक तगड़ी ईआरपी है। अगर पेमेंट ड्यू है तो अगला शिपमेंट अपने आप रुक जाता है।"

बिज़नेस के गुर किसी क्लासरूम में नहीं सिखाए जाते, लेकिन उन्हें मेहनत से और अपने अनुभव से सीखा जा सकता है।

मार्च 2014 में मैजिक्रेट ने 130 करोड़ का रेवेन्यू पार कर लिया और अब 1500 डेवलपर्स क्लायंट हैं। लेकिन बाजार में स्पर्द्धा बढ़ी है। अब देश में पचास से ज्यादा एएसी प्लांट हैं। इसलिए मार्जिन भी 40% से घटकर 20% हो गया है।

फिर बिज़नेस के इर्द-गिर्द 'सुरक्षा का घेरा' कैसे बनाया जाता है?

"हम उड़ीसा और कर्नाटक जैसे नए मार्केट में घुस रहे हैं जहां अभी भी बहुत कम प्लांट्स हैं।"

लेकिन असली लक्ष्य आगे बढ़ना है। कंपनी ने दो और नए आईडिया पर काम करना शुरू कर दिया है--सूखा मसाला और फैक्टरी-निर्मित घर। इन युवा उद्यमियों का मानना है कि आने वाले दिनों में मजदूर मुश्किल से मिलेंगे और ऑन-साइट कन्स्ट्रक्शन महंगा हो जाएगा।

"हम ऐसे दिन भी देखेंगे जब फैक्टरी से बने बनाए सॉल्यूशन्स साइट पर जाएंगे।"

इस बिज़नेस की एक बात पर टीम को बहुत फख्र है, और वो है पर्यावरण पर इसका असर। एएसी ब्लॉक्स राख से बनते हैं, जो स्टील और पावर प्लांट का वेस्ट मैटिरिटल होता है।

"हम लाखों टन राख का दोबारा इस्तेमाल करते हैं, और उससे पैसे बनाते हैं... इसका मतलब वेस्ट से पैसे बनाना हुआ न?"

ये युवा उद्यमी अगले दो-तीन सालों में कंपनी को पब्लिक में ले जाना चाहते हैं। महत्वाकांक्षाएं बड़ी हैं, लेकिन ज़िंदगी की और अहम चीजों पर भी ध्यान देना ज़रूरी है। परिवार, दोस्त, घर की ज़िम्मेदारियां। दोनों बंसल बंधु और पुनीत, तीनों प्यारी बेटियों के पिता है। बच्चियों की देखभाल और नैप्पी बदलना उनकी ज़िंदगी का अहम हिस्सा है, ख़ासकर सौरभ के लिए, जिनके जुडवां बच्चे अभी छोटे हैं!

"मेरे पिता हमेशा कहते थे, ज़िंदगी के छह पहिए होते हैं--पैसा, परिवार, समाज, शारीरिक, मानसिक और आध्यात्मिक स्वास्थ्य। इन छहों में संतुलन बनाना ज़रूरी है।"

लोग कहेंगे कि ये नहीं हो सकता, वो नहीं हो सकता। लेकिन कुछ भी हो सकता है।

अगर आपके दिमाग ने सोच लिया है और आपका दिल उस पर यकीन करता है तो आप उसे हासिल कर सकते हैं। कोशिश करके तो देखिए।

युवा उद्यमियों को सलाह

सौरभ

मेरी पहली सलाह होगी, बड़ा सोचो। जब मैं कॉलेज में था, तो मैंने अपने बिस्तर के बगल में लिखा था पांच हज़ार करोड़ और लोग कहते थे, क्या लिख रहा है, पागल है क्या, कोई सोच सकता है क्या। मैंने सोचा कि यार ये एक नंबर है जिसे हासिल किया जा सकता है। तब मेरे पिता का बिज़नेस मुश्किल से एक करोड़ रुपए का भी नहीं था। लेकिन फिर भी मैंने हिम्मत की और सोचा कि हां, पहुंच सकते हैं।

इसलिए बड़े सपने देखो, और जाहिर है, पूरी कोशिश भी करो। अपने लक्ष्य की ओर बढ़ते हुए इनोवेट करो। शुरुआत जल्दी करो। बीस से तीस साल ज़िंदगी के सबसे सक्रिय साल होते हैं, उनका भरपूर इस्तेमाल करो।

पुनीत

बड़ा सोचो और खूब मेहनत करो। मेहनत का कोई दूसरा रिप्लेसमेंट नहीं है, लेकिन स्टार्ट करने से पहले उसका एक रोडमैप होना चाहिए। कम से कम शुरू के दो-तीन साल बहुत क्लैरिटी होनी चाहिए कि आप आगे कैसे बढ़ेंगे।

जो शुरू किया, उसमें लगे रहो। शुरू के दो-तीन साल, पांच साल और फिर आगे बढ़ो और कोई ख़तरा मोल लो।

सिद्धार्थ

स्टार्टअप के शुरू के तीन-चार साल ये बहुत ज़रूरी है कि बिज़नेस को प्रोफेशनलाइज किया जाए। बिज़नेस को अगले लेवल पर ले जाने के लिए बाहर से प्राइवेट इक्विटी या निवेशकों के रास्ते कैपिटल लाना और अहम पोजिशनों पर अच्छे प्रोफेशनल लाना बहुत ज़रूरी है।

आंट्रप्रेन्योर्स को ये ध्यान में रखना चाहिए कि सिस्टम काम करता रहे। मैनेजमेंट में कितनी गहराई है, ये इस बात से पता चलता है कि फाउंडिंग टीम अगर पंद्रह से तीस दिनों का ब्रेक भी लेती है तो बिज़नेस उनकी गैरहाजिरी में बढ़ता रहता है।

और सबसे ज़रूरी बातः हमेशा जहाज को हल्का रखें। बिज़नेस को फैंसी ऑफिस, आने-जाने के बेमतलब ख़र्चे और बिना मतलब के और ख़र्चों से बचाना चाहिए।

यकीन का तोहफा

प्रकाश मुंद्रा (एससीएमएचआरडी, पुणे)
सेक्रेड मोमेन्ट्स

प्रकाश ने बिज़नेस प्लान कॉम्पटिशन में मजे-मजे में हिस्सा ले लिया, और जब कैंपस से निकले तो उनके पास लॉन्च करने के लिए तैयार एक बिज़नेस था। आठ सालों के बाद प्रकाश मुंद्रा साढ़े चार करोड़ की कंपनी के सीईओ हैं, और उन्हें किसी बात का कोई अफसोस नहीं है।

एससीएमएचआरडी एचआर प्रोफेशनल बनने की ख्वाहिश रखनेवालों के लिए सबसे पसंदीदा जगह है। किसी भी और एमबीए इंस्टीट्यूट की तरह एक अच्छी नौकरी वो *बैच ऑफ ऑनर* है, जिसकी सभी ख़्वाहिश रखते हैं।

प्रकाश मुंद्रा ने इसी लक्ष्य के साथ एमबीए में एडमिशन लिया, लेकिन दो साल के ख़त्म होते-होते नौकरी से मुंह मोड़ लिया। क्योंकि उनके पास 'ऑप्शन' था।

शुरुआत एक बिज़नेस-प्लान कॉन्टेस्ट से हुई, और इस तरह के कॉन्टेस्ट कैंपस में खूब हुआ करते हैं। प्रकाश के लिए भी ये 'कुछ और' करने का एक जरिया हो गया--थोड़ा जुनून, थोड़ी दीवानगी, नेशनल टेलीविजन पर जाने का एक रास्ता।

"मैंने जीटीवी के 'बिज़नेस बाजीगर' शो में हिस्सा लिया, और टॉप टेन में आ गया।"

कॉलेज के दूसरे साल में प्रकाश ने कई बी-प्लान कॉन्टेस्ट जीते, और डेढ़ लाख के आस-पास ईनाम की राशि जीत लीं। एमबीए के आख़िर तक उनके हाथों में दो विकल्प थे--एक नौकरी, और एक बिज़नेस आईडिया। प्रकाश ने बिज़नेस को चुना।

उन्होंने बिज़नेस स्कूल में गुजारे अपने दो सालों में रिसर्च किया, और अपने आईडिया को और तराशा, एक प्रोटोटाइप तैयार किया। ज़ब तक प्रकाश ग्रैजुएट हुए, उन्हें इस बात का भरोसा हो गया कि ये आईडिया कारगर होगा।

आठ सालों के बाद 'सेक्रेड मोमेन्ट्स' एक कॉरोपोरेट गिफ्टिंग कंपनी में तब्दील हो गई। प्रकाश एक कुशल बिज़नेसमैन हैं। लेकिन अपने शुरुआती दिनों को वो बहुत शिद्दत से याद करते हैं।

"मुझे ख़ुशी है कि मैंने अपने आईडिया पर तभी काम करना शुरू कर दिया, जब मैं एक स्टूडेंट था। इससे मुझे अच्छी शुरुआत मिली।"

अगर आपके दिमाग में एक आईडिया है तो बस शुरुआत कर लीजिए। मुमकिन है कि वो इधर-उधर जाए, या कहीं भी नहीं जाए। लेकिन इससे आपके भविष्य के रास्ते और विकल्प तो खुल ही जाएंगे।

यकीन का तोहफा

प्रकाश मुंद्रा (एससीएमएचआरडी, पुणे)
सेक्रेड मोमेन्ट्स

प्रकाश मुंद्रा रांची में पैदा हुए और अपनी ज़िंदगी के शुरुआती साल कोलकाता में गुजारे।

"मैं मारवाड़ी-माहेश्वरी समुदाय से हूं जो कि अमूमन बिज़नेस किया करते हैं। हमलोग कॉटन-टेक्सटाइल की लाइन में थे।"

प्रकाश संयुक्त परिवार में पले-बढ़े, जहां दादा, चाचा और भाई-बहनों की जमात कोलकाता के बड़ा बाजार में एक साथ रहा करती थी। मशहूर श्री दौलतराम नोपानी विद्यालय के छात्र प्रकाश चौथी क्लास से ही पढ़ाई में अव्वल आने लगे।

"बाकी लड़कों की तरह मुझे भी क्रिकेट, ही-मैन, रामायण और क्विज टाइम पसंद था। लेकिन मैं बहुत ही अनुशासित और अच्छा बच्चा था।"

1994 में पारिवारिक व्यवसाय बढ़ा और प्रकाश अपने माता-पिता और भाई-बहनों के साथ ठाणे चले आए। दसवीं के बाद उन्होंने साइंस की पढ़ाई की क्योंकि इरादा इंजीनियर बनने का था। लेकिन एक हादसे की वजह से सपना पूरी तरह टूट गया और प्रकाश बोर्ड एक्जाम नहीं दे पाए।

"मैं बहुत सारे क्विज कॉन्टेस्ट्स में हिस्सा लेता था, और मैंने बहुत सारे सफल उद्यमियों की जीवनियां पढ़ रखी थीं। मुझे ज़िंदगी की काफी सारी सीख वहां से भी मिली।"

"मुझे एक साल गंवाना पड़ा, इसलिए मैं बहुत दुखी था। लेकिन मैंने ज़िंदगी का एक अहम सबक भी सीखा। मुसीबतें बिना चेतावनी के आती हैं, और आपको उठकर अपने पैरों पर फिर से खड़ा होना ही होता है।"

इसी दौरान प्रकाश ने सांइस की बजाए कॉमर्स पढ़ने का फैसला किया। हाई स्कूल की परीक्षा में 80% नंबर आए थे, इसलिए मुंबई के सिडेनहैम कॉलेज में बैचलर ऑफ मैनेजमेंट स्टडीज में दाखिला मिल गया।

"मैं कॉलेज में कई एक्सट्राकरिक्युलर एक्टिविटी का हिस्सा था, जैसे कि बुक सर्कल और क्विज कॉम्पटिशन्स।"

इन्हीं सालों में पारिवारिक बिज़नेस भी अपने मुश्किल दौर से गुजर रहा था। इसलिए एमबीए करके कॉरपोरेट की दुनिया में नौकरी करने में समझदारी थी। इसलिए बीएमएस के बाद प्रकाश ने कैट की तैयारी पर ध्यान लगाया और एन्ट्रेन्स परीक्षाएं देने लगे। लेकिन अपनी तमाम कोशिशों के बावजूद उन्हें किसी टॉप के बी-स्कूल में दाखिला नहीं मिला।

"या तो मैं कट-ऑफ मिस कर देता था या इंटरव्यू में छांट दिया जाता था। ग्रैजुएशन के बाद के दो साल वाकई में संघर्ष के साल थे।"

इसी दौरान प्रकाश ने फैमिली बिज़नेस में काम करना शुरू कर दिया और माइक्रो, स्मॉल एंड मीडियम एन्टरप्राइजेज डेवलपमेंट (एमएसएमई) में एक कोर्स भी किया। लेकिन एमबीए करने का जुनून सिर से उतरा नहीं था। इसलिए एक आखरी कोशिश करने की ठानी और इस बार सिम्बायसिस सेंटर फॉर मैनेजमेंट एंड ह्यूमन रिसोर्स डेवलपमेंट में दाखिला मिल गया।

"एमबीए का शुरुआती अनुभव बहुत अच्छा था, क्योंकि ये पहली बार था कि मैं घर से दूर रह रहा था।"

प्रकाश अच्छे स्टूडेंट तो थे लेकिन टॉपर नहीं थे। लेकिन 'नॉलेज पावरहाउस' के रूप में उनकी पहचान थी क्योंकि खूब जीवनियां और बिज़नेस मैगजीन पढ़ा करते थे।

फर्स्ट ईयर के पहले सेमेस्टर में आईटीसी ने 'मेरा गांव मेरा देश' नाम से एक बी-प्लान कॉन्टेस्ट किया। देश भर के बड़े बिज़नेस स्कूलों के स्टूडेंट्स को बुलावा भेजा गया कि वे आईटीसी के मौजूदा प्रोडक्ट्स के इर्द-गिर्द नए रूरल

"जिस साल हमने एमबीए ज्वाइन किया, उस साल खबर आई कि आईआईएम अहमदाबाद के वरदान काबरा ने प्लेसमेंट से इंकार कर दिया था क्योंकि वे एक स्कूल खोलना चाहते थे। तो आंट्रप्रेन्योरशिप का चलन शुरू हो गया था।"

बिज़नेस आईडिया दें। प्राइज मनी ही नहीं बल्कि कंपनी में डायरेक्ट प्लेसमेंट का भी लालच था।

ज़्यादातर छात्रों ने जहां ई-चौपाल* के इर्द-गिर्द प्लान बनाया, वहीं प्रकाश ने कुछ अलग हटकर सोचा। आईटीसी के प्रोडक्ट पोर्टफोलियो को देखा तो उन्हें मंगलदीप अगरबत्ती दिखाई दिया, और प्रकाश ने इस प्रोडक्ट पर फोकस करने का मन बना लिया।

"अगरबत्ती इकलौता ऐसा प्रोडक्ट था जो मेरी समझ में आसानी से आ रहा था।"

प्रकाश को एक आसान सा बिज़नेस प्लान तैयार करने में बहुत वक्त नहीं लगा, जिसमें उन्होंने पूजन सामग्री जैसे रोली, हल्दी और यहां तक कि धार्मिक तीर्थयात्रा को भी ब्रांडेड करने का प्रस्ताव रखा। इसके पीछे तर्क सीधा सा था, अमूल ने अगर दूध के साथ ऐसा किया था तो मंगलदीप पूजा से जुड़ी चीजों के साथ तो ऐसा कर ही सकता था।

"हमने एक बड़ा सा प्लान बनाया, जो एक्सेल शीट पर बहुत ही मजेदार दिखाई दे रहा था। लेकिन पहले ही राउंड में हमें बाहर निकाल दिया गया।"

परिणाम से निराशा ज़रूर हुई, लेकिन बिज़नेस प्लान बनाने के इस अनुभव ने ऐसे और मौकों की तलाश करने के लिए प्रोत्साहित किया। प्रकाश ये अनुभव दोबारा लेना चाहते थे।

कॉलेज लाइब्रेरी जाने की आदत का एक और फायदा हुआ। प्रकाश को एक खबर नजर आई जिसमें जीटीवी के 'बिज़नेस बाजीगर' के बारे

* ई-चौपाल आईटीसी की पहल है, जिसमें किसान सीधे अपनी फसल खरीददारों को इंटरनेट के जरिए बेच सकते हैं।

में लिखा हुआ था। ये शो आम लोगों के नए बिज़नेस आईडियाज की तलाश कर रहा था।

"मैंने सोचा कि पूजा प्रोडक्ट वाला अपने बी-प्लान यहां थोड़ी फेर-बदल के साथ जमा कर देता हूं। आख़िर एमबीए करते हुए अपने प्रोजेक्ट्स में फेर-बदल करके उन्हें जमा करने का तजुर्बा तो हमें हो ही चुका था।"

पहले प्रकाश ने ब्रांड का नाम बदलकर 'शुभ लाभ' किया और चूंकि आईडिया नया होना चाहिए था, इसलिए पूजा किट के बारे में सोचा, जो कि अलग अलग मौकों के लिए तैयार किया जाता। मिसाल के तौर पर दिवाली के लिए अलग किट तो शादी-ब्याह के लिए अलग किट। प्रकाश को लगा कि इससे नई पीढ़ी में प्रोडक्ट को लेकर दिलचस्पी जगाई जा सकेगी।

"मुझे दिखाई दे रहा था कि मेरी पीढ़ी पूजा में दिलचस्पी रखती तो है लेकिन उन्हें बिना ताम-झाम के अनुभव चाहिए।"

जो दो लाख बिज़नेस प्लान जमा हुए थे उनमें से पांच सौ सेकेंड राउंड के लिए चुन लिए गए। 'शुभ लाभ' पूजा किट उनमें से एक था। इंटरव्यू और बाद के राउंड के बाद प्रकाश पहले टॉप 50 में आए, और फिर टॉप 20 में।

"मेरी बाकी की क्लास दस दिनों के विपासना कोर्स के लिए जाने वाली थी। खुशकिस्मती से मेरे डायरेक्टर सुब्बू सर ने मुझे छुट्टी दे दी और कहा कि मैं शो पर फोकस करूं।"

टॉप बीस प्रतिभागियों को पचास हज़ार रुपए दिए गए और उनसे एक वर्किंग मॉडल या सैंपल तैयार करने को कहा गया। इससे प्रकाश को डिजाइनर की मदद लेने के साथ-साथ कच्चा माल के सप्लायरों से मिलने

"एमबीए के केस स्टडीज ज़िंदगी की असलियत से कहीं बढ़-चढ़कर होते हैं। इसलिए स्टूडेंट भी पहले ही दिन से रणनीति के बारे में सोचने लगता है। लेकिन सच तो ये है कि बिज़नेस में एक्जीक्यूशन बहुत अहमियत रखता है।"

और दूर दराज की जगहों पर जाकर पंडितों और खुदरा दुकानदारों से सामान खरीदने के पैसे मिल गए। प्रकाश ने पूजा किट का एक प्रोटोटाइप तैयार कर 'बिज़नेस बाजीगर' में जमा कर दिया।

"इस पायलट प्रोजेक्ट से मुझे कीमत, क्वालिटी, कच्चा माल, बाजार का आकार, कॉम्पिटिशन और खुदरा नीतियों के बारे में पता चल गया।"

फरवरी 2005 में शो की शूटिंग मुंबई में हुई।* (*बिज़नेस बाजीगर जीटीवी पर मार्च 2006 से अगस्त 2006 के बीच में दिखाया गया।) शुरू में इसमें मजा आ रहा था, लेकिन धीरे-धीरे प्रतिभागियों को बड़ी चुनौती दी जाने लगी ताकि उनकी बिज़नेस की समझ की परीक्षा ली जा सके। हर राउंड के बाद कुछ और प्रतिभागियों को छांट दिया जाता था। इस तरह प्रकाश टॉप 10 में आ गए और 'मिनी बाजीगर' के रूप में शो से निकले।

"मैं उन तीन कॉन्टेस्टेंट्स में से था जिन्हें ये खिताब मिला क्योंकि जजों को लगा कि आईडिया में दम है।"

बाकी के प्रतिभागियों से बात करने के बाद प्रकाश को अपने बिज़नेस प्लान पर और यकीन होने लगा। प्लान हकीकत के करीब था और बिना वेंचर फंडिंग के इस पर काम किया जा सकता था।

प्रकाश कैंपस वापस लौट गए और अपने आईडिया को और तराशने में लग गए। उन्हें एनआरआई और गिफ्टिंग मार्केट में दम नजर आने लगा, और उसमें कई संभावनाएं दिखने लगीं। लेकिन दिसंबर का महीना आ गया और कैंपस में सबको प्लेसमेंट का बुखार चढ़ गया।

"मैं उस वक्त कोई फैसला नहीं ले पाया। इसलिए मैं प्लेसमेंट के लिए बैठा और दो कंपनियों में चुन भी लिया गया--आईसीआईसीआई प्रूडेन्शियल और एस्सार।"

जब प्रकाश के बाकी के बैचमेट आखरी सेमेस्टर में मज़े कर रहे थे,

"मुझे लगा कि अगर मुझे फंडिंग मिल गई तो मैं बड़े स्तर पर काम कर सकता हूं। लेकिन अगर मुझे मदद नहीं भी मिलती है तो भी ये काम अपने दम पर शुरू तो किया ही जा सकता था।"

"जब सिम्बायसिस में मेरी परीक्षाएं एक बिज़नेस-प्लान कॉन्टेस्ट के रास्ते में आईं तो मैंने परीक्षा नहीं देने का फैसला किया।"

प्रकाश सारा वक्त पूजा किट तैयार करने में लगा रहे थे। और जो वक्त बच जाता था, उसमें बिज़नेस प्लान कॉन्टेस्ट में हिस्सा लिया करते। प्रकाश ने कुल छह कॉन्टेस्ट में भाग लिया और उसमें पांच में जीते, जिनमें आईआईएम लखनऊ, टीएपीएमआई और आईआईटी खड़गपुर शामिल था।

"मुझे लग रहा था कि मैं सही रास्ते पर हूं।"

बी-प्लान कॉन्टेस्ट में जज के रूप में आए एक्सपर्ट्स से मिलने वाला फीडबैक भी बहुत फायदेमंद साबित हुआ।

अब मुश्किल घड़ी आ चुकी थी--नौकरी या बिज़नेस? प्रकाश को 11 मई 2006 को आईसीआईसीआई प्रू ज्वाइन करना था। सात मई को प्रकाश ने ऑफर ठुकराते हुए एक ईमेल भेजा। और इस तरह 'सेक्रेड मोमेन्ट्स' का जन्म हुआ।

प्रकाश को अपना बिज़नेस शुरू करने के लिए छह लाख रुपए की ज़रूरत थी। अभी तक बी-प्लान कॉन्टेस्ट्स में से उन्होंने दो लाख रुपए के आसपास की राशि जमा कर ली थी। बाकी पैसे प्रकाश ने अपने पिता से उधार लिए, जिन्होंने खुलकर प्रकाश की मदद की।

"मैंने पूजा किट के लिए 'ब्लेसिंग्ज' नाम सोचा और ब्रांडेड सैंपल बनाने लगा।"

प्रकाश ने तीन-चार पंडितों से बात की और दिवाली पूजा किट बनाने का फैसला किया। हर किट में दिवाली की पूजा में इस्तेमाल होने वाली बत्तीस चीजें थीं, जिनमें मूर्ति, हल्दी, रोली, मिश्री और यहां तक कि गंगाजल भी शामिल था। विधि बतानेवाली एक पुस्तिका भी साथ में थी।

पहले सैंपल 3 अगस्त से 7 अगस्त 2006 के बीच गिफ्टेक्स की मुंबई प्रदर्शनी में लगाए गए।

"मुझे बहुत अच्छा रेसपॉन्स मिला और यहां तक कि 'बेस्ट न्यू प्रोडक्ट' का अवॉर्ड भी मिला। लेकिन लोगों ने सिर्फ पूछताछ की। बुकिंग किसी

ने नहीं की।"

इस वक्त प्रकाश ने एक मुश्किल फैसला लिया। उन्होंने तय किया कि वे 12,000 किट्स तैयार करेंगे। किट्स के लिए सारे आइटम आउटसोर्स किए जाने थे। प्रकाश ने अपने पिता के मस्जिद बंदर के दफ्तर का इसके लिए इस्तेमाल किया।

सबसे बड़ी मुश्किल देशभर के चालीस सप्लायरों से कोर्डिनेट करने में आई, जो किट की अलग-अलग चीजें अलग-अलग जगहों से सप्लाई कर रहे थे। ये सेक्टर पूरी तरह असंगठित हैं और डिलिवरी का वक्त भी एक मसला है।

अगर एक भी आइटम के आने में देरी हो जाती है तो पूरी की पूरी असेम्बली लाइन ठप पड़ जाती है।

इनमें से एक आइटम था बीस ग्राम घी का सैशे। सबने प्रकाश से कहा कि घी मुंबई में नहीं मिलेगा, इसलिए उसे किट से निकाल क्यों न दिया जाए। लेकिन प्रकाश को ये सही नहीं लगा। प्रकाश ने इंटरनेट पर सर्च किया और आख़िरकार उन्हें तिरुपुर में ऐसा एक सप्लायर मिला जो होटल पार्सल सर्विस के लिए सैशे बनाता था।

इतनी छोटी-छोटी बारीकियों को ध्यान में रखा गया--जैसे कि भगवान की तस्वीर को सीधा कैसे खड़ा किया जाए? प्रकाश ने उसके लिए एक फोटो स्टैंड देने की सोची। हालांकि कई सारे आईडिया कीमतों की वजह से रोक दिए गए।

"एक क्लायंट को चांदी का सिक्का चाहिए था, लेकिन उसमें खर्च बहुत आता। इसलिए हमने उन्हें चांदी की दुर्वा दी।"

इस बीच कॉरपोरेट ऑर्डर आने लगे, जिनमें *टाइम्स ऑफ इंडिया* ग्रुप भी एक था। इसके अलावा अल्ट्राटेक सीमेंट, लिंक पेन्स और पिरामल

"सबको लगा कि पूजा किट बी-प्लान जीतने भर के लिए आईडिया है, ताकि कुछ प्राइज मनी जीती जा सके। लेकिन ये मेरी रगों में घुस गया था।"

"एमबीए से मुझे हौसला मिला और अपनी दिक्कतों का हल ढूंढ़ने के रास्ते भी समझ में आए।"

हेल्थकेयर से ऑर्डर मिले। दिवाली से पहले ब्लेसिंग्ज किट को मुंबई के एशियाटिक और अकबरअलीज डिपार्टमेंट स्टोर में भी स्टॉक किया गया।

"मैंने दिवाली पर 10,000 किट्स बेचे। हैरानी की बात है कि मुझे दिवाली के बाद भी पांच सौ ऑर्डर मिले।"

मिसाल के तौर पर एक पंजाबी परिवार ने सभी बारातियों को ये किट तोहफे में दिए। कई लोगों ने भागवत कथा के बाद देने के लिए इस किट को खरीदा। आईएमटी नागपुर ने अपने कैंपस में हुए एक कॉन्फ्रेंस के बाद अपने प्रतिनिधि मंडल को ये किट दिया।

वर्किंग कैपिटल की दिक्कत थी, लेकिन कुछ सप्लायर क्रेडिट देने को तैयार थे और कॉरपोरेट्स ने एडवांस दिया था। इसके बावजूद प्रकाश को अपने चार दोस्तों से दिवाली के ठीक पहले तीन लाख रुपए उधार लेने पड़े जो उन्होंने तुरंत वापस कर दिए।

12,000 किट्स बनाने का जुआ रंग लाया।

"मैंने दिवाली के आखरी हफ्ते तक चार हज़ार किट बेच लिए थे। अगर मेरे पास किट्स तैयार नहीं होते तो मैं बिज़नेस कर ही नहीं पाता।"

पूरा रेवेन्यू कुल पैंतीस लाख का था (हर किट की कीमत 350 रुपए थी) और पांच लाख का फायदा हुआ था। ये उतने ही पैसे थे जितने प्रकाश एक नौकरी में सालभर में कमाते।

"बल्कि मैं तो और कमा सकता था, लेकिन बिज़नेस में नया था इसलिए मुझसे छोटी-बड़ी गलतियां हुईं।"

दिवाली के बाद प्रकाश ने तीन-महीने का ब्रेक लिया ताकि अपनी बहन की शादी के बाद अपनी भी शादी की तैयारी कर सकें। नए साल में प्रकाश ने पूरा ध्यान बिज़नेस पर लगाया, लेकिन चुनौती ये थी कि दिवाली आने में अभी कई महीने थे। इस बीच प्रकाश क्या बेचते?

प्रकाश ने कई आईडियाज पर काम किया, खुदरा बाजार के लिए दो

सौ रुपए की किट बनाने का ख्याल आया, गृह प्रवेश पूजा किट, गाड़ी पूजा किट, वगैरह वगैरह। इस बीच वे वापस अपने क्लायंट्स के पास गए और उनसे भी पूछा कि उन्हें क्या चाहिए।

"मुझे लगा कि बहुत सारी फार्मा कंपनियां ऐसी हैं जिन्हें तौलिए या रुमाल जैसे कस्टमाइज्ड टेक्सटाइल प्रोडक्ट बनाने में दिक्कतें आ रही थीं।"

ये वो बिज़नेस था जिसमें प्रकाश के पिता और उनके भाई पहले से लगे हुए थे। करना सिर्फ ये था कि उसमें लोगो की कढ़ाई करनी थी।

प्रकाश ने पूजा किट्स बिज़नेस के लिए एक्सपोर्ट मार्केट भी देखना शुरू कर दिया। जब ऑर्डर आने लगे तो उन्होंने अपने प्रोडक्शन का एक हिस्सा अहमदाबाद शिफ्ट करने का फैसला किया, जहां मैन्युफैक्चरिंग की कीमत कम थी।

मौके हमेशा दरवाजे खटखटाकर नहीं आया करते, कई बार बातचीत करके भी आया करते हैं। व्यापारियों और एक्सपोर्टरों से बातचीत करते हुए प्रकाश ने पाया कि उन्हें मिट्टी के दिए सप्लाई करने में दिक्कत हो रही थी। कई सारे दिए रास्ते में ही टूट जाते थे।

"मैंने तय किया कि अच्छी पैकेजिंग करके मैं सुरक्षित गारंटी के साथ मिट्टी के दिए सप्लाई करूंगा।"

ऐसा करने के लिए प्रकाश ने ठाणे में एक पेटिंग और डेकोरेटिंग यूनिट शुरू की, जहां मिट्टी के दीयों और हैंडीक्राफ्ट आइटमों, जैसे तोरण, रंगोली और थाली को पेंट किया और सजाया जाता था। प्रकाश अमेरिका, यूके, दक्षिण अफ्रीका, जिम्बाबवे और ऑस्ट्रेलिया के आयातकों से मिले और उन्हें अपनी यूनिट में आने का न्यौता दिया। इस तरह उन्हें बड़ी तादाद में ऑर्डर मिले।

2009 में एक पारिवारिक दोस्त ने कंपनी ज्वाइन कर ली, जिनका काम नौ लक्जरी परफ्यूम ब्रांड्स जैसे हर्मेस और गेस का भारत में आयात

"क्योंकि मैं बिज़नेस में नया था, इसलिए मैंने कई छोटी-बड़ी गलतियां कीं।"

"मेरे मन में कोई अफसोस नहीं है। मुझे अपना काम बहुत पसंद है और मैं हर रोज कुछ न कुछ नया सीख रहा हूं!"

करना और डिस्ट्रिब्यूट करना था। इससे प्रकाश को एक और आईडिया मिला--लोग ब्रांड्स डिस्काउंट पर खरीदना तो चाहते हैं, लेकिन उनके मन में शक होता है कि क्या ये प्रोडक्ट सही है?

"मैंने अपने कॉरपोरेट क्लायंट्स को इंस्टीट्यूशनल डिस्काउंट देना शुरू किया, और साथ ही ऑथेनटिसिटी की गारंटी भी।"

इस तरह वेंचर गिफ्ट आइट्म्स के बिज़नेस में तब्दील हो गया, जिसमें पूजा किट एक आइटम था। लेकिन जहां आमतौर पर सौ प्रोडक्ट्स के डीलर बनकर सौ क्लायंट्स से डील करने का चलन है, वहीं प्रकाश ने आठ से दस प्रोडक्ट्स के साथ एक हज़ार क्लायंट्स से डील करने का मुश्किल रास्ता चुना।

मार्च 2014 तक 'सेक्रेड मोमेंट्स' का टर्नओवर साढ़े चार करोड़ हो चुका था (जिसका 45% पूजा किट और बाकी धार्मिक प्रोडक्ट्स से आ रहा था)। फिलहाल कंपनी में सात पर्मनेंट कर्मचारी हैं, और पच्चीस लोगों का स्टाफ है जो सीजन के दौरान कॉन्ट्रैक्ट पर काम करता है। ये सीजन जुलाई से अक्टूबर तक का होता है, जब पूजन साम्रगी की सबसे ज़्यादा मांग होती है।

बाकी के आइटम पूरे साल बिज़नेस को चलाते रहते हैं। इसलिए प्रकाश अपने पोर्टफोलियो में कुछ न कुछ नया तलाश करते रहते हैं।

"मैं सिर्फ बीटूबी मार्केट पर ध्यान देता हूं, और वो अंतर ढूंढ़ता हूं जहां बेहतर पैकेजिंग और बेहतर सर्विस के साथ मैं अपनी जगह बना सकूं।"

प्रकाश सिर्फ वो प्रोडक्ट्स लेते हैं जिनके सैंपल रखे जा सकते हैं, और जिन्हें कुरियर किया जा सकता है ताकि पूरी दुनिया के खरीददारों तक पहुंच सकें। एमबीए-स्टाइल में उन्होंने एसडब्ल्युओटी* एनालिसिस भी कर रखा है। उन्होंने ये भी देखा है कि पिछले पांच सालों में प्रोडक्ट की डिमांड

* SWOT = Strength, Weakness, Opportunity, Threat Analysis

कर्व क्या रही है? चीन से कितनी स्पर्द्धा आ सकती है?

विस्तार को एक स्लीपिंग पार्टनर फंडिंग दे रहा है, जो निवेश तो कर रहा है लेकिन रोजमर्रा के मैनेजमेंट में उसकी कोई भूमिका नहीं है। बिज़नेस की अगली कड़ी में प्लास्टिक पैकेजिंग प्रोडक्ट्स हैं--इसके लिए प्रकाश के पास लागत तैयार है।

"मैंने अभी तक किसी बैंक से न लोन लिया है न वर्किंग कैपिटल लिया है।"

ज़िंदगी बहुत मसरूफ है, ठीक वैसी ही जैसी किसी कॉरपोरेट नौकरी में होती। दिन के दस घंटे काम में जाते हैं। काम सोमवार से शनिवार तक चलता है और संडे को भी तीन घंटे काम होता है। लेकिन अगर इसमें संतोष है तो चुनौती भी है।

"मुझे बिल्कुल कोई अफसोस नहीं है। मुझे अपना काम पसंद है और मैं हर रोज कुछ न कुछ नया सीखता हूं।"

बिज़नेस के दबाव के बावजूद प्रकाश ने सोसाइटी को वापस देने के लिए वक्त निकाल लिया है। वे ठाणे के माहेश्वरी युवा समिति के उपाध्यक्ष हैं जो कि एक कम्युनिटी यूथ ऑर्गनाइजेशन है, और वे अक्सर आंट्रप्रेन्योरशिप पर गेस्ट लेक्चर देते हैं।

और हां, ये युवा उद्यमी अपने करीबी लोगों को क्वालिटी वक्त भी देता है।

"मैं अभी भी एक ज्वाइंट फैमिली में रहता हूं, और परिवार ही मेरा सबसे बड़ा सपोर्ट सिस्टम है।"

प्रकाश अभी भी मैनेजमेंट की किताबें पढ़ते हैं और टेड टॉक्स सुनना पसंद करते हैं। क्योंकि प्रेरणा और आइडियाज कहीं से भी आ सकते हैं।

आपको गुरु द्रोणाचार्य से सीखने के लिए एकलव्य की तरह पेड़ के पीछे छिपने की ज़रूरत नहीं है। अपने गुरु खुद चुनिए और उनके शब्दों, कर्मों और उनकी उपलब्धियों से प्रेरणा लीजिए।

ये खुद को दिया जा सकने वाला सबसे अच्छा 'तोहफा' है।

युवा उद्यमियों को सलाह

बी-स्कूल या कॉलेज से निकलने के बाद तुरंत बिज़नेस में घुसने से हिचकिचाएं नहीं, ख़ासकर तब जब आपके काम के एरिया में कॉरपोरेट अनुभव का बहुत असर नहीं पड़ने वाला है।

हमने आईआईएम के स्टूडेंट के आंट्रप्रेन्योरशिप की कई कहानियां सुनी हैं, लेकिन कई नॉन-आईआईएम स्टूडेंट्स भी हैं जो ये यकीन करते हैं कि आंट्रप्रेन्योर बनने की राह में एमबीए कोर्स अहम है, आईआईएम का टैग नहीं।

आपको कई बार अपना बिज़नेस चलाने के लिए बाहर वालों को धोखा देना पड़ेगा, लेकिन कभी भी अपने बिज़नेस में खुद को धोखे में न रखें। आजकल एक कॉन्सेप्ट भर के साथ लाइमलाइट में आना आसान है, लेकिन आंट्रप्रेन्योरशिप का मतलब सिर्फ न्यूज चैनलों या मैगजीनों में आना भर नहीं है।

ये बात मान लीजिए कि आप सभी चीजों में अच्छे नहीं हो सकते। ये बात स्वीकार कीजिए और मदद मांगिए।

अपने बिज़नेस की सफलता के लिए जो आपके बिज़नेस के लिए ज़रूरी है, उसमें कंजूसी मत कीजिए। मिसाल के तौर पर मैंने एक प्रोफेशनल डिजाइनर को रखा था, हालांकि डीटीपी ऑपरेटर बहुत सस्ते पड़ते। इसलिए क्योंकि मेरे पूजा किट के लिए बॉक्स का डिजाइन बहुत ज़रूरी था।

एक पॉजिटिव एटीट्यूड रखिए और मुश्किल दिनों में मेहनत करते रहिए। सिर्फ मेहनत और लगन ही ज़रूरी नहीं है, नेगेटिव एटीट्यूड से नतीजे भी नेगेटिव निकलते हैं।

मार्केटिंग की शक्ति पर यकीन कीजिए। इंटरनेट का इस्तेमाल कीजिए। सोशल मीडिया मार्केटिंग और टेलीकम्यूनिकेशन्स का अपने फायदे के लिए इस्तेमाल कीजिए।

अड़ियल

वो स्टूडेंट्स जिन्होंने कोशिश की--फेल हुए--लेकिन फिर भी हार नहीं मानी। क्योंकि आसानी से कुछ नहीं मिलता। और हार मान लेना उनकी डिक्शनरी में था ही नहीं।

प्रभकिरन सिंह

सिद्धार्थ मुनौत

दो ईडियट्स

प्रभकिरन सिंह और सिद्धार्थ मुनौत
(आईआईटी बॉम्बे)
बेवकूफ ब्रांड

आईआईटी के तीसरे साल में प्रभकिरन सिंह ने फ्लवेर्ड लस्सी बेचना शुरू किया। वेंचर फेल हो गया, लेकिन इससे ज़िंदगी का एक अहम सबक मिला। वो लस्सीवाला अब पांच करोड़ का ऑनलाइन बिज़नेस चलाता है।

1999 में कंवल रेखी ने आईआईटी बॉम्बे में एक इन्क्यूबेटर शुरू किया--कैंपस में आंट्रप्रेन्योरशिप शुरू करने के कुछ शुरुआती कदमों में से एक। स्टूडेंट्स और फैकल्टी टेक्नॉलोजी तकनीक से जुड़े कई किस्म के आईडियाज लेकर आईं--ऑल्गोरिद्म्स, रोबोटिक्स, सेमी-कन्डक्टर, इंटरनेट सॉल्यूशन और न जाने क्या क्या।

भाई, आईआईटी है--कुछ दिमाग वाला काम होना चाहिए न!

वहां पहुंचे प्रभकिरन सिंह, लुधियाना के लड़के, जिन्हें लस्सी बेचने का एक बिज़नेस शुरू करना था। आईआईटी गेट के ठीक बाहर खड़के लस्सी ने कैंपस में हलचल तो पैदा की ही, नेशनल न्यूज आइटम भी बनी।

लेकिन लोग आमतौर पर यही कहते थे कि भाई, यही करना था तो आईआईटी क्यों ज्वाइन किया। एक सीट बर्बाद हो गई।

किस्मत को जैसा मंजूर था, लस्सी का बिज़नेस ठप्प पड़ गया। फिर प्रभकिरन ने अपने एक बैचमेट सिद्धार्थ के साथ मिलकर टी-शर्ट का बिजनेस शुरू किया और बन गया *बेवकूफडॉटकॉम*, जो युवाओं का भी चहेता ब्रांड बन गया।

अब ये दोनों युवा मिलकर फंकी कपड़े और एक्सेसरिज ऑनलाइन बेचा करते हैं, और इनके ऑर्डर एक महीने में एक करोड़ रुपए से ज़्यादा के हुआ करते हैं। बेवकूफ ब्रांड का फेसबुक पेज तैयार हुआ है, जहां इसके चौदह लाख फॉलोअर हैं (और एक भी पेड फॉलोअर नहीं है)।

ऐसा बिज़नेस शुरू करने के लिए आपको आईआईटी का ग्रैजुएट होने की ज़रूरत नहीं है--आपको आत्मविश्वासी होने की ज़रूरत है, बोल्ड होने की ज़रूरत है।

सफलता जेईई की तरह है, बस इसमें कोई कोचिंग नहीं होती। बस एक दरवाजा चुन लीजिए, और उसको खटखटाते रहिए।

दो ईडियट्स

प्रभकिरन सिंह और सिद्धार्थ मुनौत
(आईआईटी बॉम्बे)
बेवकूफ ब्रांड

प्रभकिरन सिंह लुधियाना में पैदा हुए और पले-बढ़े।

"मेरे डैड बिज़नेस करते थे, और मां हाउसवाइफ थीं। मैं सेक्रेड हार्ट कॉन्वेन्ट स्कूल में पढ़ रहा था।"

दसवीं के बाद प्रभकिरन आईआईटी कोचिंग के लिए कोटा गए। दरअसल उन्हें मालूम भी नहीं था कि आईआईटी है क्या। सारे दोस्त जा रहे थे वहां, इसलिए प्रभकिरन भी चले गए।

"बाद में जाकर मुझे पता चला कि आईआईटी की अहमियत क्या होती है, और मैं थोड़ा सीरियस हुआ। पढ़ाई करने लगा।"

प्रभकिरन ने सिविल इंजीनियरिंग ब्रांच चुना जो कि उस वक्त बहुत पसंद नहीं किया जाता था। लेकिन प्रभकिरन खुश थे क्योंकि मुंबई जाने का सपना साकार हो रहा था।

आईआईटी बॉम्बे में पहला और दूसरा साल रुटीन की तरह ही था। थर्ड ईयर में आकर इन्टर्नशिप का वक्त आया। आईआईटी में ये वक्त बहुत अहम होता है, क्योंकि उसी वक़्त स्टूडेंट्स ये सोचने लगते हैं कि आगे क्या करना है? ज़्यादातर बैचमेट्स जहां फाइनेंस, कन्सल्टिंग और टेक्निकल नौकरियां ढूंढ़ रहे थे, प्रभकिरन का दिमाग कहीं और चल रहा था।

उन्होंने कैंपस में आने वाली पहली कंपनी डॉयच्चे बैंक में अप्लाई ज़रूर किया, लेकिन चुने नहीं गए। हालांकि वे थोड़े निराश हुए, लेकिन उन्हें राहत भी महसूस हुई। प्री-प्लेसमेंट की सारी बातों ने नौकरी को बोरिंग साबित कर दिया था--प्रभकिरन ये सोच रहे थे कि क्या वे नौकरी के लिए बने भी थे?

"बस, उसके बाद मैंने नौकरियों के लिए अप्लाई करना बंद कर दिया। मैंने सोच लिया कि अपना कुछ शुरू करूंगा।"

लेकिन शुरुआत कहां से हो? एक दिन क्रॉसवर्ड बुकशॉप में उन्हें एक किताब दिखाई दी--*स्टे हंग्री स्टे फूलिश*। इसमें आईआईएम अहमदाबाद के आंट्रप्रेन्योर्स की सफलता की कहानियां थीं। प्रभकिरन ने वो किताब खरीदी और कई बार पढ़ी।

"स्टे हंग्री स्टे फूलिश मेरी पहली नॉन-फिक्शन किताब थी और मुझे उससे बहुत प्रेरणा मिली। उसके बाद मैंने धीरुभाई अंबानी की कहानी *पॉलिस्टर प्रिंस* पढ़ी और फिर किशोर बियानी की *ईट हैपेन्ड इन इंडिया* पढ़ी।"

बिज़नेस शुरू करने के लिए सबसे पहले एक बिज़नेस आईडिया का होना ज़रूरी है। प्रभकिरन ने अगले तीन-चार महीने उस किलर आईडिया को ढूंढ़ने में लगाए, लेकिन ऐसा कुछ भी नहीं था जिस पर पहले काम नहीं हुआ था। इसलिए उन्हें किसी आईडिया में मजा नहीं आया।

इसी दौरान प्रभकिरन को तीन-चार रेल यात्राएं करने का मौका मिला। इन यात्राओं के दौरान उन्हें फ्लेवर्ड लस्सी का स्वाद चखने का मौका मिला--पुणे में स्ट्रॉबेरी लस्सी, और आगरा में गुलाब लस्सी। हर पंजाबी पुत्तर की रगों में वैसे भी लस्सी बहती है, चाहे वो मीठी हो या नमकीन। इसलिए लस्सी का ये आईडिया प्रभकिरन को खूब पसंद आया।

"मैं स्टारबक्स की स्टोरी से बहुत प्रभावित था, और फिर यहां हमारे यहां जंबो किंग। मुझे लगता था कि लस्सी के साथ भी ऐसा ही कुछ किया जा सकता है।"

अक्टूबर 2009 में प्रभकिरन ने अपने सबसे अच्छे दोस्त हिमांशु धीमान को अपने आईडिया पर काम करने के लिए तैयार कर लिया। आईआईटी बॉम्बे के ई-सेल के कुछ इवेन्ट्स की वजह से लड़कों को बिज़नेस प्लान के बारे में थोड़ी-बहुत जानकारी थी।

"उस वक़्त सबको लगता था कि अगर आपके पास एक अच्छा आईडिया है तो आपको फंडिंग मिल जाएगी। अगर आपके पास अच्छा बिज़नेस प्लान है तब तो आप बाहर जाकर काम भी शुरू कर सकते हैं!"

लेकिन ये प्लान दरअसल बनता कैसे है? आप एक्सेल शीट में कोई भी नंबर डाल सकते हैं, लेकिन आपको पता कैसे चलेगा कि ये नंबर सही है या नहीं? इसके पीछे कोई लॉजिक, कोई फॉर्मूला नहीं होता जो बता सके कि पहले महीने कितना बिकेगा, दूसरे महीने कितना बिकेगा। लड़के भी एकदम कन्फ्यूज़्ड थे।

"फिर हमने सोचा कि गर्मी की छुट्टी के दौरान हमलोग दोस्तों और परिवार वालों से मिलकर दो लाख रुपए जमा कर लेंगे और फिर एक आउटलेट खोल लेंगे।"

उन्होंने प्लानिंग क्या करेंगे और कैसे करेंगे के बारे में धीरे-धीरे सोचना शुरू किया। लेकिन 18 फरवरी 2010 को सबकुछ बदल गया। उसी दिन प्रभकिरन की मुलाकात देवाशीष चक्रवर्ती से हुई, जिन्होंने प्रभकिरन को एक बहुत ही प्रैक्टिकल सलाह दी।

"अगर आपके पास एक प्रोडक्ट है तो उसे बेचना शुरू कर दो।"

वाह, मतलब ये इतना ही सिंपल था? फिर वहीं के वहीं प्रभकिरन ने 'जस्ट डू इट' का लक्ष्य रखा और तीन दिनों के भीतर काम शुरू करने की डेडलाइन रख दी। हिमांशु ने अपनी पॉकेट मनी से पांच हज़ार लगाए

"मेरे पेरेन्ट्स चाहते थे कि मैं आईआईटी दिल्ली में रहूं क्योंकि वो मेरे घर से नजदीक होता। लेकिन मैं मुंबई आना चाहता था।"

> **"ये एक मिथ है कि आपको बिज़नेस शुरू करने के लिए एक निवेशक या एक फैंसी बिज़नेस प्लान की ज़रूरत होती है। आपको बस शुरू करना होता है।"**

और प्रभकिरन ने तीन हज़ार। उन पैसों से दोनों ने मिलकर एक मिक्सर, ब्लेंडर और कुछ बर्तन खरीदे। लेकिन बिक्री करते कहां?

दोनों लड़के पवई की सड़कों पर भटके। लेकिन दुकान का किराया 20,000 रुपए से लेकर 40,000 रुपए प्रति महीना था। इतने सारे पैसे आते कहां से? ऊपर से दो लाख रुपए का डिपॉजिट भी देना होता।

"फिर हमने आईआईटी गेट के बाहर की सब्जी मंडी में बेचना शुरू किया, लेकिन वो जगह हॉकरों के लिए रिजर्व थी जिसके बदले वे बीएमसी को किराया देते थे, इसलिए वो भी काम नहीं किया।"

आख़िरकार दोनों को एक नया केक शॉप मिला, जहां बिज़नेस अभी ठीक तरह से शुरू भी नहीं हुआ था। उस दुकान के बाहर छोटी सी जगह थी जिसका फिलहाल इस्तेमाल नहीं हो रहा था। लड़कों ने दुकान के मालिक से बात की और कहा कि उस जगह के बदले वे लोग 6,000 रुपए किराया देने को तैयार थे।

"हमने 2000 रुपए किराए में दिए और कहा, जब हम पैसे कमाने लगेंगे तो बाकी आपको दे देंगे। और वो लोग मान भी गए।"

अभी भी एक-दो दिक्कतें थीं, जैसे कि मेन्यू में क्या रखा जाए? हॉस्टल के कमरे में चार-पांच दिनों के प्रयोग के बाद (जिसके लिए स्टूडेंट मेस से दही चुराया जाता था), दोस्तों की मदद से अलग-अलग फ्लेवर ट्राई करने के बाद चार फ्लेवरों पर बात बनी--चॉकलेट, स्ट्रॉबेरी, गुलाब और अंगूर (जिसमें आइसक्रीम ऑप्शनल था)।

उसके बाद की चुनौती थी एक काउंटर खोजने की। एक स्टेनलेस स्टील की टेबल 25-30,000 रुपए में आती, जो खरीदना उनके बस की बात नहीं थी। इसलिए आख़िरकार उन्होंने एक पुराने कंप्यूटर टेबल को

निकाला और उसे सनपैक बोर्ड से ढंक दिया।

"उसको और आकर्षक बनाने के लिए हमने पंजाब और लस्सी जैसे ग्राफिक्स प्रिंट किए और उस पर चिपका दिए। बस काम हो गया।"

इस तरह 23 फरवरी 2010 को 'खड़के ग्लस्सी' ने बिज़नेस शुरू कर दिया। फेसबुक पेज और पब्लिसिटी की मदद से कस्टमरों की लंबी लाइन लग गई कि देखते हैं कि सरदार क्या कर रहा है!

पहले दिन लस्सी के 44 ग्लास बिके, पच्चीस रुपए प्रति ग्लास की दर से।

लेकिन कोई सेलीब्रेशन नहीं था, कोई खुशी नहीं थी। शाम होते-होते हिमांशु ने तय किया कि वो काम नहीं करेंगे और प्रभकिरन को एक झटका लगा। प्रभकिरन किसी तरह अगले दिन आए और दुकान खोली। फिर उसके अगले दिन आए और आते रहे।

"शाम पांच बजे तक हमारे लैब्स होते थे। इसलिए मैं दुकान शाम 5 बजे से रात 10 बजे तक खोलता था।"

शुरू में प्रभकिरन को बहुत दिक्कत होती थी। वो स्वभाव से अंतर्मुखी थे, और सबसे खुलकर बात नहीं कर पाते थे। उसके बाद सवाल अपने गुरूर का भी था। उनके बैचमेट उनको ये काम करते देखकर क्या सोचेंगे?

"मैं डरा और घबराया हुआ था। लेकिन लोगों की प्रतिक्रिया अच्छी रही।"

कुछ लोगों ने ज़रूर मुंह बनाया, लेकिन कई लोगों को ये काम कूल लगा। कुछ ने आकर प्रभकिरन को गले तक लगा लिया और कहा, "हम लोग तो बोलते रहते हैं, तूने कर दिखाया!"

इससे प्रभकिरन के आत्मविश्वास को बल मिला। लेकिन दस दिनों

"लस्सी बेचने के बाद मैं बेशर्म हो गया। ज़िंदगी में ऐसे कोई हालात नहीं हो सकते जो मुझे अब असहज करे।"

"अगर आपके पास पैसे हैं तो आप किसी को वेबसाइट बनाने के लिए रख सकते हैं। वरना ये काम भी आपको खुद ही करना पड़ेगा।"

में ही दोस्त मसरूफ हो गए, और आना बंद कर दिया। ग्राहकों की संख्या गिरने लगी, और युवा आंट्रप्रेन्योर का उत्साह कम होने लगा।

"हमारे क्विज और एक्जाम चल रहे थे, लेकिन मुझे हर रोज काउंटर पर आना पड़ता था। यहां तक कि शनिवार और इतवार को भी।"

किसी और को भी मदद के लिए रखा जा सकता था, लेकिन ये इतना आसान नहीं था। जिस शहर में लोग काम की तलाश में आते हैं, उन्हें रहने के लिए एक छत भी चाहिए होती है। प्रभकिरन छत दे नहीं सकते थे। मुंबई जैसे शहर में मजदूरों के लिए काम छोड़ने के लिए कम से कम एक महीने का समय चाहिए।

"मैंने सोचा कि मैं एक हफ्ते तक लस्सी सर्व करूंगा, लेकिन मैंने 42 दिन काम किया। इसके लिए कमाल के अनुशासन की ज़रूरत होती है।"

14 मार्च 2010 को *टाइम्स ऑफ इंडिया* के मुंबई एडिशन में एक स्टोरी छपी, प्रभकिरन की लस्सी पर। रातो रात *खड़के ग्लस्सी* मशहूर हो गई। आसपास के कस्टमर आउटलेट पर भीड़ लगाने लगे। लस्सी के डेढ़ सौ ग्लास एक दिन में बिक रहे थे।

"मुझे अपने एक दोस्त को मदद के लिए बोलना पड़ा।"

और ये ख़बर बड़े नाटकीय अंदाज में लुधियाना पहुंची। प्रभकिरन का भाई लुधियाना से एमबीए कर रहा था। उनके भाई के प्रोफेसर ने क्लास में आकर अख़बार मेज पर रखा और कहा, "देखो इस लड़के को। पंजाब का है और मुंबई में जाकर लस्सी बिज़नेस कर रहा है। तुम सब किसी काम के नहीं हो।"

प्रभकिरन के माता-पिता को झटका लगा। क्या इसी काम के लिए

हमने पुत्तर को आईआईटी भेजा? और हमें खबर भी अख़बार से मिले?

"दरअसल मेरे पिता बिज़नेस में थे और जब मैं स्कूल में था तो उन्हें बहुत नुकसान हुआ और बिज़नेस बंद करना पड़ा। इसलिए वे चाहते थे कि मैं आईआईटी जाऊं और नौकरी करूं।"

लेकिन सिंह साब को इस स्टोरी में एक अच्छी चीज दिखाई दी। मुंबई जाकर बच्चा भटक भी सकता था। कम से कम वहां कुछ काम तो कर रहा है, कुछ तो सीखेगा।

"मैंने उनसे कहा कि वे चिंता न करें, ये सिर्फ मजे के लिए मैं कर रहा हूं और बाद में नौकरी कर लूंगा।"

और इस तरह आईआईटी के गेट नंबर एक से थोड़ी ही दूर लस्सी बनती रही और बिकती रही। खड़के ग्लस्सी के एक रेग्युलर कस्टमर था सिद्धार्थ मुनौत, जो वहां चॉकलेट लस्सी पीने आया करते थे।

"दरअसल हम दोनों सिविल में थे, थर्ड ईयर में। लेकिन अलग-अलग हॉस्टल में थे। हम लोग एक-दूसरे को चेहरे से पहचानते तो थे, लेकिन दोस्त नहीं थे।"

वैसे दोनों में कई सारी चीजें कॉमन थीं। प्रभकिरन की तरह ही सिद्धार्थ भी जुनूनी थे। आईआईटी के पहले साल से ही उनकी नौकरी से ज़्यादा बिज़नेस में रुचि थी। इसलिए उन्होंने अलग-अलग चीजों पर हाथ आजमाने का मन बना लिया।

"हमारे दिमाग में जो पहली चीज आई वो ये थी कि ऑनलाइन पैसे बनाते हैं। फिर मुझे लगा कि बिना मेहनत के ये भी मुमकिन नहीं है।"

सिद्धार्थ ने वेबसाइट बनाना शुरू किया। उन्हें समझ में आया कि अगर वेबसाइट पर बहुत विजिटर्स आ रहे हैं गूगल एडसेंस से पैसे बनाए जा सकते थे। ये करने के लिए उन्होंने एक वर्चुअल गेम शुरू किया, जहां विजिटर्स को ईनाम दिया जाता था। इस साइट का नाम था *इंटरनेटप्रेजडॉटकॉम*, और इसे ट्रैफिक मिलने लगा। लेकिन बाद में इसे संभालना मुश्किल हो गया।

"मैं हर रोज सत्तर-अस्सी ईमेल का जवाब दिया करता था, जैसे कि कैसे पार्टिसिपेट करना है, प्राइज में क्या होगा वगैरह वगैरह। तंग आकर मैंने इसे बंद कर दिया।"

उसी दौरान सिद्धार्थ ने पास के एक आईआईटी कोचिंग सेंटरपेस एकैडमी में फिजिक्स के क्लासेस लेने शुरू कर दिए। उन्हें पढ़ाने में मजा आता था, और वीकेंड पर वे लगातार सात से आठ घंटे क्लास लिया करते थे। पैसे अच्छे थे, और उन्हें महीने के 20,000 रुपए मिल जाया करते थे। इसलिए सिद्धार्थ ने स्टॉक मार्केट में पैसे लगाना शुरू किया। लेकिन इन्वेस्ट करने के लिए उन्हें एक और दिलचस्प जगह मिल गई।

"मैंने डोमेन नाम ख़रीदना शुरू कर दिया, क्योंकि ये मेरी हॉबी थी और टाइमपास भी था।"

ये ट्रिक अपने आप में नया था, और सिद्धार्थ ने वैसे डोमेन नाम खरीदना शुरू किया जो बाद में बेचे जा सकते थे। हर तीन चार दिन के बाद सिद्धार्थ को ऐसा एक नाम मिल जाता था, और वे सौ रुपए में एक डोमेन नाम खरीदकर रख लेते थे।

बल्कि सिद्धार्थ इस काम में इतने मसरूफ थे कि छुट्टियों के लिए वे कभी घर गए ही नहीं। 2010 की गर्मी की छुट्टी में भी वे हॉस्टल में ही थे।

इसी दौरान प्रभकिरन का लस्सी बिज़नेस चल निकला था। आईआईटी बॉम्बे के एक सीनियर को खड़के ग्लस्सी का कॉन्सेप्ट पसंद आया था और वो बिज़नेस में पैसे लगाने को तैयार था। इरादा दस लाख की लागत से दस आउटलेट्स खोलने का था, लेकिन ऐसा करने से पहले इन्वेस्टर को एक फाइनल टेस्ट करना था।

"उस इन्वेस्टर ने मुझे पचास हज़ार रुपए दिए और गैलेरिया शॉपिंग सेंटर में शिफ्ट करने को कहा, जहां फुटफॉल ज़्यादा था, ताकि वहां रेस्पॉन्स देखा जा सके।"

गैलेरिया आउटलेट जून 2010 में खुला, और सेल्स बहुत अच्छा था।

**"वही लोग, जो मुझे बधाई दे रहे थे,
अब कह रहे थे, ये तो होना ही था।"**

लेकिन मॉनसून के आते ही सेल्स गिरने लगा। पचास ग्लास से पांच ग्लास तक बिज़नेस गिर गया। और अगले दो महीने ऐसा ही चला।

सितंबर 2010 में प्रभकिरन ने ब्रेक लेने का फैसला किया और आउटलेट बंद कर दिया।

लेकिन अब प्रभकिरन की हिम्मत और बढ़ गई थी और उन्हें ऐसी किन्हीं बातों से फर्क पड़ना भी बंद हो गया। उन्हें मालूम था कि ये नहीं, कुछ और सही।

उसी दौरान प्रभकिरन को सिद्धार्थ की सोशल पहल पुरानी जिन्स और टी-शर्ट के बारे में पता चला। मिशन था आईआईटी के हर रूम में जाना, और लोगों को उनके पुराने कपड़े डोनेट करने को कहना। पिछली बार 800-900 कपड़े जमा हुए थे। इस बार 4000 से ज़्यादा हुए, जिन्हें गूंज* भेज दिया गया।

पार्टनरशिप अच्छी थी, टीमवर्क अच्छा था... इतना तो तय हो ही गया था कि हम साथ-साथ काम कर सकते हैं।

सिद्धार्थ एक वेबसाइट के साथ प्रयोग कर रहे थे जिसका नाम था *बेवकूफडॉटकॉम*। आईडिया ये था कि लोग आते, अपनी बेवकूफी शेयर करते और दूसरे लोग उसे रेट करते। इससे उनकी बेवकूफी इन्डेक्स का पता चलता। इस वेबसाइट को प्रोमोट करने के लिए सिद्धार्थ ने टी-शर्ट बनवाए, और उसे कैंपस में पहना करते थे।

लोगों को वो टी-शर्ट बहुत पसंद आती थी, और सब उनसे पूछते थे कि ये टी-शर्ट कहां से ली है।

"फिर हमें लगा कि ये अच्छा बिज़नेस है। यही करते हैं।"

इस तरह अक्टूबर में सिद्धार्थ और प्रभकिरन ने टी-शर्ट बिज़नेस शुरू

* गूंज की पूरी कहानी रश्मि बंसल की *सच हुए सपने* में पढ़ सकते हैं।

कर दिया। कैंपस में ही बहुत सारा बिज़नेस हुआ। हर हॉस्टल से 200-300 टी-शर्ट के ऑर्डर आए। लड़कों ने एक जूनियर की मदद ली। फिर दोनों आईआईटी बॉम्बे के दो पुराने लोगों से मिले, जो इसी बिज़नेस में थे।

"हमने साथ मिलकर काम करने का फैसला किया और पार्टनर बन गए। इस तरह हमने एक नई प्राइवेट लिमिटेड कंपनी रजिस्टर की।"

ये पार्टनरशिप सिर्फ तीन महीने चली, क्योंकि दोनों टीमों में बात जमी नहीं। फिर मसला वहीं का वहीं। इसी दौरान सिद्धार्थ ऑनलाइन करियर कनस्लटिंग के बारे में सोच रहे थे जिसे बिज़नेस के रूप में शुरू किया जा सकता था।

"जब मैंने सिविल ज्वाइन किया था तो मुझे बिल्कुल अंदाजा नहीं था कि ये आख़िर है क्या चीज। कोचिंग सेंटर में स्टूडेंट्स के साथ मैंने यही दिक्कत देखी। इसलिए मुझे लगा कि इस सर्विस की अच्छी डिमांड होगी।"

सिद्धार्थ ने उस आईडिया पर एक महीने काम किया--एक वेबसाइट बनाई, फ्लायर तैयार किए और एक पार्टनर भी ढूंढ़ लिया जो ऑफिस स्पेस देता। लेकिन एक महीने के भीतर ही उस बंदे ने अपने हाथ खींच लिए।

"हम वापस अपने टी-शर्ट बिज़नेस की ओर मुड़ गए और अप्रैल 2011 में आईआईटी से निकलने के बाद इस पर काम करते रहे।"

दोनों लड़कों ने पवई में दो बेडरूम का एक घर किराए पर ले लिया जो उनका घर और ऑफिस दोनों था। 50% ऑर्डर अभी भी आईआईटी बॉम्बे से आ रहे थे, और बाकी दूसरे कॉलेजों में दोस्तों के जरिए आ रहे थे। उन्होंने कंपनियों से भी बातचीत शुरू कर दी। टी-शर्ट ही नहीं, बैग, बैच, ट्रॉफी... इस तरह के कई आइटम कस्टमाइज किए जाने लगे। हर आइटम के लिए मुंबई में सबसे अच्छा और सबसे सस्ता सप्लायर ढूंढ़ना एक चुनौती था।

इस दौरान कंपनी में एक ही कर्मचारी था, और पार्टनरों के बीच में काम पूरी तरह बंटा हुआ नहीं था। आईडिया ये था कि जैसे-जैसे नतीजे सामने आएंगे, उसके हिसाब से फंडिंग की कोशिश की जाएगी। लेकिन

ये इतना आसान भी नहीं था।

आईआईटी से जब निकले थे, तब तक जितना पैसा कमाया था वो फ्लैट का डिपॉजिट देने में चला गया।

डिपॉजिट एक लाख रुपए था।

"शुरू में खाने का पैसा भी इधर से उधार, उधर से उधार... ये हालत थी।"

धीरे-धीरे चीजें ठीक होने लगीं, और बिज़नेस में महीने के दो लाख रुपए की कमाई आने लगी। लड़कों ने एक एंजेल इन्वेस्टर को ढूंढ़ना शुरू कर दिया। दोस्तों, सीनियर और बाकी लोगों से बात शुरू हो गई और अनगिनत पिचिंग का दौर शुरू हो गया।

"हम लोग हर किसी से बात करते थे, चाहे दिन हो या रात। हम जिस किसी से भी मिलते थे, उससे बात करते थे, चाहे उसकी दिलचस्पी हो या न हो।"

किसी ने भी कोई दिलचस्पी नहीं दिखाई। कुछ लोगों ने तो ये तक कहा कि आईआईटी के बाद ये क्या कर रहे हो--तुम लोगों ने एक सीट बर्बाद कर दी।

लस्सीमैन को अब तक ऐसे तानों की आदत पड़ गई थी।

दूसरी बड़ी चुनौती थी उन इन्वेस्टरों को एक यूथ ब्रांड में पैसे लगाने के लिए राजी करना, जो अभी अपने तीसवें या चालीसवें दशक में थे। आख़िरकार वे एक आईआईटी सीनियर से मिले, जो चीजों की समझ रखता था और तेजी से फैसले ले सकता था।

"पहली नजर में उसे लगा कि हां, तुम कर सकते हो। उसको हम पर भरोसा था। गुजराती बिज़नेसमैन होने की वजह से उसे लगा कि इसमें

"हम लोग बाहर जाकर लोगों से बात करते थे, चाहे दिन हो या रात। हम जिस किसी से भी मिलते थे, उससे बात करते थे, चाहे उसकी दिलचस्पी हो या न हो।"

कुछ दम है। आईडिया काम कर रहा है।"

इस तरह बेवकूफ को अपनी पहली सीडफंडिंग मिली ताकि वे बड़े स्केल पर कुछ कर सकें। पैसे के बड़े हिस्से का इस्तेमाल प्रिंटिंग यूनिट सेट-अप करने में लगा। आउटसोर्सिंग आसान थी, लेकिन टी-शर्ट प्रिंट करके आप प्रयोग करने के लिए खुद को जगह दे रहे थे। इसके अलावा उसी दिन प्रोडक्शन जरूरी था।

"जब हमने बाहर से प्रिंटिग कराई तो सप्लायरों को गलती करते देखा। वे हमें सैंपल देने से भी इंकार कर देते थे। तो ये बड़ा सिरदर्द था!"

जब मशीन आ गई तो उन्होंने और ऑर्डर लेने के लिए अपनी कोशिश दोगुनी कर दी। इसका मतलब ये था कि कॉलेज फेस्टिवलों और कॉरपोरेटों को फोन करना--खूब दौड़-भाग, प्रिंटिंग और डिस्पैचिंग। लेकिन धीरे-धीरे बेवकूफ का कॉन्सेप्ट अपनी शक्ल अख्तियार करने लगा था।

"जैम मैगेजीन से प्रेरणा लेकर हमने अपनी मैगेजीन शुरू की--*बेवकूफ*, जिसमें हम मजेदार कोट्स लेते थे और आर्टिकल्स छापते थे। लेकिन धीरे-धीरे हमने सिर्फ फेसबुक के सहारे अपने ब्रांड को बनाने का फैसला किया।"

दिसंबर आ गया था और आईआईटी बॉम्बे का मशहूर मूड इंडिगो फेस्टिवल आने ही वाला था। बेवकूफ मर्चेन्डाइजिंग को लॉन्च करने का ये सबसे सही वक्त होता। लड़कों ने एक स्टॉल बुक कर लिया और पंद्रह दिनों में ही सात डिजाइनों के अलग-अलग साइजों के तीन सौ टी-शर्ट्स तैयार कर लिए गए।

ढाई दिन में ही पूरा का पूरा स्टॉक बिक गया। 'घंटा इंजीनियरिंग डिजाइन' इतना मशहूर हुआ कि लोग स्टॉल पर आकर कहने लगे कि ये लो मेरा नाम और पता। मुझे ये टी-शर्ट कुरियर कर देना।

और लोगों ने एडवांस में पैसे दिए। इससे लड़कों को एक और आईडिया आया--क्यों न एक वेबसाइट शुरू की जाए जिससे देशभर के कॉलेज स्टूडेंटों को टीशर्ट बेची जा सके?

"पहले हमने अपनी टीशर्ट को दुकानों में रिटेलिंग के लिए रखने का

सोचा था। उस वक्त ई-कॉमर्स इतना प्रचलन में नहीं था।"

लेकिन रेस्पॉस देखकर उन्होंने तुरंत फैसला लिया।

"हमने लोगों से कहा कि हमारी वेबसाइट जनवरी में डिजाइन हो रही है, और हम कई सारे और डिजाइन रखेंगे।"

बेवकूफडॉटकॉम 10 फरवरी 2012 को ऑनलाइन हुआ और पहले महीने में ही पचास टी-शर्ट बिक गए। सारे प्रोडक्ट कुरियर से भेजे गए या फिर स्पीडपोस्ट से। कई सारे कन्साइनमेंट रास्ते में गुम हो गए, लेकिन चूंकि संख्या कम थी, इसलिए सारी शिकायतों का समाधान निकालना आसान था।

"हमने हर ऑर्डर पर ध्यान दिया और फॉलो-अप किया कि मिला या नहीं। हमने ई-कॉमर्स बिज़नेस के लॉजिस्टिक्स तब सीखे।"

जैसे-जैसे ऑर्डर बढ़ते गए, वैसे वैसे बेवकूफडॉटकॉम ने एक बड़ी और नई कुरियर सेवा को लेना शुरू किया--ब्लू डार्ट। ट्रैफिक में बढ़ोतरी को देखते हुए वेबसाइट के बैकेंड को ठीक किया गया। कई सारे फ्रीलांस प्रोग्रामर आईआईटी बॉम्बे के कैंपस से मिल सकते थे, लेकिन लड़कों को लगा कि ये अस्थायी इंतजाम होगा और इससे काम चलेगा नहीं।

"सही लोगों को ढूंढ़ना बहुत मुश्किल काम है, लेकिन हमने तय किया कि हम फुलटाइम प्रोग्रामर रखेंगे।"

जब आप कुछ बेच रहे होते हैं तो आप चाहते हैं कि लोग उसके बारे में जानें। आप ट्रेन में चाय बेचने वाले की तरह प्लेटफॉर्म पर खड़े होकर चिल्लाना नहीं चाहते। आप चाहते हैं कि आप *सीसीडी* बनें, जहां लोग आएं और वापस लौट-लौटकर आते रहें।

"हमने फेसबुक पर बेवकूफ ब्रांड बनाने का काम अच्छी तरह से किया है। टीशर्ट के अलावा हम लोगों को मजा और एंटरटेनमेंट भी देते हैं। हम

"अगर आप हमारे ऑफिस में देखें
तो कोई भी आपको 25 साल से ऊपर का शायद ही मिले।"

"जब हमने शुरुआत की थी तो हर महीने एक लाख का सेल होता था। अब कई बार एक महीने का सेल एक करोड़ तक पहुंच जाता है।"

आगे भी सोचते रहते हैं कि अब अगला क्या?"

बेवकूफ का फेसबुक पेज दिन में 15-20 बार अपडेट होता है और उसमें कई बार ह्यूमर होता है जो देश के अलग-अलग हिस्सों से बेवकूफ से जुड़े लोग भेजते रहते हैं। हां, इससे कई बार परेशानी भी खड़ी हो जाती है। मिसाल के तौर पर पोलिटिकल ह्यूमर बहुत पसंद किया जाता है, लेकिन नेता इसे कुछ ज़्यादा संजीदगी से ले लेते हैं।

"फेसबुक पर एक-दो चेतावनियों के बाद हमने नो पॉलिटिक्स रूल लगा दिया। हम धर्म के मुद्दे भी नहीं छेड़ते क्योंकि इससे भी लोग बुरा मान जाते हैं।"

एक साल के भीतर ही बेवकूफ दिन में दो सौ से ढाई सौ टीशर्ट ऑनलाइन बेच लेता है। बाकी की ई-कॉमर्स कंपनियों की बजाए यहां फायदा है। हैरानी की बात है कि टीशर्ट मुंबई से ही सोर्स किए जाते हैं। रियल टाइम काम करने का फायदा है कि आज ऑर्डर आया है, कल भी आ जाएगा, प्रिंट भी हो जाएगा, चला भी जाएगा।

"अगर आप लुधियाना या तिरुपुर से टीशर्ट खरीदते तो उसको ट्रांसपोर्ट करने में ही दस दिन लग जाते।"

अप्रैलफूल के दिन बेवकूफडॉटकॉम ने एक छोटा सा डिस्काउंट दिया, और दस गुना ज़्यादा ऑर्डर मिले। लेकिन बावजूद इसके वे पूरा का पूरा शिपमेंट तीन दिन के भीतर ही भेजने में कामयाब रहे। और कस्टमर भी खुश थे।

मार्च 2014 में बेवकूफ ने कई नए प्रोडक्ट्स की रेंज और जोड़ी--बॉक्सर शॉर्ट्स, पजामे, श्वेटशर्ट्स और लड़कियों के लिए एक अलग से सेक्शन। इसके अलावा फोन कवर और लैपटॉप के कवर भी। मार्च 2014

में कंपनी का टर्नओवर पांच करोड़ था और इस साल बिना किसी विस्तार के दोगुना हो जाने के उम्मीद है।

"हम कपड़ों की कंपनी नहीं हैं। हम यूथ ब्रांड हैं। इसलिए दो-तीन सालों में मुमकिन है कि आपको बेवकूफ कैफे, बेवकूफ टीवी--सब दिखाई दें। कुछ भी हो सकता है, लेकिन होगा सबकुछ बेवकूफ के नाम पर ही।"

फिलहाल कंपनी में 150 लोग काम कर रहे हैं--जिनमें आधे प्रोडक्शन और डिस्पैच में हैं और बाकी कस्टमर केयर, डिजाइन और मार्केटिंग में हैं। बेवकूफ इन्टर्नशिप के लिए भी खूब पसंद किया जाता है--दर्जनों आईआईटी वालों ने पिछले साल अप्लाई किया था, जिनमें छह चुने गए।

अकाउंटिंग जैसे कामों के लिए कंपनी अच्छे प्रोफेशनल्स का सहारा लेती है। लेकिन एक अच्छे सीए के साथ भी एक आंट्रप्रेन्योर को मालूम होना चाहिए कि क्या हो रहा है।

"अगर आप अपने बिज़नेस को अच्छी तरह नहीं जानते तो कोई भी आपको बेवकूफ बना सकता है!"

"आपको स्ट्रीट स्मार्ट होना पड़ता है और उन लोगों के सामने खुद को साबित करना होता है जो आपको बहुत यंग, बहुत बेवकूफ या बिना तजुर्बे के समझते हैं।"

बेवकूफडॉटकॉम का ब्रांड बहुत तेजी से और बहुत जल्दी बड़ा हुआ है। लेकिन सपना इससे भी आगे कहीं जाने का है। कपंनी और आगे विस्तार के लिए फंड्स की उम्मीद में है।

"हम अगले पांच सालों में ज़रूर पब्लिक में जाना चाहेंगे..."

जहांपनाह तुस्सी ग्रेट हो--तोहफा कबूल करो! हर बैच में तुम्हारे जैसे दो-चार बेवकूफ निकल आएं तो क्या बात है!

युवा उद्यमियों को सलाह

सिद्धार्थ

एक बात है कि मेहनत तो करनी पड़ेगी। लगातार मेहनत करते रहो। बस करते रहो, करते रहो, करते रहो। आपको लगातार खुद को मोटिवेट करते रहना पड़ेगा।

हम दोनों के केस में तो ऐसा था कि कभी ये डाउन हो जाता तो मैं हौसला बढ़ाता था और कभी मैं डाउन हो जाता हूं तो ये बचाता है... तो एक पार्टनर तो होना चाहिए। और मेरी सलाह है कि दो लोग हैं तो बेस्ट है। फिर ज्यादा कन्फ्यूजन भी नहीं है।

प्रभकिरन

जब आपने ज़िंदगी में बहुत जल्दी शुरुआत की है तो आपके पास न पैसे होंगे और न कॉन्टैक्ट्स। मुश्किल है ये। ज़िंदगी के हर मोड़ पर आपको खुद को साबित करना पड़ेगा। लेकिन एक अच्छी बात है कि आपके पास आजादी होती है और आप प्रयोग भी कर सकते हैं।

सबको एक बढ़िया प्लान चाहिए होता है। लेकिन आपको कई चीजों पर हाथ आजमाना होगा--कुछ काम करेगा, कुछ नहीं करेगा। गलती से ही आदमी सीखता है और आगे बढ़ता है। इसलिए गलतियां करने से डरिए मत।

आपको बस बाहर निकलकर एक्शन लेना है। सीखने का और कोई जरिया नहीं है, सफल होने का कोई और रास्ता नहीं है।

अंकित गुप्ता ध्रुव सोगानी

लोचा-ए-बिज़नेस हो गया

अंकित गुप्ता, नीरज अग्रवाल और ध्रुव सोगानी
(बीआईटीएस पिलानी)
इनोवेस टेक्नॉलोजिज

दो दोस्तों ने एक कूल आईडिया सोचा और तय किया कि साथ मिलकर बिज़नेस करेंगे। इनोवेस स्टार्टअप के आसमान का चमकता सितारा था, लेकिन आपसी मुद्दों ने कंपनी को तोड दिया। लेकिन हर अनुभव से आप कुछ न कुछ सीखते ही हैं।

जब मैं पहली बार बीआईटीएस पिलानी गई थी तो मुझे वहां की हवा में कुछ जादू घुला हुआ लगा था।

हम सवाई माधोपुर स्टेशन पर उतरे थे और फिर कैंपस तक बस में गए थे। कैंपस शहर से बहुत दूर था, वीरानियों के बीच। लेकिन फिर भी फेस्ट की वजह से पूरे कैंपस में जैसे रंग घुला हुआ था।

आईआईटी और बीआईटी पिलानी का नाम एक ही सांस में लिया जाता है--तकनीक के सबसे बेहतरीन संस्थानों में से एक। लेकिन फिर भी कई मामलों में दोनों अलग हैं। पिलानी स्टूडेंट्स खुद को ज़्यादा आजाद महसूस करते हैं। उन्हें अपना कोर्स चुनने की आजादी है, क्लास न भी अटेंड करें तो कोई बात नहीं। वे जैसे हैं, उन्हें वैसे ही छोड़ दिया जाता है।

कई इसे मजा करने का लाइसेंस मान लेते हैं, तो कुछ मुट्ठीभर लोग ऐसे भी होते हैं जो इस आजादी का सही और समझदारी से इस्तेमाल करते हैं। अंकित गुप्ता, नीरज अग्रवाल और ध्रुव सोगानी ऐसे ही तीन स्टूडेंट थे।

"मुझे हमेशा लगता था कि मुझे कुछ अलग करना है। इसलिए थर्ड ईयर में मैंने अपने बैचमेट नीरज के साथ वेब-डेवलपमेंट की कंपनी शुरू कर दी। बाद में हमने ध्रुव से कहा कि वो हमें ज्वाइन कर ले।"

आंट्रप्रेन्योरशिप इश्क में पड़ने की तरह है। आपको कई तरह के बिज़नेस आईडिया पर क्रश होता है, लेकिन एक दिन ऐसा भी आता है जब आप वो चीज हासिल कर लेते हैं जिससे आपको सचमुच प्यार हो जाए। फिर क्या... आप बस और बस उसी आईडिया के बारे में सोचते रहते हैं।

अंकित और नीरज ने जब अपने आईडिया *योकैप्चा* के बारे में सोचा तो उन्हें भी ऐसा ही महसूस हुआ। लेकिन जैसा कि हर लव स्टोरी में होता है, इस लव स्टोरी में भी एक विलेन निकल आया, और वो विलेन था 'ईगो'।

इस तरह एक और प्रोमिसिंग स्टार्ट-अप का लोचा-ए-बिज़नेस हो गया।

आख़िरकार इनोवेस एक जर्मन मल्टीनेशनल को बेच दिया गया। अंकित और ध्रुव फिलहाल वहीं काम कर रहे हैं जबकि नीरज ने ऐनालिटिक्स और बिग डेटा के फील्ड में एक नई कंपनी शुरू कर दी है।

इश्क आपके दिल को मजबूत करता है और आपकी रूह को खुशबू देता है। वो इश्क थोड़ी देर का रहा हो तब भी। इसलिए अपने दिल में उस प्यार में बचाए रखना है--अपने ख़्वाब के लिए प्यार को, अपनी ज़िंदगी में तरक्की के लिए प्यार को।

इसलिए लोचा से डरने का नहीं--क्या!

लोचा-ए-बिज़नेस हो गया

अंकित गुप्ता, नीरज अग्रवाल और ध्रुव सोगानी (बीआईटीएस पिलानी)

इनोवेस टेक्नॉलोजिज

अंकित गुप्ता जयपुर में पैदा हुए और पले-बढ़े।

"मेरे पिता एक बिज़नेसमैन हैं, और मेरी मां सरकारी नौकरी में है।"

अंकित ने अपने पिता को एक वेंचर से दूसरे वेंचर में संघर्ष करते देखा, लेकिन फिर भी उन्हें अपने काम शुरू करने का आईडिया हमेशा अच्छा लगा। अंकित को लगता था कि अपना काम करना कूल है। जब अंकित पांचवीं में थे, तब उनके मम्मी-पापा ने उन्हें गर्मी की छुट्टियों में पॉकेट मनी के पांच रुपए दिए। उस छोटे से बच्चे ने घोषणा की, "मैं इस पांच रुपए के सौ रुपए बनाकर दिखाऊंगा।"

"कर के दिखाओ", पापा ने कहा।

अपने दादा को खुश करने के लिए अंकित को अखबार पढ़ने की आदत लग गई थी। सो, हर रोज अखबार पढ़ने के बाद वो दिन भर की खबर को संक्षेप में एक कागज पर लिख लिया करते। अंकित ने उसी कागज की कार्बन कॉपी बनाकर कॉलोनी में बेचना शुरू कर दिया।

"देखिए लोग शुरू में खरीदने के लिए राजी नहीं हुए। लेकिन शायद मेरा दिल रखने के लिए वो मुझे दो-तीन रुपए दे दिया करते थे।"

महीने के आख़िर में *अंकित टाइम्स--लेट सिटी एडिशन* की 150 रुपए की कमाई हो चुकी थी।

अंकित की ज़िंदगी में बदलाव का मोड़ तब आया, जब वो छठी में गए और उन्हें कम्प्यूटर्स से प्यार हो गया। उनके परिवार में दूर के एक रिश्तेदार कंप्यूटर ट्रेनिंग सेंटर चलाया करते थे जो उनके घर के ठीक सामने था। गर्मी की छुटियों में अंकित ने उन्हें रजिस्ट्रेशन में मदद करना शुरू कर दिया।

"लेकिन मैं कंप्यूटर में ज्यादा लगा रहता। मैं सीडी देखता, गेम खेलता, इंटरनेट को समझता, वो सब बहुत ही रोमांचक लग रहा था!"

साल था 2000, और पीसी अभी उतना इस्तेमाल में नहीं आया करता था। जयपुर में साइबर कैफे भी बहुत पॉप्युलर नहीं था। अंकित जिस पीसी का इस्तेमाल करते थे, वो डॉस पर चलता था। हालांकि तब विंडोज एमई शुरू हो चुका था।

"मैंने सवा पांच इंच की फ्लॉपियों पर भी काम किया है", अंकित बताते हैं।

काम करने का फायदा ये हुआ कि छुट्टियों के बाद अंकित अपने पेरेन्ट्स के पास गए और उनसे कहा कि उन्हें अपना पीसी चाहिए।

एक बारह साल का बच्चा ऐसी मांग करे तो जाहिर है कि पेरेन्ट्स को झटका लगेगा। उस वक़्त सॉफ्टवेयर के साथ पीसी की कीमत 50,000-70,000 के बीच थी। किसी भी मिडल क्लास फैमिली के लिए ये बड़ी कीमत थी। अंकित को पांच-छह महीने अपने मम्मी-पापा के सामने हाथ-पांव जोड़कर गिड़गिड़ाना पड़ा, और तब जाकर उन्हें अपनी ड्रीम मशीन मिली।

"मैंने अपने पेरेन्ट्स को तब तक तंग किया, जब तक उन्होंने कंप्यूटर खरीद नहीं दिया। लेकिन ये मेरी ज़िंदगी का सबसे अच्छा फैसला था।"

उस वक्त बीएसएनएल ने एक स्कीम शुरू की थी जिसमें आप खुद इंटरनेट कनेक्शन इन्सटॉल कर सकते थे। अंकित ने यही किया।

उस वक्त *वर्ल्ड वाइड वेब* नॉलेज और मोटिवेशन का सबसे बड़ा सोर्स हुआ करता था। दुनिया में क्या चल रहा है, प्रोग्राम्स कैसे लिखे जा सकते हैं... सारी जानिकारियां मिलती थी। मजे मजे में।

अंकित के स्कूल सेंट एन्सेलम्स पिंक सिटी सीनियर सेकेन्डरी स्कूल में उनके क्लासमेट थे ध्रुव सोगानी।

ध्रुव ने अंकित से पहले पीसी ले लिया था, लेकिन एक-दूसरे मकसद के लिए--रोडरैश खेलने के लिए!

"मैं ग्यारहवीं और बारहवीं में कंप्यूटर साइंस का स्टूडेंट था। कंप्यूटर्स मेरा फिफ्थ सब्जेक्ट था, लेकिन बस इतना ही। मैं प्रोग्रामर हूं ही नहीं," ध्रुव कहते हैं।

अंकित और ध्रुव दोनों पढ़ाई में बहुत अच्छे थे, इसलिए दोनों ने दसवीं के बाद इंजीनियरिंग कोचिंग क्लास ज्वाइन कर ली और एंट्रेंस परीक्षाएं देने लगे। दोनों के बीच उस वक्त गहरी दोस्ती हो गई थी।

"हम लोग घंटों बात किया करते थे... कि कॉलेज में तुम क्या पढ़ना चाहोगे? कॉलेज के बाद क्या करोगे? ज़िंदगी को लेकर तुम्हारा फलसफा क्या है..."

बारहवीं क्लास के आख़िर में ध्रुव ने बीआईटीएसएटी क्लियर कर लिया, और पिलानी में दाखिला ले लिया जबकि अंकित ने वो एक साल ड्रॉप किया। अगले साल अंकित के स्कोर इतने अच्छे थे कि उन्हें केमिकल इंजीनियरिंग में दाखिला मिल जाता, लेकिन उस कोर्स में नहीं जो वो करना चाहते थे--कम्प्यूटर साइंस।

"मैं कन्फ्यूज्ड था और केमिकल लेने को तैयार ही था। लेकिन ध्रुव जैसे दोस्तों ने समझाया कि पांच साल का इंटिग्रेटेड कोर्स करना ज़्यादा सही होता।"

बीआईटीएस पिलानी में पांच साल का एक डुएल डिग्री प्रोग्राम है जिसमें स्टूडेंट्स को बेसिक साइंसेस (मैथमैटिक्स, फिजिक्स, बायॉलोजी या केमिस्ट्री) में बीटेक के साथ मास्टर्स डिग्री मिलती है। इस कोर्स की खासियत ये है कि फर्स्ट ईयर में आप कितना अच्छा करते हैं, उसके आधार पर आपको बीटेक का सब्जेक्ट दिया जाता है।

"मैं अंकित को बहुत अच्छी तरह जानता था और मुझे मालूम था कि उसे कंप्यूटर साइंस ग्रेजुएट ही होना चाहिए। इसलिए मैंने उसे डुएल डिग्री

"मेरे पहले कंप्यूटर की कीमत 70,000 रुपए थी और इसलिए मेरे पेरेन्ट्स को मनाना बहुत मुश्किल था क्योंकि मेरी अभी तक की डिमांड तीन सौ से पांच सौ रुपए तक के बोर्ड गेम्स से आगे नहीं बढ़ी थी।"

की ओर जबर्दस्ती भेजा और एक फाइनल शॉट लेने को कहा।"

पिलानी में अंकित ने अपना पूरा ध्यान पढ़ाई पर ही लगाया।

"मुझे मालूम था कि मैंने एक रिस्क लिया है, इसलिए मुझे हर हाल में कंप्यूटर साइंस ही लेना होगा। वरना मैं डिप्रेस्ड हो जाऊंगा, ये तय है।"

अपना पूरा ध्यान अपने लक्ष्य पर केंद्रित कर अंकित ने आख़िरकार अपनी पसंद का सब्जेक्ट हासिल कर ही लिया। कॉलेज के सेकेंड ईयर में अंकित ने स्टूडेंट लाइफ के दूसरे पहलुओं पर गौर फरमाना शुरू किया।

"पिलानी में सेकेंड ईयर आपकी ज़िंदगी का बेहतरीन साल होता है क्योंकि आपके पास कोर्स कम होता है और आप अपने इलेक्टिव चुन सकते हैं।"

बल्कि पिलानी में आप हर चीज खुद चुन सकते हैं। आपको किससे पढ़ना है, किसके साथ रहना है, या आपको क्लास अटेंड करना है या नहीं। वहां अटेन्डेंस अनिवार्य नहीं है।

"हम खुशकिस्मत थे कि हम पिलानी में थे। अगर आप सेल्फ-मोटिवेटेड हैं तो पिलानी आपके लिए सबसे अच्छी जगह है!"

पिलानी में होने की वजह से चुनौतियां भी कई हैं। कनेक्टिविटी की समस्या है। मेट्रो में जिन चीजों को हम ग्रान्टेड लेकर चलते हैं, उनका अभाव है। बावजूद इसके साल दर साल स्टूडेंट्स कई सारे सांस्कृतिक समारोहों का आयोजन करते हैं, राष्ट्रीय स्तर पर स्पोर्ट्स मीट कराते हैं।

"मैं पब्लिकेशन और कॉरेस्पॉन्डेंस के एक अहम् डिपार्टमेंट ओएसिस का हिस्सा था और हमारा काम देशभर के कॉलेजों के स्टूडेंट्स से संपर्क करना था," ध्रुव बताते हैं।

दूसरी ओर अंकित की पहचान डिजाइनर के रूप में बनी। अंकित को कॉलेज इवेन्ट्स के लिए पोस्ट बनाना या वेबसाइट के लिए यूजर इंटरफेस तैयार करना बहुत अच्छा लगता था। पिलानी के सेकेंड ईयर के फर्स्ट सेमेस्टर में अंकित ने तय किया कि वे इस फ्री सर्विस को छोटे से बिज़नेस में तब्दील कर देंगे।

"मैंने नारे लिखने में होशियार कुछ बैचमेट और जूनियर के साथ मिलकर 'एडशेक' डिजाइन आउटफिट शुरू किया।"

इस युवा टीम के पहले क्लायंट का नाम था 'इंडियन यूथ क्लाइमेट नेटवर्क', और उन्हें उनके इवेंट *बदलाव 2009* के लिए पोस्टर तैयार करने की जिम्मेदारी मिली। जल्द ही उन्होंने पिलानी में हुए कुछ कॉन्फ्रेंस के जरिए अंतर्राष्ट्रीय क्लायंट हासिल कर लिए और कुछ पैसे भी कमाए। लेकिन ये सारी कोशिश आधे-अधूरे मन से थीं।

"मेरे साथ के बाकी लोग उतने सीरियस नहीं थे। इसके अलावा मुझे इसमें कोई भविष्य दिखाई नहीं देता था।"

आईडिया था कि कुछ बड़ा किया जाए और वही नहीं हो रहा था।

उसी दौरान पिलानी के कैंपस में एक सफल स्टार्टअप शुरू हुआ जिसका नाम था 'क्यूब'। इसके को-फाउंडर थे नीरज अग्रवाल जो कंप्यूटर में एक्सपर्ट थे और एक उम्दा प्रोग्रामर भी। क्यूब के पीछे अरविंद सिंह नाम के एक सीनियर का हाथ भी था जो 2009 में ग्रैजुएट कर चुके थे।

"मैं शर्मीला किस्म का हूं और हमेशा पीछे की कतार में रहता हूं। मुझे बिल्कुल नहीं मालूम कि क्लायंट्स को कैसे हैंडल किया जाए," नीरज ये बात स्वीकार करते हैं।

फिर 'क्यूब' का क्या होता? जैसा कि किस्मत को मंजूर था, अंकित और ध्रुव एक दिन जीटॉक पर बात कर रहे थे कि उन्हें अपना 'यूरेका' मूमेंट मिला।

"पिलानी की स्टूडेंट कम्युनिटी बहुत ही प्रोत्साहित करती है। लोग अच्छे कैटेलिस्ट भी हैं, और खुद ही मोटिवेटेड भी।"

"स्टूडेंट के तौर पर हमने 40 वेबसाइट होस्ट कीं और 81 क्लायंट प्रोजेक्ट किए। कुल मिलाकर हमने 4-5 लाख रुपए कमाए।"

"हम साथ मिलकर काम क्यों नहीं करते?"

दोनों थर्ड ईयर स्टूडेंट थे और पांच साल का इंटीग्रेटेड प्रोग्राम कर रहे थे। बहुत छोटी उम्र में ही उन्हें कंप्यूटर से प्यार हो गया था और दोनों ने तभी कोड लिखना शुरू कर दिया था। नीरज बेहतर प्रोग्रामर थे, और अंकित डिजाइन और कम्यूनिकेशन के मास्टर थे।

"हमें ये लगा कि अगर एक डिजाइनर और एक डेवलपर साथ में आ जाए तो बहुत अच्छा काम कर सकते हैं।"

इस नए ज्वाइंट वेंचर का पहला काम था एक नाम ढूंढ़ना।

"हमने बहुत गूगल किया और फिर सोचा कि चलो देखते हैं कि इनोवेशन को अलग-अलग भाषाओं में क्या कहते हैं।"

उन्हें कई तरह के स्पेलिंग के ऑप्शन मिले और आख़िरकार उन्होंने 'इनोवेस' नाम चुना क्योंकि इसका डॉटकॉम उपलब्ध था। डोमेन 8 दिसंबर 2009 को रजिस्टर हो गया।

सबसे पहले इस नई कंपनी ने सोशल मीडिया और पिलानी की अल्युमनाई वेबसाइट bitsaa.org. के जरिए खुद को मार्केट करने का काम किया।

इनोवेस बिट्स पिलानी कम्युनिटी में वायरल हो गया और तुरंत वेबसाइट और ऐप्प बनाने के कई सारे प्रोजेक्ट्स अल्युमनाई नेटवर्क के जरिए मिल गए। लेकिन एक दिन इनोवेस को एक अजनबी से एक ईमेल मिला जिसमें लिखा था:

आपको इंटरनेट पर देखा। आपके डिजाइन फ्रेश हैं। हम आपसे वेबसाइट बनवाना चाहेंगे।

ये मेसेज प्राइम अकैडमी, एक कोचिंग क्लास के फाउंडर ललित कुमार ने भेजा था। उनका बिट्स से कोई भी संपर्क नहीं था, लेकिन वे एक अच्छे क्लायंट साबित हुए और टीम ने उनसे बहुत कुछ सीखा भी। शुरू में ललित

को बिल्कुल अंदाजा नहीं था कि वे कॉलेज के बच्चों के एक ग्रुप से बातचीत कर रहे हैं।

"जब हमने उनसे एक्जाम की वजह से एक डेडलाइन आगे करने को कहा तब उन्होंने हमसे पूछा, ओह, तो तुम लोग स्टूडेंट्स हो?"

आईईटी बॉम्बे के ग्रैजुएट ललित की अपनी कहानी बहुत प्रेरणादायी थी। ललित ने पांच छात्रों के साथ शुरुआत की, लेकिन जल्दी ही छह सेंटरों में कई करोड़ का बिज़नेस तैयार कर लिया।

"हमारी बातचीत हुई, उन्होंने हमें बताया कि शुरुआत कैसे हुई। ललित को हमारा काम भी पसंद आया और ये बात हमसे कहने में उन्हें कोई हिचक नहीं हुई। ये एक सकारात्मक शुरुआत थी।"

प्राइम अकैडमी ने पंद्रह पन्नों और एक फोरम वाली वेबसाइट के लिए 35,000 रुपए दिए। सारा का सारा पैसा मुनाफे का था। लेकिन टीम ने बाहर जाकर पैसे उड़ाए नहीं।

"पिलानी में आप बहुत ज्यादा खर्च नहीं कर सकते। आपको यहां 10,000 की पॉकेटमनी की जरूरत नहीं है।"

अंकित और नीरज का सपना था कुछ बड़ा करने का। इसलिए उन्होंने लीज पर दो-एक सर्वर लेने का फैसला किया। इससे वेबसाइट बनाने के साथ-साथ कंपनी क्लायंट को वेब-होस्टिंग की सेवा भी दे पाती।

"हम लोग वेबसाइट होस्टिंग के लिए तीन हज़ार रुपए लिया करते थे, और इससे धीरे-धीरे हमारी कमाई बढ़ती चली गई!"

जाड़े की छुट्टियों में टीम को बहुत सारा वक्त प्रोजेक्ट पर काम करने के लिए मिला। फरवरी 2010 तक तीन महीने में ही इनोवेस दस क्लायंट के लिए काम कर चुकी थी। हालांकि टीम पैसा अच्छा कमा रही थी, लेकिन कहीं कुछ गड़बड़ थी।

"जनवरी के आखिर तक हम लोग अपने भविष्य को लेकर सीरियस

"अपनी पॉकेटमनी को खर्च करने की बजाए हमने सोचा कि चलो कुछ नया करते हैं और स्लैमबुक को थोड़ा और डेवलप करते हैं।"

"सिर्फ इसलिए कि कुछ नया और एक्साइटिंग है, ये जरूरी नहीं है कि दूसरे भी उसको लेकर उतना ही उत्साहित होंगे... आपको दूसरों को उत्साहित करने के रास्ते ढूंढ़ने पड़ते हैं।"

डिस्कशन करने लगे। फिर एक दिन हमें ये महसूस हुआ कि हम उस कंपनी के रूप में अपनी पहचान नहीं बनाना चाहते, जो सिर्फ सस्ते वेबसाइट बनाया करती है। हमें लगा कि हमें अपना कुछ बनाना चाहिए।"

उसी दौरान सोशल इंटरव्यू के नाम से एक ऐपलिकेशन आया था, जो फेसबुक पर पॉपुलर हुआ। इस ऐप्प में दोस्तों से बहुत मजेदार सवाल पूछे जाते थे, जैसे कि आपका फलां दोस्त पिज़्ज़ा पेपेरॉनी के साथ खाता है या नहीं।

"हम इस ऐप्प से थोड़े प्रेरित हुए और भारत के स्कूलों में प्रचलित स्लैमबुक कॉन्सेप्ट से भी।"

फरवरी 2010 में अंकित और नीरज ने एक वर्चुअल स्लैमबुक पर काम शुरू किया। ऐप्प में कुछ आम से सवाल थे, जैसे कि आप पहली बार कहां मिले थे? मुझे आपके बारे में क्या पसंद है? मेरा कूलेस्ट मूमेंट वगैरह। स्लैमबुक एप्प फरवरी 2010 में फेसबुक पर लाइव हुआ और बहुत सफल रहा।

"चार महीनों में ही हमारे 85,000 एक्टिव यूजर थे और हमारे सर्वरों में ब्रेकडाउन होने लगा।"

ऐप्प को उसी सर्वर पर होस्ट किया गया था जहां इनोवेस की बाकी तीस क्लायंट वेबसाइट्स थीं। इन युवा आंट्रप्रेन्योर्स ने तय किया कि वेब-डेवलपमेंट से आने वाले सारे पैसे स्लैमबुक में इन्वेस्ट किए जाएंगे।

"तब तक हम दिल्ली भी आने-जाने लगे थे, खुद पर खर्च भी करने लगे थे... लेकिन हमने सोचा कि पैसों का सही इस्तेमाल किया जाना चाहिए।"

टीम ने ऐप्लिकेशन को रीकोड किया, ऑप्टिमाइज किया और बेहतर सर्वरों में उन्हें इन्वेस्ट किया। इससे आठ महीनों में ही स्लैमबुक और तेजी

से बढ़ा। ऐप्लिकेशन के 345,000 सर्वर थे और 50,00,000 से ज़्यादा एन्ट्रीज मिलीं।

"वो हमारी पहली सफलता थी। मजेदार बात तो ये है कि उसके तुरंत बाद हमें बायआउट का ऑफर मिला।"

इनोवेस से एक एफएमसीजी कंपनी ने संपर्क साधा, जो कि सोशल मीडिया पर एक्टिव थी। उन्होंने कहा, "आपके पास पहले से ही तीन लाख यूजर हैं--आप कंपनी का नया नाम क्यों नहीं रख देते और हम उसे अपना ऐप्लिकेशन बना लेते हैं।"

कई दौर की बातचीत हुई, डिस्कशन और इवैल्युएशन किए गए।

"हमें तब जाकर महसूस हुआ कि लोग जब किसी चीज पर पैसे खर्च करते हैं तो क्या सोचते हैं। हमनें पचास-पचहत्तर पैसे प्रति यूजर के हिसाब से पैसे ऑफर किए गए--यूजर्स की संख्या के आधार पर वैल्यू तय किया गया, ऐप्लिकेशन के आधार पर नहीं।"

और फिर कंपनी को ये भी मालूम था कि वह कॉलेज के स्टूडेंट्स से बातचीत कर रही है।

खरीदने के लिए कुछ लाख रुपयों का प्रस्ताव रखा गया, और वो भी इस तरह कि जैसे बहुत बड़ा ऑफर हो।

"दरअसल हम पर इसका असर ज़रूर पड़ा। हमें लगा कि ठीक है, हम इतनी मेहनत करते हैं और किसी तरह हर इंसान को 30-40,000 रुपए मिलते हैं। अगर हम कंपनी बेच देंगे तो हम फेमस भी हो जाएंगे और सबको डेढ़-डेढ़ लाख रुपए भी मिलेंगे।"

ये एक्साइटिंग तो बहुत था, लेकिन आख़िरकार अंकित और नीरज ने तय किया कि वे कंपनी नहीं बेचेंगे।

"ऐसे कई सीनियर्स की मिसाल थी हमारे सामने जिनके स्टार्टअप एक साल तक चले, मीडिया ने उसे कवर किया लेकिन आख़िरकार उनका कुछ हुआ नहीं। हम नहीं चाहते थे कि हमारे साथ भी ऐसा हो।"

"आईएक्सिलरेटर में हमारे बैचमेट सीड मनी (शुरू में मिलने वाला निवेश) का इस्तेमाल प्रोडक्ट डेवलप करने के लिए कर रहे थे। हमारा प्रोडक्ट तैयार था, और हम पहले ही दिन से मार्केटिंग शुरू कर सकते थे।"

लेकिन इस प्रक्रिया में उन्हें आत्मविश्वास तो आ ही गया कि हम भी अच्छे प्रोडक्ट्स बना सकते हैं। विश्वास कई रास्ते खोलता है, नई मंजिलों की ओर ले जाता है। किसे मालूम था कि कौन सा रास्ता अब लिया जाना है?

"अंकित और मैंने कई सारे आईडिया डिस्कस किए, इस बात पर खूब ब्रेनस्टॉर्म किया कि कंपनी को कैसे कमर्शियलाइज किया जा सकता है।"

उन्होंने एक कारपूल ऐप्प के बारे में सोचा, एक प्रोफेशनल नेटवर्क बनाने के बारे में सोचा (क्योंकि उस वक्त उन्हें लिंक्डइन से नफरत थी) और एक कस्टम-वेबसाइट बिल्डर के बारे में भी प्लान किया (हमने ओएसिस 2010 की कॉपी बनाकर बेची भी।)

दिन-रात डिस्कशन, डिजाइन और कोडिंग का काम चलता रहता था। बल्कि अगस्त 2010 में इनोवेस वो पहली कंपनी बनी जो बिट्स पिलानी के टेक्नॉलोजी बिज़नेस इन्क्यूबेटर (टीबीआई) से चल रही थी। इससे उन्हें काम करने के लिए ऑफिस की तरह का माहौल मिला और अच्छी स्पीड वाला इंटरनेट भी मिला।

"हम लगातार कई दिनों तक रात में जाग-जागकर काम किया करते थे और सुबह कई बार टीबीआई से सीधे क्लास के लिए जाया करते थे!"

लड़कों ने एक छोटी सी कॉफी मशीन भी खरीद ली और अपने बैचमेट्स को लिए देर रात की गपशप और कॉफी के लिए बुलाया करते थे। इससे स्टूडेंट आंट्रप्रेन्योर होने के कूल फैक्टर को और बढ़ावा मिला।

2010 की ठंड में मिड-सेमेस्टर के इम्तेहान की तारीख जब अनाउंस हो गई तो उसी दौरान एक बड़ी सफलता हाथ लगी। और ये कुछ इस तरह हुआ।

"कॉलेज में हमारा एक वेब पेज था जिसमें आपका सीजीपीए कार्ड मिलने से पहले दिखाई देता था। आपको सिर्फ आईडी नंबर डालना होता था।"

लोग न सिर्फ अपने मार्क्स देखना चाहते थे बल्कि अपने दोस्तों के आईडी नंबर डालकर उनके भी मार्क्स देख लिया करते थे। हैकर तो और गड़बड़ करते थे। वे पेज पर एक स्क्रिप्ट रन करते थे जिससे पूरे रिजल्ट का एक्सेल शीट मिल जाता था। उससे बचने के लिए एडमिन ने एक 'कैप्चा' (captcha) रखा।

जिसने भी इंटरनेट इस्तेमाल किया है, उसे कैप्चा के बारे में जानकारी जरूरी होगी। कैप्चा वो छोटा सा बॉक्स होता है जिसमें यूजर नीचे लिखे शब्द को समझकर उसे वापस डाल देते हैं। इससे आपकी पहचान का पता चलता है कि आप इंसान है, स्पैमर नहीं।

कैप्चा के ऑप्शन को देखकर ज्यादातर लोगों को गुस्सा आता है, लेकिन अंकित और नीरज बहुत एक्साइटेड हो जाते थे।

"हमारे बीच में एक बहुत मजेदार डिस्कशन हुआ, जिसका मूल सार ये था कि चलो कैप्चा को ब्रेक करते हैं।"

ऐसा करने के लिए उन्होंने रिसर्च शुरू की कि आख़िर ये कैप्चा है क्या। क्या किसी ने आज तक कैप्चा को क्रैक किया है? और अचानक उन्हें एक रास्ता मिल गया।

"हमें समझ में आया कि सिर्फ इसी वर्चुअल फॉर्म पर 800 लोगों की पहुंच है। हमने अलग-अलग कैप्चा को सॉल्व करने में चार घंटे लगाए। तो आप सोच लीजिए कि हर रोज इंटरनेट पर कितने सारे कैप्चा सॉल्व होते होंगे?"

गूगल सर्च से मालूम पड़ा कि 28 करोड़ कैप्चा हर रोज इंटरनेट पर सॉल्व हो रहे थे। इसे दो-तीन मिनट से गुणा कर दीजिए तो आपको समझ में आ जाएगा कि एक कैप्चा प्रॉपर्टी पर पूरी ज़िंदगी का अटेन्शन लग जाता है।

टीम को ये भी मालूम पड़ा कि 'रिकैप्चा' नाम का एक प्रोजेक्ट है

जो कार्नेगी मेलन यूनिवर्सिटी में किताबों को डिजिटाइज करने का काम कर रहा है। इसके लिए ऑप्टिकल कैरेक्टर रेकोगनिशन यानी ओसीआर का इस्तेमाल कर किताबों को स्कैन किया जाता है, लेकिन ये सॉफ्टवेयर 30% शब्दों को अच्छी तरह समझ भी नहीं पाता।

करोड़ों लोग जिस कैप्चा को इंटरनेट पर डाल रहे थे, उसके आधार पर रिकैप्चा उन शब्दों को समझ रहा था और 1851 से लेकर अभी तक के *न्यूयॉर्क टाइम्स* के आर्काइव्स का डिजिटाइजेशन कर रहा था। इस कंपनी को 2009 में गूगल ने खरीद लिया था।

"रिकैप्चा हर रोज अमूमन एक करोड़ शब्दों को ट्रांसलेट कर सकता है, जिसका मतलब इस सॉफ्टवेयर में बहुत क्षमता है। हमने सोचा कि रिकैप्चा किसी भी हालत में बर्बाद नहीं होगा!"

कैप्चा का इस्तेमाल कैसे किया जाए, इस गंभीर समस्या पर विचार करते हुए एक बिज़नेस आईडिया आया। क्यों न इसका इस्तेमाल एडवर्टाइजिंग के लिए किया जाए? अक्षरों की बेतरतीब कड़ियों की जगह क्यों ने पेप्सी के ब्रांड मेसेज को इसके जरिए भेजा जाए और यूजर को वो टाइप करने को कहा जाए?

"कई बार कैप्चा स्पष्ट नहीं होता, तो आपको कई-कई बार अक्षर टाइप करने होते हैं। आपको याद होगा कि कई बार आईआरसीटीसी की वेबसाइट पर भी रैंडम कोड हुआ करते हैं। इसलिए हमने सोचा कि अगर ब्रांड मेसेज होगा तो रिकॉल वैल्यू बहुत बड़ी होगी।"

नीरज और अंकित अचानक बहुत उत्साहित हो गए और उन्हें मालूम पड़ा कि ऐसा कोई भी ऐप्लिकेशन फिलहाल मौजूद नहीं है। इसलिए काम शुरू हो गया।

"हमने किसी तरह का आर्किटेक्चर या स्ट्रक्चरिंग नहीं की। लगा कि ठीक है, पहले ये बना लेते हैं और फिर दुनिया को दिखाएंगे कि देखो हमने कितनी कूल चीज बनाई है।"

उस शाम अंकित को अपने घर जयपुर जाना था, लेकिन वे इस नए आईडिया से इतने उत्साहित हुए कि नीरज ने बैकएंड इंजन बनाना शुरू

"हमें ये मालूम पड़ा कि एक इनोवेटिव प्रोडक्ट को बेचने के लिए टॉप के अधिकारी से संपर्क करना चाहिए– सीईओ या सीटीओ। जूनियर मैनेजर नहीं।"

कर दिया। 'योकैप्चा' के पहले वर्जन की कोडिंग दस दिनों में पूरी हो गई।

"जब अंकित जयपुर से लौटे तो मैंने उन्हें अपने प्रोडक्ट का पहला मॉक-अप दिखाया। हमें तभी मालूम पड़ गया कि ये एक बड़ा बिज़नेस हो सकता है।"

इसी के आसपास 'टाई' यानी 'द इंडस आंट्रप्रेन्योर्स' दिल्ली में अपना सालाना कॉनफ्रेंस कर रहा था। लड़कों ने तय किया कि जाकर इवेंट में शामिल होंगे, और योकैप्चा पर लोगों के फीडबैक लेंगे।

प्रोडक्ट देखने में बहुत अच्छा नहीं था, और स्टूडेंट प्रोजेक्ट की तरह लग रहा था। वहां इस ग्रेट आईडिया को तारीफ तो मिली, लेकिन सवाल भी कई पूछे गए।

"हमें तब जाकर महसूस हुआ कि सिर्फ प्रोडक्ट बना लेना काफी नहीं है..."

आप कॉलेज में कूल हो सकते हैं, आपके प्रोफेसरों को ये लग सकता है कि आप बहुत बड़ी चीज कर रहे हैं। लेकिन सच्चाई ये है कि आपको खर्चे का सोचना होता है, EBIDTA* का ख्याल रखना होता है और एक बिज़नेस प्लान बनाना होता है।

"उस वक्त मेरे बाल कंधे तक हुआ करते थे और मेरी दाढ़ी होती थी। मैं पूरी तरह कॉलेज ब्रैट था। मुझे लगता था कि भाड़ में जाए दुनिया। हम पूरी एडवर्टाइजिंग की दुनिया में क्रांति ले आएंगे," अंकित कहते हैं।

लेकिन पिलानी लौटने पर अंकित को समझ में आया कि कई सारी चीजें करना अभी बाकी था।

"कॉलेज में मैंने कई सारे ऐसे आईडियाज देखे थे जो सिर्फ इसलिए

* EBIDTA = Earnings Before Interest, Taxes, Depreciation and Amortisation

"हम कई बार डेस्क पर या फर्श पर सोते थे, क्योंकि अचानक हमें याद आता था कि सुबह के पांच बज गए हैं और हम पूरी रात काम कर रहे थे।"

गुम हो जाया करते थे क्योंकि लोगों को पता नहीं होता था कि उन्हें मार्केट में लाना कैसे है।"

"हमने कई सारे बिज़नेस प्लान कॉम्पिटिशन में भी भाग लिया, जैसे कि टाटा एनईएन फर्स्ट डॉट, जहां हमारा सेलेक्शन टॉप 30 में हुआ।"

इस वक्त तक टीम के पास एक वर्किंग डेमो आ चुका था। वे लोग एक-दो वेबसाइटों पर काम कर रहे थे और साथ में 2-3 डमी एडर्वटाइजर भी थे।

"इस ब्लॉग का नाम था 'यूथ की आवाज', और इसे अंशुल तिवारी चलाया करते थे जिनसे हम टाई कॉन्फ्रेंस में मिले थे। हमने उनसे गुजारिश की कि वे अपनी साइट पर योकैप्चा को ट्राई करें।"

ये सीखने, आगे बढ़ने और परिपक्व होने का दौर था। विचारों और बातचीत की क्वालिटी तक में फर्क आ गया था। कुछ कूल और मजेदार करने के साथ-साथ टीम ने आंट्रप्रेन्योर्स के भविष्य के बारे में भी सोचना शुरू कर दिया था।

"हम एक साथ कई सारी चीजें कर रहे थे। वेब डेवलपमेंट, स्लैमबुक और जाहिर है, पढ़ाई भी।"

योकैप्चा से कोई रेवेन्यू नहीं आ रहा था। इनोवेस के यूरोप, अमेरिका और भारत में 120 क्लायंट्स थे। स्लैमबुक के 300,000 से ज़्यादा यूजर्स थे। लेकिन फिर भी टीम को लगता था कि फोकस योकैप्चा पर करना चाहिए।

"हमने स्लैमबुक को खत्म नहीं किया... वो अपने आप धीरे-धीरे खत्म होने लगा।"

वो इसलिए भी था क्योंकि टीम ने अपना ध्यान योकैप्चा की ओर लगा दिया था, और थोड़ा इसलिए भी क्योंकि कई सारे बाहरी फैक्टर भी

थे। जितनी बार टीम अपने डेवेलपर एपीआई को अपडेट करती थी, उतनी बार ऐप्लिकेशन में फिर से काम करना पड़ता था ताकि वो काम करती रहे।

"फिर ऐसा हुआ कि हमें ऐप्प को अपडेट करने में रुचि रही नहीं, और धीरे-धीरे उसके कई सारे फीचरों ने काम करना बंद कर दिया।"

उस दौरान स्लैमबुक पेज पर 37,000 लाइक्स थे। फिर रातोरात फेसबुक ने अपनी पॉलिसी बदल दी और काउंटर वापस जीरो पर पहुंच गया।

"हमें इस बात पर बहुत गुस्सा आया। हमने फेसबुक को ईमेल भी भेजे। लेकिन उन्हें कोई फर्क नहीं पड़ा। हम लोगों की कोई पहचान तब थी नहीं। इसलिए हम भी हार मान गए।"

फोर्थ ईयर के आख़िर तक आते-आते अंकित टॉपर नहीं रहे, बस किसी तरह पढ़ाई चल रही थी। परीक्षा के ठीक पहले पढ़ाई होती थी, और इस तरह कॉलेज लाइफ में 8 के ऊपर का सीजीपीए बरकरार था।

"मैं बिज़नेस के साथ-साथ पढ़ाई भी मैनेज कर सकता था लेकिन मेरी दिलचस्पी पढ़ाई में एकदम खत्म हो गई। इसलिए कुछ सब्जेक्ट्स में मुझे डी भी मिला, फिर मैंने सोचा, चलता है।"

फर्स्ट और सेकेंड ईयर में 9-प्वाइंटर होने की वजह से अंकित का थर्ड ईयर में स्कोर औसत होकर भी 4.3 हो गया था।

"मैं अपने पेरेन्ट्स को चकमा दे सका क्योंकि रिपोर्ट कार्ड में हमेशा सभी सालों के औसत ग्रेड होते थे।"

ग्रेड्स से ये पता चलता है कि दुनिया आपके बारे में क्या सोचती है। लेकिन दरअसल फर्क इससे पड़ता है कि आप अपने बारे में क्या सोचते हैं।

"हमारे दोस्त उस वक्त अच्छी नौकरियों में थे... छुट्टियां मनाने गोआ जाया करते। और हम लोग ये चिंता कर रहे थे कि अगले महीने की बिजली का बिल कहां से आएगा।"

"लोगों को अब इस पर शक नहीं होता कि हम में भी दम है। और हां, पेरेन्ट्स को भी लगता है कि बंदे जो कर रहे हैं, ठीक ही कर रहे हैं।"

जून 2011 में अंकित और नीरज प्रैक्टिस स्कूल गए जो फाइनल ईयर के सभी स्टूडेंट्स को पिलानी में छह महीने के लिए अनिवार्य इन्टर्नशिप होती है। अंकित ने ब्रावो लूसी के साथ हैदराबाद में इन्टर्नशिप की, जबकि नीरज ने नोएडा के ओपेरा सॉल्यूशन्स के साथ काम किया। इनोवेस को इस वक्त एक अच्छे मार्केटिंग दिमाग की ज़रूरत थी।

"अगस्त 2011 में हमने ध्रुव से आने को कहा, और अंकित के साथ एक बिज़नेस डेवलपमेंट पर काम करने लगे।"

ध्रुव ने एक सेमेस्टर ब्रेक लिया था और बीएमडब्ल्यू के साथ इन्टर्नशिप करने के लिए जर्मनी में थे। इसलिए बिट्स से ग्रैजुएट करने में अभी उनके छह महीने बाकी थे। इसलिए क्लास में एनरोल करने की बजाए ध्रुव ने थीसिस शुरू कर दी और गुड़गांव की एक ऑटोमोटिव कन्सलटिंग कंपनी में काम करना शुरू कर दिया।

"मेरी पहली मोहब्बत ऑटो है, लेकिन फिर भी मुझे योकैप्चा का कॉन्सेप्ट बहुत अच्छा लगा। इसके अलावा मैं अंकित को स्कूल से जानता हूं, इसलिए मैंने उनके साथ काम करने का फैसला किया।"

जल्दी ही टीम को आई-एक्सिलरेटर के बारे में पता चला, जो आईआईएम अहमदाबाद में तीन महीने का एक मेंटरशिप प्रोग्राम था, वो भी खास इंटरनेट स्टार्टअप के लिए। उनकी डेडलाइन मिस हो गई थी, लेकिन फिर भी उन्होंने हार नहीं मानी और ऐप्लीकेशन भेज दी। मेहनत रंग लाई। इनोवेस उन नौ स्टार्टअप में से था, जो साल 2010-11 में चुने गए थे।

एक छोटी सी दिक्कत थी--नीरज और अंकित को अपनी इंटर्नशिप पूरी करनी थी और ध्रुव को अपनी थीसिस।

उन्होंने आईआईएम-ए सीआईआईई (सेंटर फॉर इनोवेशन, इन्क्युबेशन एंड ऑन्ट्रोप्रॉन्योरशिप) के ज्वाइंट सीईओ प्रणय गुप्ता से गुजारिश की कि

"लोग बड़ी कंपनी में अच्छा बनने के लिए बहुत मेहनत करते हैं। अगर आप अपने स्टार्टअप में उतनी ही मेहनत करेंगे तो आप बेहतर काम कर पाएंगे।"

उन्हें एक महीने की मोहलत दी जाए।

इन तीन युवा आंट्रप्रेन्योर को एक महीने की मोहलत मिली, और बाद में जब उन्होंने ज्वाइन किया तो इस पक्के निश्चय के साथ किया कि वे लोग वक्त का अच्छी तरह इस्तेमाल करेंगे। फिर से हॉस्टल के एक कमरे में बीस घंटे काम करने में दुनिया सिमट गई।

"कई बार हमारे लिए बाहर जाकर खुली हवा में सांस लेना ज़रूरी हो जाता था!"

बिट्स पिलानी में प्लेसमेंट का मौसम चल रहा था और नीरज को एपिक, पॉकेट जेम्स और मेकेन्सी जैसी कंपनियों से कॉल आ रहे थे। नीरज ने सबको मना कर दिया। जहां तक अंकित की बात थी, वो प्लेसमेंट के लिए रजिस्टर भी नहीं हुए थे। न कैंपस लौटकर क्लास करने का कोई इरादा था।

किस्मत को जैसा कि मंजूर था, अंकित के प्रैक्टिस स्कूल के एम्पलॉयर का उसी आई-एक्सीलरेटर प्रोग्राम के लिए सेलेक्शन हुआ। फ्रेमबेंच* के फाउंडर बिट्स के बैचमेट थे और उन्होंने अंकित को फेक इंटर्नशिप करने की अनुमति दे दी, ताकि अंकित इंटर्नशिप की औपचारिकता पूरी कर सकें।

"इससे मैं अपने प्रोडक्ट पर काम करता रहा, और बाद में रिपोर्ट कार्ड पर ए भी मिल गया।"

इस आई-एक्सिलरेटर प्रोग्राम ने कई मायने में मदद की।

प्रोग्राम के बाकी स्टार्टअप से अलग, इनोवेस का प्रोडक्ट बन चुका था। टीम को बस बिज़नेस चलाने का गुर समझना था।

"सबसे पहले तो, हमें समझ में आ गया कि हम एडवर्टाइजिंग और

* फ्रेमबेंच का पुराना नाम अनया लैब्स था। इसे बिट्स पिलानी के रोहित अग्रवाल और विनीत मारकन ने शुरू किया।

मीडिया इंडस्ट्री में हैं। इसलिए ये समझना ज़रूरी है कि ये इंडस्ट्री काम कैसे करती है।"

ऐड एजेंसी है क्या? मीडिया खरीदने वाली एजेंसी का क्या काम है? वहां क्लायंट कैसे पेश आते हैं? उनसे बात करने का सही तरीका क्या है? क्या आप पेप्सी जैसी किसी कंपनी को सीधे अप्रोच कर सकते हैं? या किसी एजेंसी के जरिए उनसे बात करनी चाहिए?

"हमें ऐसी बातें भी नहीं मालूम थीं!"

और तो और आई-एक्सिलरेटर प्रोग्राम ने इंडस्ट्री के एक्सपर्ट से मिलने का इंतजाम किया, जिनमें *कॉन्टेस्टटूविन* के आलोक केजरीवाल, *वेरिसाइन* के मनीष दलाल, *मीडियाटूविन* के गौरव शर्मा और *मेकमाईट्रिप* के अमित सोमानी शामिल थे।

"इस प्रोग्राम के आख़िर तक हमें बिज़नेस के टूल्स जैसे सीपीए, सीटीआर और आरओआई* के बारे में बात करना आ गया था।"

आईएक्सिलरेटर प्रोग्राम के तहत हर स्टार्टअप पांच लाख का एक सीड फंड हासिल करता है। इसमें से आधे पैसे सीआईआईई से आते हैं, और आधे एंजेल इन्वेस्टरों से आते हैं। अनुज पुल्स्त्य और मनीष भंडारी वो एंजेल निवेशक थे जो इनोवेस में पैसे लगा रहे थे।

प्रोप्राइटरशिप और पार्टनरशिप में चल रहे वेंचरों को भी बड़ी कंपनियों से मदद मिल रही थी। इस तरह इनोवेस प्राइवेट लिमिटेड कंपनी बन गई।

आईएक्सिलरेटर 27 जनवरी 2012 को खत्म हुआ। फरवरी में टीम ने दिल्ली शिफ्ट करने का फैसला किया।

"हमारे एक इन्वेस्टर अनुज के पास राजेन्द्र नगर में ऑफिस की जगह थी, जो वे हमें मार्केट रेट से बहुत कम किराए पर देने के लिए राजी हो गए। फ्रेमबेंच और इनोवेस का ऑफिस इसी में था, जिसमें अनुज और उनकी पत्नी नीरू शर्मा बैठते थे।"

"अनुज और नीरू हमारे लिए बहुत ज़रूरी सपोर्ट सिस्टम बन गए।

* CPA = Cost Per Thousand (M) Impressions, ROI = Return on Investment, CTR = Click through rate

हमने इनोवेस के भविष्य के बारे में बात करते हुए कई शामें निकाल दीं!"

माहौल में उम्मीदें और सपने घुले थे। ऑफिस में आने का वक्त सुबह के दस बजे का था, लेकिन निकलने का कोई वक्त नहीं था। नीरज गाजियाबाद अपने घर से आते थे जबकि अंकित और ध्रुव ने एक फ्लैट पास में ही किराए पर ले लिया। लेकिन अक्सर घर तक जाने की भी हिम्मत नहीं होती थी और थकान की वजह से वे ऑफिस में ही सो जाए करते थे।

वो कंपनी के लिए एक नया दौर था--प्रोडक्ट क्लायंट को पिच किए जा रहे थे। इनोवेस को दो किस्म के लोगों के सामने पिच करना था--वैसे एडवर्टाइजर जो ब्रांड मेसेज के लिए पैसे देने को तैयार हों, और वैसी वेबसाइट जहां कैप्चा के इस्तेमाल के लिए बहुत सारा ट्रैफिक आता हो। मीटिंग के लिए वक्त हासिल करना ही सबसे बड़ी चुनौती थी।

"कंपनी को कैसे अप्रोच करना है, इसके हम कई तरीके आपको बता सकते हैं। इनमें एक तरीका सिंपल है--कोल्ड कॉलिंग का।"

जिस वेबसाइट ने सबसे पहले साइनअप किया उनमें ibibo-com था, फिर *वेटूएसएमएस* और *जागरण ग्रुप* था। सबसे मुश्किल *टाइम्स ऑफ इंडिया* को राजी करने में हुई।

"मैं खुद *टाइम्स ऑफ इंडिया* के 10-12 लोगों से मिला, जिसमें असिस्टेंट मैनेजर से लेकर सीटीओ और सीईओ तक शामिल थे।"

डील फाइनल करने में चार महीने लगे और वो भी उनकी शर्तों पर। *टाइम्स ऑफ इंडिया* के मैनेजमेंट ने साफ कहा कि जो भी इनोवेशन होगा, वहां की आरएंडडी टीम उसे डुप्लीकेट करने की कोशिश करेगी।

"उन्होंने कहा, हम ऐसा कोई भी अग्रीमेंट नहीं साइन करेंगे जो हमें ठीक वैसा ही प्रोडक्ट बनाने की इजाजत न दे।"

ये नौजवान लड़के तैयार हो गए--दो वजहों से। पहला तो ये कि उन्हें *टाइम्स ऑफ इंडिया* के प्लेटफॉर्म की सख्त जरूरत थी। दूसरा, उन्हें इस बात का पूरा यकीन था कि कंपनी योकैप्चा को रिवर्स-इंजीनियर नहीं कर पाएगी।

"हमारा प्रस्ताव आकर्षक था--हम एडवर्टाइजर लेकर आएंगे और आपकी वेबसाइट के साथ रेवेन्यू शेयर करेंगे। तो आपको बिना किसी मेहनत के पैसे कमाने का मौका मिलेगा।"

अगला काम एडवर्टाइजर ढूंढ़ने का था। और ये काम भी बिल्कुल आसान नहीं था, क्योंकि प्रोडक्ट में तो लोगों की दिलचस्पी थी, लेकिन सवाल भी उतने ही थे।

"हम एचयूएल और पीएंडजी जैसी बड़ी एडवर्टाइजिंग एजेंसियों से संपर्क करते थे।"

लेकिन फरवरी से मई तक किसी क्लायंट ने एक पैसे का बिज़नेस नहीं दिया। इसलिए टीम कई सारे इंवेस्टरों को भी आईडिया पिच करने लगी। लेकिन कोई नतीजा नहीं निकला। लेकिन उसके अपने फायदे थे। मिसाल के तौर पर मुंबई एन्जेल्स को किए गए एक पिच में रवि किरण की प्रोजेक्ट में दिलचस्पी हुई।

"रवि किरण एडवर्टाइजिंग के उस्ताद हैं, और वे हमारे मेंटर बन गए।"

जून 2012 में इनोवेस को पहली बड़ी सफलता मिली। रिलायंस इंडस्ट्रीज ने एक बड़ी रिलीज ऑर्डर दिया। उसके बाद टीम ने पीछे मुड़कर नहीं देखा। एचयूएल, स्टार वर्ल्ड, ऐक्सिस बैंक और स्टेट बैंक ऑफ इंडिया जैसे क्लायंट मिले।

"हमने 25,000-30,000 रुपये में भी कैंपेन किया और एक हफ्ते में 5-6 लाख का भी कैंपेन किया।"

रेवेन्यू इनोवेस और पब्लिशर के बीच बंट जाता था। मिसाल के तौर पर *टाइम्स ऑफ इंडिया* के साफ 60:40 के आधार पर।

जब पैसे आने लगे तो थोड़ा सा तनाव कम हुआ। लेकिन कैश-फ्लो की समस्या बनी हुई थी। ऐडवर्टाइजिंग एजेंसियां 60-90 दिनों के बीच में पैसे देती थीं, वो भी कैंपेन पूरा हो जाने का बाद।

"तब तक हम एक्सिलरेटर से मिले अपने पांच लाख खत्म कर चुके थे। इसलिए पर्सनल फंड जुगाड़ करने में लग गए।"

बिज़नेस हासिल करना कहानी का एक ही पहलू था, जिसका अंत

खुशनुमा था। लेकिन फाउंडर टीम को साथ में बनाए रखना ज़्यादा बड़ी चुनौती थी। दिल्ली शिफ्ट करने के बाद टीम में दरार पड़ने लगी।

नीरज ने राजेन्द्र नगर ऑफिस में आना बंद कर दिया--वर्चुअली ईमेल या फोन कॉल पर काम करने लगे। इससे टीम के उत्साह पर असर पड़ा।

"हमें लगने लगा कि नीरज ढीले पड़ रहे हैं और बिज़नेस आगे बढ़ नहीं रहा। नीरज हमारे अहम् प्रोग्रामर थे, उनकी गैरहाजिरी से हमें बहुत फर्क पड़ा।"

नीरज की परेशानी भी सही थी--उन्हें हर रोज ऑफिस भी जाना पड़ता था। नीरज तब प्रैक्टिस स्कूल में थे और नोएडा के ओपेरा सॉल्यूशन्स में काम कर रहे थे। और ये कॉलेज तो था नहीं कि आसानी से बंक कर दिया जाए।

"मैंने यहां तक भी कहा कि मैं कंपनी के अकाउंट में अपना स्टाईपेंड देने को तैयार हूं। लेकिन हमारे बीच दूरियां बढ़ती गईं, और हालात भी बदले।"

स्टार्अप एक बच्चे की तरह होता है, और उसे लगातार प्यार और ध्यान की ज़रूरत होती है। अगर मां का ध्यान कहीं और है, तो बच्चा रोएगा ही। इसलिए फाउंडर का ध्यान कहीं और हो, तो स्टार्टअप भी बीमार पड़ने लगता है।

अंकित को फिर भी उम्मीद थी कि चीजें धीरे-धीरे सुधरेंगी और नीरज प्रैक्टिस खत्म करने के बाद मई में पूरी तरह कंपनी से जुड़ जाएंगे। लेकिन तब तक नीरज ने अपना रास्ता अलग करने का फैसला कर लिया था। उन्होंने आपस में बात करने की कोशिश भी की, लेकिन कुछ हुआ नहीं।

जून 2012 में नीरज ने एक एसएमएस के जरिए औपचारिक रूप में इनोवेस छोड़ दिया और ओपेरा की नौकरी ज्वाइन कर ली।

नीरज के जाने के बाद अंकित को अपना ध्यान मार्केटिंग से हटाकर टेक्नॉलोजी पर लाना पड़ा। कैप्चा किसी भी वेबसाइट का एक अहम् फीचर होता है--अगर ये काम नहीं करता तो वेब फर्म जमा नहीं होगा।

"एक वक्त ऐसा भी था जब हम एक सेकेंड में 250 कैप्चा कर रहे

थे। वो एक बड़ी चुनौती थी!"

मार्केटिंग के फ्रंट पर ध्रुव को कुछ इंटर्न का साथ मिल रहा था। ये इंटर्न वैसे तो क्लायंट से नहीं मिलते थे, लेकिन बिज़नेस केस बनाने में, बैकग्राउंड रिसर्च में और प्रेजेंटेशन बनाने में मदद मिल जाती थी। ज़्यादातर इंटर्न दिल्ली विश्वविद्यालय से थे, और एक तो हैदराबाद से आया था।

"उसको हमारे साथ काम करने का इतना मन था कि उसने कहा, आप चिंता मत करो, मैं अपने पैसे पर आ जाऊंगा। बस मुझे एक छोटा सा स्टाइपेंड दे देना।"

क्लायंट्स को हमेशा कुछ न कुछ नया चाहिए होता है। इसलिए इनोवेस ने एक इंटरऐक्टिव कैप्चा डेवलप किया जिसमें टेक्स्ट मेसेज की बजाए यूजर को कुछ मजेदार करना होता था--जैसे कि पेप्सी के बोतल की कैप खींचकर डालना।

"हम लोगों को एडवर्टाइजर्स को खुश रखने के लिए हमेशा कुछ न कुछ नया करते रहना पड़ता था!"

अंत में जाकर इनोवेस ने कैप्चा का एक सर्वे-बेस्ड वर्जन तैयार किया। इसके आईपी को सुरक्षित रखने के लिए उन्होंने इंडियन पेटेंट ऑफिस में पेटेंट डेटा कैप्चर यानी पीडीसी के लिए अप्लाई भी किया।

अंकित के लिए एक और खास लम्हा था जब उन्हें नवंबर 2012 में ग्लोबल स्टूडेंट आंट्रप्रेन्योर अवार्ड मिला। इससे न्यूयॉर्क स्टॉक एक्सचेंज के ग्लोबल फाइनल्स में जाने का उन्हें मौका भी मिला। हालांकि वे जीते नहीं, लेकिन उनके लिए ये सीखने का बहुत अच्छा मौका रहा।

"मेरी इंटरनेशनल बिजनेस एक्सपर्ट्स से जान-पहचान बढ़ी और उनसे बहुत कीमती फीडबैक भी हासिल हुआ।"

अपने पहले साल में 31 मार्च 2013 तक योकैप्चा ने तीस लाख का रेवेन्यू हासिल किया था।

और बिजनेस पर नजर रखकर 'नेटवर्क प्ले' नाम के एक डिजिटल एडवर्टाइजिंग प्लैटफॉर्म के साथ एक सहयोग बना। कंपनी की सेल्स टीम योकैप्चा को एडवर्टाइजरों तक पहुंचाने के लिए रेवेन्यू शेयरिंग के आधार

पर तैयार हो गई।

"हम टीम के साथ कुछ मीटिंग्स के लिए गए और कुछ पिच भी किए। तब हमें उनके सीईओ राममोहन सुन्दरम मिले, जो योकैप्चा, उसकी टीम और प्रोडक्ट को लेकर बहुत उत्साहित थे।"

तभी कंपनी को खरीदने की बातचीत पहली बार शुरू हुई।

नेटवर्क प्ले भी एक स्टार्अप था जिसे जर्मन पब्लिशर ग्रुनर एंड जैहर (जी+जे) ने मार्च 2012 में खरीद लिया था। सभी बड़े पब्लिशरों की तरह ये कंपनी भी डिजिटल एज के लिए तैयार हो रही थी। योकैप्चा को खरीदना एक अच्छा मौका था।

"बातचीत तीन महीने तक चली और जून में हमने अनौपचारिक रूप से हामी भर दी।"

इस फैसले से पहले अंकित और ध्रुव ने अपने इन्वेस्टरों से बात की और प्रणय गुप्ता से भी संपर्क किया, जो आईएक्सीलरेटर प्रोग्राम के कोऑर्डिनेटर थे और मेन्टर भी थे।

"एक स्तर पर तो हमें लगा कि हम अपना काम खुद आगे बढ़ा सकते हैं। लेकिन फिर ये भी लगा कि जी+जे हमारे प्रॉडक्ट के साथ न्याय करेगा।"

सितंबर 2013 में पोस्ट-मर्जर के बाद डील फाइनल हो गई। अंकित नेटवर्क प्ले के हेड ऑफ टेक्नॉलोजी हो गए और ध्रुव बिजनेस डेवलपमेंट के हेड।

"फिलहाल हमें अपने काम में बहुत मजा आ रहा है।"

लेकिन कहीं न कहीं 'वॉट इफ' का सवाल उन्हें परेशान करता है। अगर इनोवेस सिलिकन वैली की एक स्टार्ट अप कंपनी हुई होती तो?

"अमेरिका में हमारी कीमत ज़्यादा होती--वहां छोटी कंपनियों को और बड़ी कीमत पर खरीदा जाता है।"

और अगर टीम साथ में रहकर काम करती तो?

"तो हमने ज़रूर इन्वेस्टरों से और पैसे हासिल किए होते और कंपनी को खुद ही आगे बढ़ाते।"

नीरज ने कंपनी छोड़ तो दी थी, लेकिन कागज पर अभी भी शेयरहोल्डर

थे। और निवेशकों की बड़ी चिंता यही थी। अंकित और ध्रुव ने कई रातें इसी चिंता में जागकर काटीं--कॉन्ट्रैक्ट पढ़ते हुए और कंपनी लॉ की किताबें पढ़ते हुए। लेकिन ये आसान नहीं था।

"हमने तब सीखा कि टीम का होना कितना ज़रूरी है और अगर एक मेंबर भी छोड़ दे तो टीम को कितनी परेशानियों से होकर गुजरना पड़ता है।"

इश्क में, युद्ध में और बिजनेस में इस तरह की चीजें तो होती ही हैं। किसी ने कंपनी बेचकर बहुत पैसे नहीं कमाए, लेकिन इससे उन्हें एक एक्जिट मिल गया।

अंकित के माता-पिता को उनकी उपलब्धियों पर गर्व है। उन्हें अभी भी मालूम नहीं कि अंकित क्या करता है, लेकिन फिर भी वे खुश हैं।

ध्रुव के पेरेन्ट्स बहुत उदार हैं, लेकिन उन्हें लगता है कि उनका बेटा अभी भी संघर्ष कर रहा है।

"मेरा एक कजन है जो एक सॉफ्टवेयर कंपनी चलाता है--वो मेरा रोल मॉडल है और मैं उससे लगातार प्रेरणा लेता रहता हूं।"

नीरज बिजनेस फैमिली से हैं, इसलिए उन्हें इस तरह की कोई समस्या नहीं हुई। उन्हें सबका सहयोग मिला। और स्टूडेंट आंट्रप्रेन्योर होने के नाते उनका अनुभव भी अच्छा रहा।

"ये कितनी अच्छी बात है कि आप अपनी कॉलेज फीस खुद दे सकते हैं। इसके अलावा मुझे काम करने की आदत पड़ गई, तब तक काम करने की जब तक आपको सफलता न मिले!"

नीरज ऐल्गोस्केल नाम के एक नए वेंचर पर काम कर रहे हैं जो बिग-डेटा और प्रिडिक्टिव ऐनालिसिस के क्षेत्र में एक नया स्टार्टअप है।

आप गिरते हैं, संभलते हैं और फिर चलना शुरू कर देते हैं। लेकिन आपको शुरुआत कहीं न कहीं करनी ही होती है। वो शुरुआत आपका हॉस्टल रूम भी हो सकती है।

एक सिंपल सा सवाल है--क्या आप बस बैठे रहेंगे या कुछ करेंगे भी?

युवा उद्यमियों को सलाह

हम ये सलाह देंगे कि आप कॉलेज में कोई न कोई वेंचर ज़रूर शुरू करें क्योंकि इन्हीं सालों में आपके पास बहुत सारा वक्त और बहुत सारी ऊर्जा भी होगी। और आप कुछ क्रेजी कर भी पाएंगे।

दूसरी चीज है कि आपको अपने कंधे पर बहुत सारी ज़िम्मेदारियां नहीं लेनी हैं और आपको कई सारे ऐसे लोग मिलेंगे जो आपकी मदद करने को तैयार होंगे।

कैंपस स्टार्टअप से आपको शुरुआत अच्छी मिल जाती है। हमारे पास प्रोडक्ट को बार-बार देखने का वक्त इसलिए था क्योंकि सेल्स का दबाव नहीं था हम पर। इन दो सालों में हम छह महीने की हॉस्टल फीस एक हज़ार ही दे रहे थे जबकि ग्रैजुएट हो जाने के बाद आपको कम से कम दस हज़ार रुपए किराया देना पड़ता है।

इसलिए शुरुआत जल्दी कीजिए, कैंपस में ही शुरू करना एक आसान तरीका है।

अंकित

इक्कीस बाईस साल की उम्र में अगर आपने स्टार्टअप का फैसला कर लिया है तो आपने मैच्योरिटी दिखाई है।

आपमें जीनियस रहा होगा, तभी आपको वो चीज मिली जिस पर आप पूरे जुनून के साथ काम करना चाहते हैं। जब वक्त मुश्किल हो जाता है तो अपने आप को असफल नहीं समझना चाहिए। हार भी नहीं माननी चाहिए।

अगर आप खुद पर भरोसा रखते हैं तो आप पेरेंट्स को भी राजी कर पाएंगे। आप उनसे खुलकर बात करें और अपने फैसले के बारे में उन्हें बताएं।

हम कॉलेज स्टूडेंट्स को ये भी सलाह देते हैं कि वे को-फाउंडर अग्रीमेंट पर साइन करें। इससे कंपनी पर तब कोई असर नहीं पड़ेगा जब एक फाउंडर छोड़ने को तैयार हो।

ध्रुव

मैंने जो एक चीज खुद में और अपने आसपास के लोगों में देखी है वो ये है आपको खुद को प्रेरित करते रहना होगा। अगर आप स्वप्रेरित नहीं हैं तो आप बहुत आसानी से हार मान जाएंगे।

आप जो भी प्लान कर रहे हों, आपको उसमें मजा आना चाहिए। आपको आलोचनाओं की बिल्कुल फिक्र नहीं करनी चाहिए।

आपकी सबसे बड़ी ताकत खुद पर किया हुआ भरोसा है, और वो इच्छा है कि आप

किसी आईडिया को कितनी दूर तक ले जाने को तैयार हैं जहां आपको खुद, और आपके आसपास के लोगों को आप पर गर्व होगा।

नीरज

कॉलेज का वक्त ज़िंदगी के साथ प्रयोग करने का सबसे सही वक्त होता है। आप किसी भी अवसर का पूरा इस्तेमाल करें, चाहे वो इन्टर्नशिप का हो या कुछ और।

आप इस वक्त अपने बिजनेस प्लान पर काम कर सकते हैं, डेमो तैयार कर सकते हैं, या फिर किसी प्रोडक्ट पर काम कर सकते हैं। सीजीपीए के बारे में मत सोचिए क्योंकि बहुत हाई न भी हो तो ठीक-ठाक सीजीपीए आपको काम दिला देगा।

सभी कोर्स को हल्के में मत लीजिए। कुछ कोर्स बहुत अच्छे होते हैं और स्टार्टअप शुरू करने में आपकी मदद कर सकते हैं।

आवारा पागल दीवाना

रूपेश शाह
(आईईटी, अलवर)
इनओपेन टेक्नॉलोजिज

आईआईटी बॉम्बे की इन्टर्नशिप ने रूपेश शाह की ज़िंदगी का रुख बदल दिया। रूपेश ने खुद प्रोग्रामिंग, मार्केटिंग और लोगों से संपर्क करना सीखा। उनकी कंपनी इनओपेन टेक्नॉलोजिज अब पांच लाख से ज़्यादा बच्चों को कंप्यूटर साइंस पढ़ाती है।

लाखों बच्चे आईआईटीटी जेईई के लिए बैठते हैं, लेकिन कुछ हज़ार बच्चे ही चुने जाते हैं। जो आईआईटी में नहीं पहुंच पाते, वे परिवार और दोस्तों की नजर में गिर जाते हैं।

17-18 साल की उम्र में ही आप खुद को असफल मानने लगते हैं।

रूपेश शाह ऐसे ही एक स्टूडेंट थे--जिनका आईआईटी में चुनाव तो नहीं हुआ, बारहवीं के एक्जाम में भी वे फेल हो गए। किसी भी इंजीनियरिंग कॉलेज में मेरिट पर दाखिला हुआ नहीं और यहां तक कि यूनिवर्सिटी एक्जाम के पहले साल में एक बार फिर वे फेल हो गए।

असफलता खुद इतनी तंग हो गई कि रूपेश से कहा, "जाओ, कोई और गर्लफ्रेंड खोजो!" ये नई गर्लफ्रेंड ओपेन-सोर्स सॉफ्टवेयर के रूप में सामने आई--एक ऐसा जुनून जिसे एक जी जान वाली मोहब्बत कहते हैं। रूपेश के लिए तब एक नई दुनिया खुल गई।

रूपेश ने इन्टर्नशिप के लिए आईआईटी बॉम्बे ज्वाइन किया। कंप्यूटर लैब के एक कोने में बैठकर उन्हें लगने लगा कि यही वो दुनिया थी जिसमें वे रहना चाहते थे, जहां उन्हें खुद को साबित करना था।

"चार महीने तक मैं सोलह-अठारह घंटे काम करता रहा, क्योंकि मुझे यही लगता था कि मुझे खुद को साबित करना है।"

रूपेश पहली बार सफलता से रूबरू हुए। फिर उन्होंने अपनी कंपनी खोली (उसमें फेल हुए), दूसरी खोली (उसमें भी करीब-करीब फेल हुए)।

पांच साल में इनओपेन टेक्नॉलोजिज ने अब अपनी जगह बना ली है, और एक नए दौर में प्रवेश कर चुकी है। अब ये कंपनी भारत, अमेरिका और जापान के 200 स्कूलों में पांच लाख स्टूडेंट्स को कंप्यूटर साइंस की शिक्षा दे रही है।

प्यार किया तो डरना क्या, फेल हुए तो मरना क्या।

इसलिए एक नई गर्लफ्रेंड तलाशें। मुस्कुराने की नई वजह मिलेगी। जीने की नई वजह मिलेगी।

आवारा पागल दीवाना

रूपेश शाह, (आईईटी, अलवर)
इनओपेन टेक्नॉलोजिज

रूपेश कुमार शाह दार्जिलिंग के पास एक छोटे से शहर सिलीगुड़ी में पैदा हुए।

"मेरे पिता टिंबर मर्चेंट हैं। मैंने उन्हें और अपने चाचा को लकड़ी बेचते और मिल चलाते देखा। इसलिए हमारे घर में हमेशा लकड़ियां या लकड़ी का बुरादा बिखरा हुआ मिलता था।"

रूपेश एक मिडल क्लास मारवाड़ी परिवार से थे, जहां कॉलेज के तुरंत बाद आमतौर पर लड़के पिता का बिजनेस ज्वाइन कर लेते थे। छुट्टियों में रूपेश ऑफिस जाते जरूर थे और इन्वॉयस बनाने में मदद किया करते थे। लेकिन उनमें शायद बनिया जीन की कमी थी।

"एक बार मैंने एक कस्टमर को सलाह दी कि वे लकड़ी की बजाए प्लास्टिक का इस्तेमाल करें क्योंकि प्लास्टिक लकड़ी से सस्ता होता।"

जब मैनेजर ने रूपेश के पिता को ये किस्सा सुनाया तो उन्हें यकीन ही नहीं हुआ। इस लड़के से बिजनेस नहीं होने वाला, इसलिए अच्छा होगा अगर वो आईआईटी का लक्ष्य रखे। आईआईटी के हर ख़्वाहिशमंद की तरह रूपेश भी कोचिंग के लिए कोटा चले गए।

लेकिन जैसी प्लानिंग थी, वैसे चीजें हुई नहीं।

"कहीं न कहीं मैं रास्ते से भटक गया और आईआईटी में मेरा दाखिला हुआ नहीं। ऊपर से मैं बारहवीं के बोर्ड एक्जाम में फेल हो गया।"

दसवीं में 90% हासिल करने वाले स्टूडेंट के लिए फिजिक्स में कम्पार्टमेंट लगना बहुत बड़ा झटका था। रूपेश ने दोबारा परीक्षा दी, लेकिन वे तीन महीने बहुत मुश्किल और लंबे थे।

"वो मेरी ज़िंदगी का सबसे डिप्रेसिंग हिस्सा था। सिर्फ मेरी बहन थी जिसने मुझे हिम्मत दी और समझाती रही कि मैं हिम्मत न हारूं।"

दरअसल रूपेश ने मरीन इंजीनियरिंग में एडमिशन ले भी लिया। लेकिन उनके पिता इस फैसले के सख़्त ख़िलाफ थे। जाने ही नहीं दिया। अब आगे?

"मैं सिलिगुड़ी लौटकर अपने दोस्तों को शक्ल भी नहीं दिखा सकता था, जो वहीं थे और बहुत अच्छे नतीजे लेकर आए थे।"

आखिरकार रूपेश को अलवर के एक प्राइवेट इंजीनियरिंग कॉलेज में पचास हज़ार डोनेशन देकर दाखिला मिल गया। शुरू में कॉलेज में एडजस्ट करना बहुत मुश्किल था क्योंकि रूपेश को हमेशा लगता रहता था कि वे और अच्छा कर सकते थे। ऐसा सोचते-सोचते भी रूपेश फर्स्ट ईयर यूनिवर्सिटी एक्जाम में फेल हो गए।

"मैंने किसी तरह सप्लिमेंटरी पास किया।"

ज़िंदगी के इस ख़राब दौर में रूपेश को ओपेन सोर्स के रूप में उम्मीद की एक किरण नजर आई। उन्हें लिनक्स में दिलचस्पी हो गई और वे घंटों कंप्यूटर लैब में उसे समझे में गुजारने लगे।

"लिनक्स एक बहुत अच्छा प्लैटफॉर्म है लेकिन किसी आम इंसान की समझ से परे है। मुझे लगा कि एक ऐसे हाइब्रिड ऑपरेटिंग सिस्टम की ज़रूरत है जो नए लोगों के लिए तैयार हो।"

चूंकि ऐसा कोई प्रोग्राम मौजूद नहीं था, इसलिए रूपेश ने खुद ही एक प्रोग्राम बनाने की सोची। लेकिन सबसे पहले वे तजुर्बा चाहते थे, कहीं से इन्टर्नशिप करना चाहते थे। कैंटीन में बैठे-बैठे रूपेश ने एक दिन किसी सीनियर से आईआईटी बॉम्बे में अपने भाई के दोस्त की इन्टर्नशिप के बारे में बात करते हुए सुना।

"उसी वक्त मैंने तय कर लिया कि मुझे इन्टर्नशिप के लिए आईआईटी

बॉम्बे जाना है।”

रूपेश ने आईआईटी का टेलीफोन नंबर इंटरनेट पर देखा और कई सारे प्रोफेसरों को फोन करना शुरू किया। डेढ़ महीने की कोशिश के बाद रूपेश कि कंप्यूटर साइंस डिपार्टमेंट के हेड प्रोफेसर पाठक से बात हो सकी। लेकिन प्रोफेसर को खुश करना इतना आसान नहीं था।

“डू नॉट डिस्टर्ब मी अगेन”, प्रोफेसर ने सीधा सा जबाव दे दिया।

लेकिन रूपेश इतनी आसानी से हार मानने वाले थे नहीं। वे प्रोफेसर को ईमेल भेजते रहे और उन्हें फोन करते रहे, ये समझाते हुए कि उनका ओपेन सोर्स प्रोजेक्ट आख़िर था क्या।

“मैंने प्रोफेसर पाठक को इतना तंग किया कि वे आख़िर में मान गए और मुझे तीन महीने की इन्टर्नशिप की इजाजत दे दी।”

बल्कि रूपेश ने अपने साथ अपने तीन दोस्तों को भी प्रोजेक्ट में शामिल होने के लिए तैयार कर लिया। कंप्यूटर साइंस डिपार्टमेंट के प्रोफेसर श्रीधर ने इन लड़कों के लिए हॉस्टल का इंतजाम कर दिया और उनके मेंटर बनने को तैयार हो गए। उसी तरह वेंकटेश हरिहरन भी तैयार हो गए जो उस वक्त भारत में ‘रेड हैट’ के हेड थे।

“उन्होंने हमें मोटे-मोटे गाइडलाइन दे दिए, उसके बाद जो भी करना था वो हमें खुद ही करना था।”

इन्टर्नशिप जुलाई 2005 में शुरू हुई और रूपेश ने उसमें जी-जान लगा दिए। चार महीने तक लगातार बारह-चौदह घंटे तक कोडिंग करते रहे, यहां तक कि संडे को भी आराम नहीं किया। आईआईटी बॉम्बे का अफोर्डेबल सॉल्यूशन्स लैब रूपेश के लिए जैसे मंदिर हो गया था।

आईआईटी में एंट्री का नशा तो था ही, साथ ही अपने आपको प्रूव

“मैं नहीं जानता था कि एक कंपनी क्या होती है, या प्राइवेट लिमिटेड क्या है। मैं वहीं दस्तखत कर देता था जहां मुझे कहा जाता था। ये मेरी बहुत बड़ी गलती थी।”

"अगर आप अच्छा काम कर रहे हैं तो आप उसे दोहराकर फिर से सफलता हासिल कर सकते हैं। ये बात मुझे बहुत जल्दी समझ में आ गई थी।"

करने का जोश भी था।

चार महीने के आख़िर में रूपेश और टीम ने इन्टक्स ओएस बनाने में सफलता हासिल कर ली। प्रोफेसर पाठक और प्रोफेसर श्रीधर दोनों बहुत खुश थे। लेकिन अचानक ज़िंदगी ने एक और नई चुनौती सामने डाल दी।

"मेरी मां को ब्रेस्ट कैंसर हो गया और उन्हें रहेजा अस्पताल में दाखिल कराया गया। मैंने सारा काम एक ओर रखकर उनके इलाज पर ध्यान लगा दिया।"

ज़िंदगी रेडिएशन, कीमोथेरेपी और सर्जरी के चारों ओर घूमने लगी। एक ऑपरेशन के बाद उन्होंने थर्ड स्टेज कैंसर पर जीत हासिल कर ली, जो एक चमत्कार ही था।

"मेरी बहन बहुत हौसले वाली इंसान है, और मां को सबसे अच्छा इलाज दिलाने का सारा क्रेडिट उसी को जाता है।"

रूपेश प्रोजेक्ट खत्म करने के लिए आईआईटी वापस लौट आए और फिर 2006 में उस पर काम शुरू कर दिया। अगले कुछ महीने में ही इन्टक्स एक लाख से ज़्यादा बार डाउनलोड हुआ। ओपन सोर्स होने की वजह से प्रोग्राम फ्री था और इसलिए पैसे आ नहीं रहे थे। लेकिन फिर भी आत्मविश्वास और खुशी तो मिली ही।

आईआईटी की तीन महीने की इन्टर्नशिप अनिश्चितकाल के लिए बढ़ती चली गई। बल्कि पांचवें, छठें और सातवें समेस्टर में कॉलेज में अटेन्डेंस जीरो था।

"खुशकिस्मती से मेरे कॉलेज के चेयरमैन बहुत सपोर्ट कर रहे थे और मेरे डिपार्टमेंट हेड्स से कहा कि मुझे एक्जाम देने दिया जाए। मैं किसी तरह एक्जाम में पास होता था।"

कॉलेज के आखरी महीने में रूपेश ने अपने कॉलेज चेयरमैन के साथ

पार्टनरशिप में एक कंपनी खोली। तीन क्लासमेट्स ने भी ज्वाइन किया। वेंचर इंजीनियरिंग के स्टूडेंट्स को ओपन सोर्स सॉफ्टवेयर में ट्रेनिंग देने का था।

"मुझे महसूस हुआ कि अगर इन्टक्स सफल होता तो हम लिनक्स को लेकर जागरुकता बढ़ा सकते हैं।"

वेंचर तुरंत छह महीने के भीतर ही सफल हो गया और कंपनी ने छह हजार बच्चों को ट्रेनिंग दे दी। यहां तक कि इंडियन एयर फोर्स से एक कॉन्ट्रैक्ट भी हासिल कर लिया। कंपनी ने राजस्थान, दिल्ली और मुंबई में सात, चौदह और तीस दिनों की एक ट्रेनिंग भी की।

छह महीने के आख़िर में कंपनी के रेवेन्यू साठ लाख से ऊपर चले गए, लेकिन रूपेश ये जानकर हैरान रह गए कि फिर भी चेक बाउंस हो रहे थे।

"मुझे ये भी मालूम चला कि कंपनी ऐड-हॉक बेसिस पर चल रही थी। ये भी कि मेरी हिस्सेदारी, जैसा कि मुझसे वादा किया गया था, 49% नहीं बल्कि 20% थी।"

रूपेश ने आंख मूंदकर भरोसा करते हुए एक खाली आरओसी* फॉर्म पर साइन कर दिया। बड़ी मुश्किल से रूपेश ने अपने कॉलेज चेयरमैन के सामने जाकर इस बारे में सवाल पूछा। चेयरमैन ने एग्रीमेंट रिड्राफ्ट करने का वादा किया और फिर से नई शुरुआत के लिए कहा। लेकिन अपनी बात पर कायम रहे नहीं। रूपेश ने तय किया कि वे अपना हिस्सा मांगे बगैर बाहर निकल जाएंगे।

"मैंने अपनी टीम से कहा कि मुझे इसमें कोई भविष्य दिखाई नहीं देता और मैं आगे ये काम कर नहीं सकता। सबसे ख़ुशी की बात ये हुई कि मेरे साथ मेरी पूरी टीम बाहर निकल गई।"

उसी रात रूपेश अपने दो सहयोगियों, मुकुल और रुचि के साथ मुंबई पहुंचे। इस शहर के लिए रूपेश के दिल में खास जगह थी क्योंकि यहां

* एक प्राइवेट लिमिटेड कंपनी को रजिस्ट्रार ऑफ कंपनीज यानी आरओसी के साथ रजिस्टर करना होता है।

"इस देश में टेक्नॉलोजी कैसे पढ़ाई जाती है, उसे मैं पूरी तरह बदल देना चाहता हूं।"

उन्हें कई संभावनाएं दिखाई देती थीं।

"मुझे लगा कि मैं यहां नए सिरे से खुद को खोज सकता हूं... इस शहर में कुछ बड़ा कर सकता हूं।"

लेकिन सबसे पहले रूपेश के सामने कुछ व्यावहारिक परेशानियां थीं जिनसे जूझना था। अगले डेढ महीने तक रूपेश को विहार लेक के पास एक घटिया से होटल में चार सौ रुपए प्रति दिन के हिसाब से किराया देकर रुकना पड़ा। पैसे धीरे-धीरे कम होते जा रहे थे।

"एक दिन ऐसा आया कि मेरे पास खाना खाने के लिए भी पैसे नहीं थे, लेकिन मैंने कभी अपने पिता से पैसे नहीं मांगे।"

इन सबके बीच में एक अच्छी बात ये हुई कि रूपेश प्रोफेसर श्रीधर से फिर से संपर्क स्थापित कर सके और काम करने के लिए एक अच्छा आईडिया भी उनके दिमाग में आ गया।

प्रोफेसर एजुकेशन टेक्नॉलोजी को लेकर बहुत उत्साहित थे और उन्होंने एक मॉडल कंप्यूटर साइंस करिक्युलम तैयार किया था। उनका इरादा उसे इंटरनेट पर पब्लिश कर देने का था, जिसका सब इस्तेमाल कर सकें। लेकिन रूपेश ने उसमें बिजनेस की संभावना देखी और एक बड़ा मौका देखा जिससे स्कूलों के साथ काम किया जा सकता था।

"प्रोफेसर श्रीधर को आईडिया पसंद आया और उन्होंने अपने ऑफिस के मीटिंग रूम में मुझे काम करने की इजाजत दे दी। मेरे लिए यही बहुत बड़ी बात थी कि मैं आईआईटी में काम कर रहा हूं।"

एक महीने के भीतर ही रूपेश मुंबई के अलग-अलग स्कूलों से मिल रहे थे ताकि जमीनी हकीकत को समझा जा सके। हिस्ट्री, जियॉग्राफी या मैथ्स की तुलना में कंप्यूटर साइंस एक नया सब्जेक्ट है। इसलिए यहां पढ़ाने के तरीके और मैटिरियल दोनों अभी तैयार हो ही रहे हैं। लेकिन फिर भी इसमें कोई शक नहीं कि कहीं कुछ न कुछ कमी थी।

करिक्युलम के बारे में खास बात ये थी कि ये क्रिटिकल थिंकिंग को प्रोत्साहन देता था।

बहुत बड़ा और बोल्ड सोचते हुए रूपेश ने एक कंपनी सेटअप करने की सोची, जिसमें प्रोफेसर श्रीधर को-फाउंडर होते। प्रोफेसर बिल्कुल तैयार नहीं थे, बिजनेस की ये दुनिया उनके लिए बिल्कुल नई थी। लेकिन उस नौजवान के जुनून और इरादे से प्रोफेसर भी खासे प्रभावित हुए।

"चलो करते हैं", उन्होंने रूपेश से कहा।

कंपनी बनाने के लिए आपको एक चार्टर्ड अकाउन्टेंट की ज़रूरत होती है। रूपेश ने इसके लिए जस्ट डायल का सहारा लिया और एक लोकल सीए--आशुतोष श्रीवास्तव को आईआईटी गेट के ठीक बाहर ढूंढ़ निकाला। रूपेश आशुतोष से मिले और उन्हें अपने मिशन के बारे में समझाया।

"मैंने आशुतोष से ये भी कहा कि भाई हमारे पास अभी पैसे नहीं हैं। लेकिन जब होंगे तो हम ज़रूर आपको पैसे देंगे।"

सीए ने भरोसे के दम पर रूपेश के साथ काम करने का फैसला किया। बल्कि एक कदम आगे जाकर उन्होंने रूपेश से अपने ऑफिस का आधा स्पेस देने की पेशकश भी कर डाली। रूपेश और उनकी चार लोगों की टीम ने इस फैसले को खुशी-खुशी स्वीकार कर लिया। इस तरह इनओपेन टेक्नॉलोजिज 30 सितंबर 2009 को इनकॉरपोरेट हो गया, जिसके को-फाउंडर रूपेश और प्रोफेसर श्रीधर बनें।

"मैं आशुतोष का आभारी हूं कि उन्होंने हमारी इतनी मदद की। अकाउंट्स से लेकर कंपनी बनाने की छोटी-छोटी बातें तक हमें बताईं।"

रूपेश पर जहां कंपनी को चलाने की ज़िम्मेदारी थी, वहां प्रोफेसर श्रीधर नॉन-एक्जिक्यूटिव डायरेक्टर के तौर पर बोर्ड में शामिल हुए।

साथ के साथ रूपेश ने कंपनी को आईआईटी बॉम्बे की सोसाइटी फॉर इनोवेशन एंड आंट्रप्रेन्योरशिप (साइन) में इन्क्युबेशन के लिए भी डाल दिया।

"जब मैंने इक्युबेशन की कोशिश की तो उन्होंने मुझसे कहा कि मुझे बिजनेस प्लान देना होगा। उस वक्त तो मुझे मालूम भी नहीं था कि ये होता क्या है।"

बाद में अच्छी तरह सोचने और जानने के बाद रूपेश ने 78 पन्नों का एक बिजनेस प्लान दिया। बाहर से आए समीक्षक ने एक मेसेज के साथ उसे वापस भेज दिया, "मैं आपका प्लान तभी देखूंगा जब वो ग्यारह पन्नों का होगा और उसमें एक थैंक यू और इन्ट्रोडक्शन होगा।"

चार बार लौटाने और फिर से जमा करने के बाद रूपेश ने उसे छोटा किया और वापस जमा किया। उस प्लान को इंडस्ट्री के दिग्गजों, आनंद देशपांडे, डॉ श्रीधर शुक्ला (पर्सिस्टेंट सिस्टम्स) और शांतनु प्रकाश (एडुकॉम्प) ने रिव्यू किया।

"अपने प्लान पर ग्रीन सिग्नल के लिए मैंने कम से कम पंद्रह बार इंटरव्यू दिया होगा।"

इनओपेन टेक्नॉलोजिज ने 23 नवंबर 2009 को आईआईटी बॉम्बे का इन्क्युबेटर ज्वाइन किया।

एक बिजनेस मॉडल धीरे-धीरे आकार ले रहा था। इनओपेन से स्कूलों को दो मॉडल ऑफर किए--पहला कि कन्टेंट के साथ-साथ वो टीचर भी देंगे और दूसरा कि टीचरों को ट्रेन भी करेंगे। एक बड़ी चुनौती पायलट के लिए स्कूल चुनना थी।

"आईआईटी असोसिएशन ने हमें बहुत सारा भरोसा दिया, लेकिन ट्रस्टी सदस्यों और प्रिंसिपलों की चिंता जायज थी--अगर हमने प्रोजेक्ट शुरू कर दिया और आपने अपना बिजनेस ही बंद कर दिया तो?"

किसी भी बदलाव के लिए एक स्कूल को तैयार करने में लंबा वक्त लगता है।

इनओपेन की 'कंप्यूटर मस्ती' लागू करने वाला पहला स्कूल था मुलुंड का श्री श्री रविशंकर विद्यामंदिर। बाद में बोरिवली के स्कूल ने भी प्रोजेक्ट को अपना लिया। दोनों स्कूलों की प्रिंसिपल मिस नीना और स्टाफ-इंचार्ज मिस बागेश्री ने बहुत सहयोग दिया।

"कुछ छोटी-छोटी परेशानियां आईं, लेकिन हमने तुरंत ही उनको सुलझा लिया। हमने पहली से लेकर तीसरी क्लास में प्रोजेक्ट शुरू किया और हमें बहुत अच्छा रिस्पॉन्स मिला।"

और तो और स्कूल ने पहले क्वार्टर के लिए एडवांस भी दिए, जिसके लिए चार लाख की बिलिंग हुई। लेकिन मार्केटिंग के साथ-साथ अकैडमिक्स में एक्सपर्ट टीम को तैयार करने के लिए इतने पैसे काफी नहीं थे।

"सैलरी के अलावा किताबों की प्रिंटिंग एक बड़ी समस्या थी, जिसमें हमारे बजट का 25% हिस्सा चला जाता था।"

प्रोजेक्ट को एक एंजेल इन्वेस्टर की जरूरत थी, और ये एंजेल प्रोफेसर श्रीधर के रूप में एक बार फिर मिला। उन्होंने अपनी सेविंग्स से पैसे निकाले और कंपनी के नाम चार चेक दिए--पांच-पांच लाख के। इसके अलावा रूपेश ने अपने दोस्तों से तीन लाख रुपए उधार लिए।

"इन्क्युबेशन की वजह से हमें 5% के कम ब्याज दर पर पंद्रह लाख रुपए का सॉफ्ट लोन भी मिला।"

पैसा जरूरी है, लेकिन सेल के लिए वही सबसे जरूरी नहीं। आईआईटी बॉम्बे की फैकल्टी, खासतौर पर प्रोफेसर श्रीधर, प्रोफेसर फरीदा और प्रोफेसर मालती से जो इनपुट मिले, वो बेशकीमती थे।

"ये सभी लोग कंप्यूटर साइंस की दुनिया के गुरु हैं, जो खुले दिल से प्रोजेक्ट को सपोर्ट कर रहे थे। वरना एक स्टार्टअप के लिए इस तरह का टैलेंट लेकर आना नामुमकिन हो जाता।"

इनओपेन के करिक्युलम में कंप्यूटर साइंस से जुड़े हर पहलू को जोड़ा गया है, कंप्यूटर के बेसिक से लेकर प्रोग्रामिंग, पब्लिशिंग, इंटरनेट सेफ्टी और एथिक्स तक। लेकिन आम टेक्स्टबुक की स्टाइल से अलग, इनओपन करिक्युलम में एक नैरेटिव अप्रोच ली गई।

"इसमें तीन कैरेक्टर हैं--तेजस, ज्योति और मोइज--जो एक-दूसरे से बात करते हैं और कॉन्सेप्ट समझाते हैं। हम इसके डायलॉग फॉर्मेट को गाइडेड एन्क्वायरी फॉर्मेट कहते हैं।"

कंप्यूटर साइंस कदम-दर-कदम सोचने (स्टेपवाइज थिंकिंग) की आदत

"आईआईटी बॉम्बे से मिले इक्युबेशन सपोर्ट से मुझे लगने लगा कि मैं कुछ भी कर सकता हूं, और इस दुनिया को बदल सकता हूं!"

"हमें मालूम चला कि स्कूल हर स्टूडेंट के लिए तीन सौ से एक हज़ार रुपए तक देने को तैयार था।"

पैदा करने वाला टूल भी है।

हर एक्टिविटी को छोटी-छोटी एक्टिविटी में बांटा गया है। फिर बच्चों को भी दूसरी या तीसरी क्लास से लॉजिकली सोचने की आदत पड़ जाती है।

शिक्षकों को इस नए तरीके से पढ़ाने के लिए इनओपन ने एक नए किस्म का आईडिया भी सोचा। पहले ही साल में रूपेश ने स्कूल प्रिंसिपलों के लिए एक कॉन्फ्रेंस कराने का फैसला किया। इसका टॉपिक था कंप्यूटर साइंस रिसर्च और जगह थी आईआईटी बॉम्बे कैंपस।

मार्च 2010 तक इनओपन को दस लाख रुपए का रेवेन्यू मिल चुका था और सोलह लाख का नुकसान भी हो चुका था। कंपनी आठ स्कूलों में काम कर रही थी, उन्हें प्रिंटेड टेक्स्टबुक दे रही थी, ओपेन-सोर्स सोफ्टवेयर बंडल और टीचर ट्रेनिंग भी दे रही थी। और तो और करिक्युलम बच्चों के लेवल के हिसाब से डिजाइन किया गया था।

"हमारा विजन था कि कन्टेंट सिर्फ बड़े स्कूलों तक सिमटकर न रह जाए।"

इसलिए जहां 'कंप्यूटर मस्ती' सिलेबस का इस्तेमाल जुहू के जमनाबाई नारसी स्कूल में हो रहा था, धारावी और ठाणे के स्लम स्कूलों के लिए भी नए किस्म के प्रोग्राम तैयार किए जा रहे थे। इनओपन ने इस करिक्युलम को आठ क्षेत्रीय भाषाओं और दो विदेशी भाषाओं में अनुवाद करने का काम भी किया।

वो एक महंगा प्रोजेक्ट था, लेकिन ज्यादा से ज्यादा बच्चों तक पहुंचने के लिए जरूरी था।

इस बड़ी कवायद की वजह से स्टेट बैंक से सीजीटीएमएसई* लोन

* क्रेडिट गारंटी फंड ट्रस्ट फॉर माइक्रो एंड स्मॉल एन्टरप्राइजेज की एक स्कीम जिसमें बैंक दो करोड़ तक का लोन बिना किसी गिरवी के एक एसएमई यानी स्मॉल एंड मीडियम एन्टरप्राइज को दे सकते हैं।

संभव हो पाया। इसके तहत बैंक दो करोड़ तक का लोन बिना किसी गिरवी के एक एसएमई यानी स्मॉल एंड मीडियम एन्टरप्राइज को दे सकते हैं। बस और क्या चाहिए था।

"हमें ये हासिल करने में चार महीने लग गए, लेकिन अगस्त 2010 में हमें इस स्कीम के तहत पचास लाख रुपए मिल गए। इससे हमें अपने प्रोजेक्ट को और बड़ा करने में मदद मिली।"

मार्च 2011 में इनओपन की रेवेन्यू टीम में 23 लोग थे और रेवेन्यू 72 लाख तक पहुंच चुका था। लेकिन कंपनी अभी भी मुश्किलों में थी। रूपेश फिर भी लगे रहे।

"मुझे मालूम था कि जब आप बहुत तेजी से बढ़ते हैं तो आप तुरंत प्रॉफिट नहीं बनाते। आठ-दस लाख का नुकसान बिल्कुल ठीक है।"

2011 की गर्मियों में वेंचरईस्ट नाम के एक वीसी फर्म के आदित्य नटराजन *साइन* में आए, और इनओपन के ऑपरेशंस देखकर बहुत खुश हुए। उस वक्त कंपनी 42 स्कूलों के 40,000 बच्चों तक पहुंच रही थी, लेकिन अभी भी बहुत स्कोप था।

वेंचरईस्ट ने 500,000 डॉलर की सीड मनी लगाने का फैसला किया, ताकि ये नई कंपनी आगे बढ़ सके। पर्सिस्टेंट सिस्टम्स के डॉ. श्रीधर शुक्ला इस कंपनी को और आगे बढ़ाने के लिए इनओपन बोर्ड में शामिल हो गए।

पहले ही दिन से कंपनी बहुत पारदर्शी और स्ट्रेक्चर्ड तरीके से काम कर रही थी। इससे फंड्स मिलने में आसानी हुई।

अप्रैल 2012 में इनओपन ने तेरह लाख के प्रॉफिट के साथ 2.3 करोड़ का टर्नओवर पार कर लिया। सब ठीक चल रहा था, अगले दौर के फंड्स के लिए बातचीत भी शुरू हो गई थी। एक ग्लोबल एजुकेशन कंपनी के साथ चालीस करोड़ का निवेश और पार्टनरशिप, दोनों पर बात हो गई थी।

"मुझे लगता है कि पेरेंट्स का नजरिया भी वक्त के साथ बदल जाएगा। पेरेंट्स को शुरू में थोड़ा सा इग्नोर करो, बाद में समझ जाएंगे।"

"हमने सारी औपचारिकताएं पूरी कर ली थीं और पैसे के बैंक में आने का इंतजार कर रहे थे। लेकिन वो पैसा कभी आया ही नहीं।"

31 दिसंबर 2012 को इनओपन को एक बहुत बड़ा झटका लगा। जिस इन्वेस्टर को आठ मिलियन डॉलर लगाने थे, उसने अपना इंडिया ऑपरेशन्स ही बंद कर दिया। मुश्किल ये थी कि इनओपन तब तक पैसे खर्च कर चुका था, स्टाफ की संख्या बढ़ा दी गई थी, मैटिरियल प्रिंट कर लिए गए थे। अब कंपनी के पास कैश ही नहीं था।

"आप इसी से अंदाजा लगा लीजिए कि हमारे पास बैंक में दो हजार रुपए थे और 44 लोगों की तनख्वाह देनी थी।"

क्या कंपनी बच पाती, मुश्किल सवाल ये था।

"उस वक्त मेरे दिमाग में भविष्य की बात आई ही नहीं। मैंने सिर्फ आज के बारे में सोचा।"

जब घर में आग लगी होती है तो लोग बाहर निकलने की सोचते हैं। लेकिन इनओपन की टीम लड़ाई करने के लिए जुटी रही--टीम का हर इंसान। लोगों ने अपनी बचत से पैसे लगाए, यहां तक कि दोस्तों से भी पैसे उधार लिए। तीन महीने की तनख्वाह नहीं आई थी, लेकिन लोग जुड़े रहे और लगे रहे।

"मैं बहुत खुशकिस्मत हूं कि मेरे पास ऐसी टीम है। ऐसी टीम, जो मुझ पर और मेरे मिशन पर भरोसा करती है।"

भरोसा हो तो पहाड़ तक हिलाए जा सकते हैं। यहां इनओपन के बोर्ड सदस्यों को सिर्फ और पैसे लगाने के लिए राजी करना था ताकि इस संकट से उबरा जा सके। इसी तरह, कई कस्टमरों ने पूरे साल के एडवांस पैसे देने के लिए हामी भर दी। कुछ ने तो पैसे उधार तक दे दिए।

"वो चार-पांच महीने बहुत मुश्किल थे। मैं बहुत तनाव में रहता था।"

नवंबर 2013 में इनओपन के अच्छे दिन आ गए। कंपनी को एक जापानी एजुकेशन कंपनी--बेनेस हॉल्डिंग्स से स्ट्रैटेजिक इन्वेस्टमेंट मिला। वैल्युएशन दो साल पहले की कीमत से पांच गुना ज्यादा हुआ। ये आम वैल्युएशन से कहीं ज्यादा था।

“मैं ऐलेक्सिस ओहानियन, नारायण मूर्ति, ह्रतिक रौशन और रिचर्ड ब्रैनसन (मेरे हीरो) जैसे लोगों से प्रेरणा लेता हूं।”

“ज्यादातर स्टार्टअप रेवेन्यू मल्टीपल्स पर वैल्यूएशन कराते हैं लेकिन हमारे मामले में इंटेलेक्चुअल प्रॉपर्टी पर वैल्यूएशन हुआ।”

इंटरऐक्टिव मैटिरियल तैयार करने के लिए इनओपन ने ‘स्क्रैच’ नाम के एक विजुअल प्रोग्रामिंग लैंग्वेज का सहारा लिया, जिसे एमआईटी के मीडिया लैब ने तैयार किया था। प्रोफेसर मिशेल रेस्निक ने रूपेश को बॉस्टन आकर अपने काम के बारे में बताने को कहा। उस युवा उद्यमी के लिए ये एक बहुत एक्साइटिंग लम्हा था।

“हमारे प्रोडक्ट को बहुत सराहा जा रहा था और प्रोफेसर रेस्निक की टीम ने इसे दुनिया का सबसे अच्छा कंप्यूटर साइंस एजुकेशन सॉल्यूशन भी कहा।”

एमआईटी से मिली इस तारीफ ने रूपेश को और बोल्ड स्टेप लेने की हिम्मत दी। बेनिस के साथ पार्टनरशिप में सिलिकन वैली के सात स्कूलों में *कंप्यूटर मस्ती* सिलेबस का पायलट प्रोग्राम शुरू हुआ। मैटिरियल को किताब के फॉर्म में नहीं बल्कि आई-पैड के फॉर्म में रिडिजाइन किया गया।

इनओपन ने स्टेट एजुकेशन डिपार्टमेंट्स के साथ बातचीत भी शुरू की। कंप्यूटर मस्ती को पहली बार लागू करने वालों में असम था, जहां के सरकारी स्कूलों के तकरीबन चार लाख बच्चे अब कंप्यूटर साइंस पढ़ रहे हैं।

“हम बिहार, गोवा और महाराष्ट्र सरकार के साथ भी प्रोजेक्ट कर रहे हैं।”

मार्च 2014 में इनओपन 350 स्कूलों में काम कर रहा था और 3. 6 करोड़ का सेल्स हासिल कर चुका था। कंपनी ने जयपुर और हैदराबाद में अपने ऑपरेशंस शुरू कर दिए थे, और मुंबई में भी तेजी से आगे बढ़ रही थी।

“अकादमिक साइड में अब हमारे पास पीएचडी किए लोग हैं,

अंतर्राष्ट्रीय स्तर के डिजाइनर हैं, साइकॉलोजी में मास्टर्स किए लोग हैं। हमने अभी एक ऐसे शख्स को हायर किया है जिसने गूगल के साथ भी काम किया है!"

रूपेश इन्टर्नशिप की ताकत पर बहुत यकीन करते हैं। पिछले पांच सालों में इनओपन के पास तीस से ज्यादा लोगों ने इन्टर्नशिप की है।

"जब मैंने पहली बार आईआईटी के एक स्टूडेंट को हायर किया था तो मुझे बहुत खुशी हुई थी। मैं अपने इन्टर्नूस को बहुत पसंद करता हूं और अपनी कंपनी में इन्टर्नशिप को बढावा देता हूं।"

और इनओपन चाहे कितना ही आगे क्यों न बढ़ जाए, रूपेश उसकी जड़े नहीं भूल सकते। जैसे कि उस एक कमरे के फ्लैट को, जिसमें वे अपने बारह साथियों के साथ कई महीनों तक रहे और उनसे बहुत करीब आने का मौका मिला।

"कॉलेज के जिन आठ साथियों ने मेरे साथ काम शुरू किया था, उनमें से पांच अभी भी यही हैं और कंपनी में उनके शेयर भी हैं।"

पिछले एक साल में रूपेश ने कंपनी को खरीदने के दो ऑफर को ठुकरा दिया है। बल्कि कंपनी ने आईआईटी से इन्क्युबेशन की शर्तों के हिसाब से 1% की हिस्सेदारी वापस भी खरीद ली, जिससे इंस्टीट्यूट को भी फायदा हुआ। उस वक्त जितनी कंपनियां इनक्युबेशन में थीं, उनमें से सबसे तेजी से फायदेमंद रहने वाली कंपनियों में इनओपन ही पहली कंपनी थी।

कंपनी के भविष्य की योजनाओं में बीटूसी सेगमेंट में डिजिटल बुक्स के जरिए घुसना और यूनिवर्सिटी के साथ पार्टनरशिप शामिल है।

"हम कंप्यूटर साइंस का ग्लोबल चेहरा बनना चाहते हैं।"

इससे भी आगे जाते हुए इनओपन ने होमी भाभा सेंटर फॉर साइंस एजुकेशन के साइंस सिलेबस को खरीद लिया है। 'स्मॉल साइंस' नाम के इस सिलेबस पर कंपनी अपने तरीके से काम करेगी और साइंस पढ़ाने के तरीके में बदलाव की कोशिश करेगी।

कोशिश ये है कि स्टूडेंट्स में क्रिटिकल थिंकिंग को बढ़ावा दिया जाए,

चाहे वो कोई भी सब्जेक्ट क्यों न पढ़ रहे हों।

रूपेश ने अपने लिए पढ़ने और आगे बढ़ने का रास्ता अभी बंद नहीं किया। वे फिलहाल बिजनेस एनालिटिक्स में आईआईएम कोलकाता से एक्जिक्युटिव एमबीए कर रहे हैं। इस कोर्स से उन्हें नंबर और पैटर्न समझने में मदद मिली है।

"जब मैंने ये कोर्स ज्वाइन किया था तो मैं सिर्फ 24 साल का था, और बैच में सबसे छोटा था!"

जहां तक परिवार का सवाल है, वे अब खुश हैं। खासकर ये देखकर कि रूपेश का काम अब पहचाना जा रहा है और उसके बारे में अखबारों में छप रहा है।

पेरेंट्स हमेशा चाहेंगे कि आप एक नॉर्मल ज़िंदगी जिएं, वे नहीं चाहेंगे कि आपको संघर्ष करना पड़े।

ये आपका चुनाव है कि आप हार मानना चाहते हैं या लगे रहना चाहते हैं। और यही सबसे बड़े फैसले शादी के मामले में भी लागू होता है। मारवाड़ी परिवार से होने की वजह से रूपेश पर शादी का बहुत दबाव है।

लेकिन जब आपमें जुनून हो तो ज़िंदगी के हर क्षेत्र में वो जुनून होगा। किसी तरह बस सेटल कर जाना ऑप्शन है ही नहीं।

"फिलहाल मैं थक गया हूं... मैं एक ब्रेक चाहता हूं।"

लेकिन ये वक्त भी गुजर ही जाएगा। ज़िंदगी का उतार-चढ़ाव, ये उलझनें और ये रास्ते।

"कई बार मुझे लगा कि मैं हार मान जाऊं। लेकिन मैं किसी तरह टिका रहा और भरोसा कभी खत्म नहीं हुआ।"

अंधड़ के ठीक बीचोबीच शांति। अंधेरे में रौशनी की एक किरण। उम्मीद की सुबह। असफलताएं आपको कई सारी चीजें सीखाती हैं--सबसे ज़रूरी चीज है स्थिर बने रहना और चलते रहना।

युवा उद्यमियों को सलाह

उत्साह और जुनून ही सफलता के दो मूलमंत्र हैं। एक उत्साही इंसान, जिसकी सोच अच्छी और सकरात्मक हो, किसी न किसी तरह कुछ अच्छा कर ही गुजरता है और सही रास्ते पर चलता भी है।

जब मैंने कॉलेज जाना शुरू किया था तो मुझे मालूम भी नहीं था कि स्टार्टअप जैसा कोई शब्द भी होता है और अभी भी मुझे आंट्रप्रेन्योरिशप की स्पेलिंग सही नहीं आती।

हम सबकी ज़िंदगी में समस्याएं आती हैं, लेकिन समस्याओं का एक कॉमन पैटर्न होता है। गुजरी हुई ज़िंदगी की कोई बहुत बड़ी समस्या आज एक आम बात लग सकती है। ठीक उसी तरह आज की एक बड़ी समस्या कल एक आम बात हो सकती है। इसलिए लगे रहो।

मैं कई बार असफल हुआ, और मेरे सामने कई चुनौतियां भी आईं। मैं कोई सुपरमैन नहीं हूं, लेकिन मैं अपने लक्ष्य पर डटा रहता हूं। मेरी असफलताओं ने मुझे एक चीज सिखाई है कि हारने को इस प्वाइंट पर कुछ है नहीं, सिवाय हासिल करने के।

लगन बहुत बड़ी चीज होती है। मुझे अपनी असफलताओं से प्यार है और सच कहूं तो यही असफलताएं मेरी सफलता की नींव बनीं।

किसी छोटे से कॉलेज से एमबीए कर लेना, साधारण-सी कोई नौकरी कर लेना, और फिर बार-बार नौकरियां बदलते रहना आज के युवाओं में आम है। आप उससे कहीं अच्छा कर सकते हैं, लेकिन सबसे पहले आपको खुद पर भरोसा रखना होगा।

देखिए कि आप क्या पसंद करते हैं, और उस पर तब भी ध्यान बनाए रखिए जब आप एक छात्र हैं।

आपका लक्ष्य ये नहीं होना चाहिए कि मैं अपने लिए काम करना चाहता हूं। बल्कि पहले आपको काम करना चाहिए, और जब काम थोड़ा आगे बढ़े तो एक कंपनी शुरू करनी चाहिए।

चाहे कितनी भी गलतियां हों, करो। लोग कुछ भी बोले, बस करते रहो।

अगर आप किसी चीज को लेकर उत्साही हैं, जुनूनी हैं, तो फिर किसी न किसी तरह आप वहां पहुंच ही जाएंगे।

मनचला

ये घुमक्कड़ बनी हुई राहों को छोड़ अनजाने रास्ते पर चल दिए। क्योंकि कभी-कभी आपके लिए 'प्लेसमेंट' काफी नहीं होता।

जीत की भूख

अरुज गर्ग

(नेशनल लॉ स्कूल, बैंगलोर)

भुक्खड़

अरुज जब नेशनल लॉ स्कूल के थर्ड ईयर स्टूडेंट थे, तब उन्होंने कैंपस के कई भुक्खड़ों की भूख मिटाने के लिए एक टेकअवे फूड ज्वाइंट खोला। अब वे भूक्खड़ ब्रांड को नैचुरल फास्ट फूड के तौर पर हर जगह शुरू करने की योजना बना रहे हैं।

जो भी लॉ पढ़ना चाहता है, वो सिर्फ और सिर्फ नेशनल लॉ स्कूल में पढ़ने का ख्वाब देखता है। अरुज गर्ग भी ऐसे ही हज़ारों छात्रों में से एक थे। और ख़ुशकिस्मती से उन्हें दाखिला मिल भी गया।

नेशनल लॉ स्कूल का कैंपस बहुत ही शानदार है--अरुज को वहां बहुत ही मजा आता था। लेकिन जो चीज उन्हें पसंद नहीं थी, वो थी 'लॉ'। इसलिए उन्होंने आसपास देखना शुरू किया, और किताबों और आसपास के लोगों में प्रेरणा ढूंढ़नी शुरू की।

मैंने अपने एक सीनियर--अंकुर सिंगला--के बारे में सुना, जिन्होंने *अकोशाडॉटकॉम* नाम की एक कंपनी शुरू की थी। मैंने उन्हें ईमेल किया और लिखा कि मैं वहां इन्टर्नशिप करना चाहूंगा।

अरुज को आंट्रप्रेन्योरशिप का मतलब बहुत जल्दी समझ में आ गया। इसका मतलब होता है, किसी एक खास प्रॉब्लम को सॉल्व करना। कैंपस में सबसे बड़ा प्रॉब्लम था, खाना। इसका सॉल्यूशन था एक ऐसा स्टूडेंट-फ्रेंडली टेकअवे फूड ज्वाइंट जिसका नाम बिल्कुल सटीक था--भुक्खड़।

कॉलेज प्रशासन शुरू में हिचकता रहा। लॉ का एक स्टूडेंट बिजनेस में क्यों जाएगा? लेकिन सभी कानूनों से ऊपर एक कानून किस्मत और कुदरत का भी है।

हम सब में एक कुदरती हुनर मौजूद होता है।

हम सब दुनिया को कुछ न कुछ देने के लिए पैदा हुए हैं।

जिस तरह सांप अपनी केंचुली पत्थर से रगड़कर उतारता है, कॉलेज भी एक ऐसी जगह होती है जहां आप अपनी सारी हिचक और डर उतारते हैं। कुछ अलग हटकर करते हैं।

कॉलेज में रहते हुए कुछ अलग हटकर करें। अपनी ज़िंदगी का मकसद तो ढूंढ़े।

जीत की भूख

अरुज गर्ग
(नेशनल लॉ स्कूल, बैंगलोर)
भुक्खड़

अरुज चंडीगढ़ में पैदा हुए और पले-बढ़े।

"मैंने पंचकुला के हंसराज पब्लिक स्कूल में पढ़ाई की, जहां मैं बेडबॉय था और एकस्ट्राकरिक्युलर में बहुत ही एक्टिव था, खासकर डिबेटिंग और पब्लिक स्पीकिंग में।"

बल्कि अरुज शायद ही क्लास में रहते थे, लेकिन फिर भी पढ़ाई में अच्छे थे। चूंकि अरुज के पिता वकील थे, इसलिए अरुज का भी लॉ की ओर बचपन से झुकाव होने लगा। यहां तक कि उन्होंने नेशनल लॉ स्कूल में पढ़ाई करने का सपना भी देखा। कड़ी मेहनत और तैयारी के बाद अरुज ने क्लैट (कॉमन लॉ एडमिशन टेस्ट) दिया और सेलेक्शन हो गया।

"शुरू के दो साल बहुत ही मजा आया। सीखने को बहुत कुछ था, और देश के सबसे अच्छे लॉ स्कूल में होने की खुशी भी थी।"

लेकिन धीरे-धीरे अरुज को लगने लगा कि उन्हें लॉ में बहुत मजा नहीं आ रहा। वे अपनी पूरी ज़िंदगी ऐसे एक प्रोफेशन में नहीं बिताना चाहते थे जिसमें उनका मन ही नहीं लगता था। अरुज कॉलेज में *स्टे हंग्री स्टे फूलिश* और *कनेक्ट द डॉट्स* जैसी किताबें पढ़ने में अपना वक्त गुजार रहे थे।

"मुझे कैप्टन गोपीनाथ की जीवनी *सिम्पली फ्लाई* पढ़कर भी बहुत मजा

आया। इन किताबों को पढ़कर मेरे दिमाग में शुरू से ही आंट्रप्रेन्योरशिप का बीज पड़ गया।"

अरुज ने 2007 में अपने एक सीनियर के बारे में सुना कि उन्होंने अपनी कंपनी शुरू की है। उस सीनियर का नाम था अंकुर सिंगला और अंकुर ने 'अकोशा' नाम का एक ऑनलाइन फोरम शुरू किया था जो ग्राहकों की शिकायतों को सुलझाने में उनकी मदद करता था। अरुज ने उस कंपनी के साथ फरवरी 2011 में एक महीने की इन्टर्नशिप भी की।

"उस वक्त हमारे पास एक कंप्यूटर और एक डेस्क था। और काम करने वाला कोई और नहीं था।"

'अकोशा' के साथ काम करने का अनुभव अरुज की आंखें खोल देने के लिए काफी था। हर रोज छोटी-छोटी जीत का जश्न मनता था।

"मुझे याद है कि एक दिन हमें चार क्लायंट मिले और हम उसी में बहुत खुश थे।"

अंकुर के साथ घंटों बातचीत करने पर अरुज को अहसास हुआ कि आंट्रप्रेन्योर के लिए जिस एक चीज की जरूरत है वो है 'पेन प्वाइंट' यानी ऐसी कोई परेशानी जिसका हल ढूंढ़ा जाए। और हॉस्टल में रहने वालों के लिए सबसे बड़ी दिक्कत खाने के अलावा और क्या हो सकती है? चाहे कैंपस कहीं का भी हो, कोई भी मेस के खाने से खुश नहीं होता।

"इसलिए मैंने सोचा कि क्यों न कैंपस में एक छोटा सा फूड ज्वाइंट खोला जाए? मेरे कुछ दोस्तों ने भी कहा कि ये अच्छा आईडिया है और ये साथ मिलकर करते हैं।"

इरादा था कि सब अपनी ओर से 20,000 रुपए जमा करें, जो शुरुआती कैपिटल हो। लेकिन पहले ही दौर में दोस्तों ने अपने हाथ पीछे खींच लिए। पेरेंट्स की ओर से दबाव था कि इससे पढ़ाई पर असर पड़ सकता है।

"यहां तक कि मेरे पेरेंट्स ने भी मेरे सामने शर्त रख दी--तुम किसी भी सब्जेक्ट में फेल नहीं हो सकते। तुम्हारे सीजीपीए पर असर नहीं पड़ना चाहिए।"

अरुज ने यकीन दिलाया, “मैं आपको निराश नहीं करूंगा, मैं वादा करता हूं।”

अरुज को एक बात पक्के तौर पर मालूम थी कि वे अपने पेरेंट्स से पैसे नहीं लेंगे। इसलिए सबसे बड़ी चुनौती फंड्स इकट्ठा करना थी। अपनी इन्टर्नशिप और एक रिसर्च प्रोजेक्ट में मिले सारे स्टाइपेन्ड को जमा करके अरुज के हाथ में 25,000 रुपए थे।

“मुझे याद है कि एक फेसबुक कॉन्टेस्ट चल रहा था जिसमें मैंने अपने सारे दोस्तों को एक पेज लाइक करने को कहा था। तो आप समझ रहे हैं न कि पैसे कमाने के कई रास्ते हो सकते हैं!”

‘अकोशा’ के अंकुर सिंगला ने भी वेंचर में 10,000 रुपए लगाए, क्योंकि उन्हें कॉन्सेप्ट बहुत पसंद आया।

अब सवाल था कि प्रशासन से इजाजत कैसे ली जाए। और इसके लिए अरुज को बहुत मशक्कत करनी पड़ी। शुरू में साफ-सफाई और क्वालिटी को लेकर बहुत सारे सवाल थे। सबसे मूल सवाल था--एक लॉ स्टूडेंट को बिजनेस शुरू करने के लिए क्यों प्रोत्साहित किया जाए?

“वे हिचक रहे थे और मैं लगा हुआ था। आख़िरकार वे लोग भी तैयार हो गए।”

स्टूडेंट असोसिएशन के प्रेसिडेंट अजर राब ने बहुत मदद की, और साथ ही वाइस चांसलर प्रोफेसर वेंकट राव ने भी। कॉलेज ने अरुज को सौ स्कावयर फुट की खाली जगह बहुत कम किराए--हज़ार रुपए महीना के हिसाब से दे दी।

लेकिन सवाल ये था कि बेचा क्या जाए?

“अगर ये एक एमबीए कैंपस होता तो शायद चीजें थोड़ी अलग होतीं। एक लॉ कैंपस में लोगों के लिए ये सच स्वीकार करना थोड़ा मुश्किल है कि मैं लॉ से बिल्कुल अलग कोई चीज कर रहा हूं।”

"कॉलेज प्रशासन ने जरूर शुरू में ना कहा। लेकिन अगर आप लगे रहें, और बार-बार उनके पास जाते रहें तो वे हां कह ही देंगे।"

"पहले मैंने सोचा कि खाना बाहर से खरीदूं और फिर उसे बेचूं। लेकिन फिर लगा कि इससे काम नहीं बनेगा।"

अपने मेन्यू को तैयार करने के लिए अरुज ने अपने हॉस्टल रूम को एक किचन में तब्दील कर दिया। थोड़े से बर्तन और एक सस्ते से हॉटप्लेट के साथ कुकिंग और टेस्टिंग का काम शुरू हो गया। कुकिंग में उन्हें अपने बैचमेट श्वेतांक गिनोड़िया की मदद मिलती थी, जिन्हें ये समझ थी कि खाने में क्या अच्छा लगेगा।

"हम हॉस्टल में लोगों को मुफ्त का खाना देते थे और पूछते थे, कैसा लगा?"

दोस्त लोग रात में आते थे, बैठते थे, और फिर ये चर्चा चलती थी कि हॉटडॉग को कैसे बेहतर बनाया जा सकता है? किस तरह के सॉस का इस्तेमाल किया जाए। ट्रायल और एरर मेथड से चिकन सलामी सैंडविच जैसे कुछ आईटम हिट हुए तो कुछ मिस भी हुए।

अरुज को एक बात साफ-साफ पता थी--कम से कम कुकिंग करनी है।

"हम सबवे की तरह की एक असेम्बली यूनिट बनाना चाहते थे। सबवे मेरी सबसे बड़ी प्रेरणा थी।"

सबवे मॉडल में कस्टमर को जो चाहिए, वो एक साथ डालकर हेल्दी, टेस्टी और जल्दी सैंडविच बना दिया जाता है। आखरी सवाल ये भी था कि वेंचर का नाम क्या रखा जाए। एक जूनियर विक्रम शाह ने नाम सुझाया, 'भुक्खड़', और अरुज को तुरंत वो नाम पसंद आ गया।

भुक्खड़ टेकअवे 1 मई 2011 को पिज्जा, सैंडविच और बर्गर के मेन्यू के साथ खुला। कैंपस मे इसे लेकर बहुत उत्साह था और पहले ही दिन 5300 रुपए का सेल हुआ।

शुरू में लोगों को नई चीज का उत्साह था, लोग नई-नई चीजें ट्राई करना चाह रहे थे। एक महीने के बाद 2000-3000 रुपए प्रतिदिन के सेल के बीच औसत तय हो गया।

भुक्खड़ कैफे डेढ़ बजे क्लास खत्म होने के बाद खुलता था और रात के दस बजे बंद होता था। अरुज खुद वहां कैश काउंटर की देखभाल करते थे। लोग आते थे, और वहां बैठ रहते थे। कुछ लोग म्युजिक सुनने के लिए भी आते थे।

"कैफे एक किस्म का कम्युनिटी प्लेस बन गया, जहां सारे लोग थोड़ा चिल करने और अच्छा वक्त गुजारने आते थे। मैं हमेशा से ऐसा ही माहौल चाहता था।"

लेकिन आप बिजनेस वॉलेटियर्स के दम पर नहीं चला सकते। आपको स्टाफ की जरूरत होती है। आखिरकार अरुज ने कैंपस के नाइट वॉचमैन को अपने साथ काम करने के लिए मना लिया। बेहतर सैलेरी के अलावा रात की ड्यूटी से छुटकारे के लालच ने वॉचमैन को मनाने में बड़ी भूमिका निभाई।

इस बिजनेस को करने में कोई रॉकेट साइंस नहीं है--इसका एक स्टैंडर्ड तरीका है जहां ट्रेनिंग का मतलब अपने कर्मचारी के साथ तब तक खड़े होकर काम करने का तरीका समझाना है, जब तक उसे काम समझ में न आ जाए।

"मैं ये तरीका कागज पर लिख भी दिया करता था, और उसकी अपनी भाषा में दे दिया करता था।"

सबकुछ ठीक-ठाक चल रहा था लेकिन सामने ह्यूमन रिसोर्स यानी एचआर से जुड़ी समस्याएं आने लगीं। एक कर्मचारी ने अचानक नौकरी

"आईडिया ये नहीं था कि जब कोई कुछ ऑर्डर करे तो उसे पकाया जाए। पहले से तैयार चीजें रखनी थीं, उन्हें रेफ्रिजरेट करना था और सिर्फ उन्हें एक साथ लगाकर पेश कर देना था।"

"आप कितने घंटे पढ़ाई करते हैं, ये ज़रूरी नहीं है। आप कितने स्मार्टली ये काम करते हैं, ये ज़रूरी है। मैं इस तरह दोनों चीजें कर सका था।"

छोड़ने का फैसला कर लिया। दूसरा आया और काम शुरू करने से पहले ही छोड़कर चला गया। उस वक्त अरुज के पास छह महीने के लिए (जनवरी-जून 2013) भुक्खड़ बंद करने के अलावा कोई चारा नहीं बचा।

"मुझे लगा कि मैं एक कर्मचारी पर निर्भर नहीं रह सकता और इसलिए मैंने खुद ही इसे दोबारा शुरू कर दिया।"

सुबह आने वाले एक पार्ट-टाइमर की मदद से बेसिक तैयारी हो जाती थी। अरुज ने वापस बिजनेस शुरू कर दिया। जरूरत पड़ने पर वे सारा दिन काउंटर पर रहते और सिर्फ दो घंटे का ब्रेक लेते। दोस्तों ने एक बार फिर बहुत मदद शुरू कर दी--लोग आने लगे और मदद करने लगे।

धीरे-धीरे चीजें स्थिर होती चली गईं और अरुज अब आउटलेट पर सिर्फ एक घंटा बिताने लगे। उनका ज़्यादातर काम इन्वेन्टरी को देखना और छोटी-मोटी समस्याएं सुलझाना होता था। महीने का सेल्स 30,000-35,000 रुपए हो गया और प्रॉफिट 5,000-8,000 रुपए के बीच होता था। इससे बाहर खाने, फिल्में देखने और ट्रैवल का खर्च निकालने में सहूलियत मिलने लगी।

"मैं बहुत खुश था क्योंकि मुझे अब अपने पेरेंट्स से पॉकेट मनी के लिए नहीं पूछना पड़ता था।"

इस बीच अरुज ने अपनी बात रखी और उनके ग्रेड्स भी अच्छे बने रहे। अरुज की दोनों दुनिया बिल्कुल सही तरीके से चल रही थीं, और अब एक कठिन फैसले की घड़ी आ चुकी थी। सबने कहा कि थोड़ा सा अनुभव ले लो।

"अगर तुम किसी लॉ फर्म के साथ काम नहीं करना चाहते तो कम से कम किसी फूड एन्टप्राइज के साथ काम कर लो", सबने कहा।

कई दिनों तक उनके दिमाग में उथल-पुथल चलती रही कि आख़िर सही फैसला क्या होता।

"आख़िरकार मैंने तय किया अभी काम चल रहा था और गति पकड़ चुका था। इसलिए फिलहाल इसे करते जाने में ही समझदारी थी।"

कैंपस में एक छोटे से लम्हे के लिए अरुज का मन डांवाडोल जरूर हुआ। उन्हें एजेबी पार्टनर्स या अमरचंद मंगलदास जैसे बड़े कॉरपोरेट लॉ फर्म को ज्वाइन करने का कोई शौक नहीं था लेकिन उन्हें मैकेन्जी में ज़रूर दिलचस्पी थी। इसलिए अरुज ने वहां नौकरी के लिए अप्लाई कर दिया।

"मैकेन्जी में दो साल का एक प्रोग्राम होता है, जिसके बाद आप एमबीए कर सकते हैं। मैं इंटरव्यू के लिए गया लेकिन मेरा सेलेक्शन हुआ नहीं।"

उसके बाद भुक्खड़ में अरुज और जी-जान से लग गए। फरवरी 2013 में अरुज ने फासोज के साथ दो हफ्ते काम किया, जो उस वक्त बैंगलोर में लॉन्च होने ही वाला था। अरुज ने कंपनी के फाउंडर को बस ऐसे ही एक ईमेल भेज दिया, और ये पूछा कि क्या वे कुछ दिनों के लिए वहां काम कर सकते हैं, सैलरी के लिए नहीं, सिर्फ तजुर्बे के लिए।

फासोज के साथ काम करते हुए अरुज को बिज़नेस की छोटी-छोटी बातें समझ में आईं--ऑपरेशन्स, कॉस्टिंग, मार्केटिंग। दो हफ्ते के आख़िर में उस लॉ स्टूडेंट को इतना आत्मविश्वास आ गया कि उन्हें लगा कि वे इसी स्केल पर अपना वेंचर शुरू कर सकते हैं।

जुलाई 2013 में ग्रेजुएशन के बाद अरुज ने कंपनी को इनकॉरपोरेट कराने का काम शुरू कर दिया और प्रोफेशनल तरीके से काम करने लगे। लंदन में बसे एक कजन उनके एंजेल इन्वेस्टर और सलाहकार बन गए।

तब तक भुक्खड़ बिना किसी लाइसेंस के काम कर रहा था और टैक्स नहीं देता था। काम करने के इस स्टाईल को बदलना ज़रूरी था। बैंगलोर में खाने की किसी जगह को चलाने के लिए चार अलग-अलग लाइसेंसों की ज़रूरत पड़ती है और बैंगलोर में ये लाइसेंस हासिल करना आसान नहीं है। या तो आप खुद पसीना बहाते हैं या फिर आप किसी कन्सलटेंट की

मदद लेते हैं। हर लाइसेंस के लिए दस हज़ार रुपए देने पड़ते हैं, जिसमें रिश्वत भी शामिल है।

"मेरे पास उतने पैसे थे ही नहीं, इसलिए मैंने मुश्किल से काम निकलवाया। पांच महीने तो मुझे सिस्टम समझने में लगे, लेकिन आखिरकार मुझे मेरा लाइसेंस मिल ही गया।"

तो फिर इतनी मुसीबत उठाने की क्या जरूरत थी? क्योंकि अगर आप इन्वेस्टर खोज रहे हैं और बड़े लेवल पर काम करना चाहते हैं तो ऐसे नियमों का पालन जरूरी होता है। एक प्रोफेशनल सेटअप वो है जो सरकार से रजिस्टर्ड हो, और जो अपने टैक्स देते रहे जिससे टीम को बड़ा करने में भी मदद मिलेगी।

अक्टूबर 2013 में अरुज ने एक प्रोफेशनल शेफ हायर किया जो एक होटल मैनेजमेंट ग्रैजुएट थे, और जिन्हें पांच-सितारा होटल में काम करने का अनुभव था।

"मैं किसी ऐसे इंसान को रखना चाहता था जो पूरी तरह ऑपरेशन्स को संभाल ले, जो फूड सेफ्टी से जुड़ी चीजें समझता हो।"

फिर अरुज ने शेफ संदेश एम एस को पांच सितारा किचन छोड़कर एक स्टार्अप ज्वाइन करने के लिए राजी कैसे किया? किसी बड़े होटल में काम करना जहां बाहर से सब ग्लैमर से भरा लगता है, वहां तनख्वाह कम होती है और काम करने के घंटों का कोई हिसाब नहीं होता।

"मैं जानता था कि मुझे ज्यादा पैसे ऑफर करने होंगे, लेकिन इसके बजाय मैंने उनसे कहा, 'यह एक चुनौती है। यहां, आप पूरे ऑपरेशन के इंचार्ज होंगे।'"

आंट्रप्रेन्योर एक ख्वाब बेच रहा है और ये दिखा रहा है कि चीजें

"मुझे लाइसेंसों के बारे में भीतर और बाहर की चीजें समझने में पांच महीने लग गए। मुझे अब मालूम चल गया है कि सरकारी लोगों से काम कैसे निकलवाया जाता है।"

"हमने पूरा बैंगलोर ये देखने के लिए छान मारा कि हम कहां से सस्ता कच्चा माल ला सकते हैं ताकि हमारी कीमतें कम बनी रहें।"

अलग कैसे हो सकती हैं। मुमकिन है कि जमीनी हकीकत उससे बिल्कुल अलग हो।

पूरा का पूरा ऑपरेशन अरुज के बनशंकरी के एक बेडरूम के फ्लैट से चलता था जहां उनकी मारुति ऑल्टो उनकी डिलिवरी वैन थी।

"हमारे सामने लक्ष्य था तीन और भुक्खड़ आउटलेट खोलने का, और ये साबित करने का कि ये मॉडल काम करता है।"

एक समझदारी भरा कदम ये होता कि हम और कैंपसों में अपने आउटलेट खोलते। लेकिन इसमें कई व्यावहारिक समस्याएं थीं। ज़्यादातर कॉलेज साल में 4-5 महीने के लिए बंद होते थे--जिनमें छुट्टियां, प्रेप लीव, संडे और त्योहारों के दिन शामिल थे। इसलिए, एक कॉलेज मॉडल पर गुजारा करना मुश्किल था। लेकिन लोकेशन को हटा दिया जाए तो भुक्खड़ में कुछ भी यूनिक नहीं रह जाएगा।

"डॉमिनोज पिज़्ज़ा के लिए पहचाना जाता है और मैकडॉनल्ड्स बर्गर के लिए--हमारे पास थोड़ा थोड़ा दोनों है।"

इस टेकअवे-स्टाईल आउटलेट में भुक्खड़ माहौल तो दे नहीं सकता था। तो फिर क्या किया जाता? ये समस्या जब इस युवा के दिमाग को परेशान कर रही थी तो एक और समस्या उनके पेट में गुलाटियां खा रही थी। सवाल था कि आज की रात मैं क्या खाऊं?

जुलाई 2013 में अरुज को हाई कॉलेस्ट्रोल की बीमारी ने घेर लिया, जो आमतौर पर इतनी कम उम्र में नहीं होती। चिप्स, बिस्किट्स, आइस-क्रीम जैसी चीजों पर पाबंदी लग गयी।

"मैं अब बाहर जाकर या तो सबवे के सैंडविच खा सकता था या

फिर इडली।"

डिसिप्लिन और कॉमन सेंस के साथ अरुज ने कॉलेस्ट्रोल पर काबू पा लिया, लेकिन उन्हें एक ख्याल ने घेर लिया। फास्ट फूड हेल्दी क्यों नहीं हो सकता? और ऐसा क्यों नहीं हो सकता कि उसका स्वाद भी अच्छा हो? इस ख्याल से बहुत सारा रिसर्च शुरू हुआ और अरुज ने यूके और यूएसए के ऐसे कई एंटरप्राइजेज* के बारे में पता किया जो नैचुरल फास्ट फूड सर्व करते थे जो कि कम से कम प्रेजर्वेटिव और प्रोसेस्ड चीजों से बना हो।

"उनके मेन्यू में कई ऐसे ऑप्शन हैं जिनमें फैट है, लेकिन सब गुड फैट है। मुझे ऐसा ही खाना पसंद है।"

इस तरह भुक्खड़ 2.0 का जन्म हुआ--ज्यादा समझदार, स्वस्थ और उम्र में तजुर्बेकार भी। एक ऐसी क्विक सर्विस की शुरुआत हुई जो किफायती थी, नैचुरल थी, फास्ट फूड ब्रांड थी और किसी भी तरह के लोकेशन और ग्राहक के लिए थी। खासतौर पर उन प्रोफेशनलों के लिए जो शायद ही घर में खाना बनाते हैं। अरुज ने ये कॉन्सेप्ट अपने एंजेल इन्वेस्टर से डिस्कस किया और उन्हें हामी मिल गई।

"हम बिज़नेस पार्कों और ऐसी जगहों पर अब लोकेशन खोज रहे हैं, जहां ऑफिस की भीड़ आती है।"

इस आईडिया की सफलता मेन्यू पर निर्भर करती है। इसके लिए शेफ संदेश और एलएलबी अरुज कई किस्म के नए फूड कानून बना रहे हैं--जिससे किचन में हर तरह की रेसिपी को जगह मिले। भुक्खड़ की आचार संहिता के मुताबिक रेसिपी में प्रोसेस्ड मीट, व्हाईट ब्रेड और पैकेज्ड ड्रेसिंग बिल्कुल नहीं होगी। मकसद ये है कि कंपनी के किचन में जितना हो सके, ताजा चीजों के साथ कुकिंग की जा सके।

"अंडे की ड्रेसिंग में हम सिर्फ अंडे का सफेद हिस्सा डालते हैं। और हमने ये भी पाया कि हुम्मुस मेयोनीज का एक अच्छा रिप्लेसमेंट है।"

इसके अलावा भुक्खड़ किचन में सिर्फ और सिर्फ जैतून का तेल

* जैसे कि क्रॉस्टिनी और पानीनारो जैसे चेन जो नैचुरल फास्ट फूड के फलसफे पर यकीन करते हैं

इस्तेमाल होता है। वो सब तो ठीक है लेकिन कीमतों का क्या? ऐसे में स्टूडेंट मार्केट में काम करने का तजुर्बा बड़ा काम आता है।

"कॉलेज मार्केट में हमने सैलेड को सैंडविच की कीमत पर बेचा, जो खूब पसंद किया गया। और हां, हमने पैसे भी बचाए। हमने आखरी पैसे तक का कैलकुलेशन किया हुआ है।"

तरीका ये है कि बिना कीमत बढ़ाए हेल्दी से हेल्दी चीजें ऑफर की जा सकें। बहुत सारी दौड़-धूप के बाद अरुज को एक ऐसा वेंडर मिला जो गेहूं से बना ब्रेड सही और कम कीमत पर बेच रहा था।

वेंडर ने कहा, "तुम लोग स्टार्टअप हो। मैं तुम्हें ब्रेड सस्ते में दूंगा।"

इन सारी कोशिशों के बावजूद नेशनल लॉ स्कूल कैंपस के भुक्खड़ आउटलेट की तुलना में कीमतें 15-20% ऊपर गई हैं। लेकिन हैरानी इस बात की है कि सेल्स में फिर भी 30% बढ़ोतरी हुई है। एशियन ग्रीन सलाद (बीन्स, गोभी और सलाद पत्ते जिन पर शहद और नींबू की ड्रेसिंग हो और उन पर भुनी हुई मूंगफली डाली हुई हो) जैसी चीजें मेन्यू में शामिल हुई हैं।

"हमारे ऐसे कई कस्टमर हैं जो इसकी एडवांस बुकिंग कराते हैं। एक और पॉप्युलर आईटम है मेक्सिकन बीन सैंडविच, जो इन-हाउस साल्सा और राजमा से बनता है।"

ऐसे आईटम किचन में लगातार प्रयोग करते रहने का नतीजा हैं, जहां सब चीजों पर नैचुरल का फिल्टर लगा है। इससे कई और किस्म की चीजें तैयार करने की प्रेरणा मिलती है। मिसाल के तौर पर क्रीमी-चीजी सॉस, जो पास्ता बनाने के लिए आमतौर पर इस्तेमाल होता है। ऐसी चीजों का विकल्प कहां से आए?

"सब लोग अपनी-अपनी जिम्मेदारी निभा रहे हैं और मैं ट्रबलशूटर हूं, जो किसी मुसीबत को हल करने चला आता है।"

"डिफॉल्ट ऑप्शन गेहूं का ब्रेड है। अगर हम कभी भी नॉर्मल मैदे का ब्रेड इस्तेमाल करें, तो उसकी अलग से कीमत लगती है।"

"हम उबली हुई गोभी और दूध की मदद से सफेद सॉस तैयार करने की कोशिश करते रहे हैं।"

ये आईडिया एनएलएस की एक सीनियर प्रियदर्शिनी केडलया से आया, जो डायबिटिक खाने पर 'शूगरफ्री स्वीटहार्ट' नाम का एक ब्लॉग लिखती हैं।

इस बीच एक और बड़ी चुनौती इन्वेंटरी की देखभाल करना है। भुक्खड़ ने एक सॉफ्टवेयर में पैसे लगाए हैं जिसे दिल्ली के एक स्टार्टअप ने तैयार किया है। इसका नाम है 'पोसिस्ट', और इसे क्लाउड पर रखा जाता है। अरुज इस सॉफ्टवेयर की मदद से अपने ऑफिस में बैठे-बैठे या कहीं से भी अपने स्मार्टफोन पर ये देख सकते हैं कि हर आउटलेट में कितना कच्चा माल बचा हुआ है।

फिलहाल शेफ के अलावा दो फुलटाइम कर्मचारी काम कर रहे हैं, लेकिन विस्तार का समय आ चुका है। अरुज ने सही टैलेंट की पहचान के लिए एक अच्छा तरीका भी ढूंढ़ निकाला है। जब भी वे किसी फूड आउटलेट में जाते हैं और वहां किसी काम करने वाले के एटीट्यूड से प्रभावित होते हैं तो अपना विजिटिंग कार्ड छोड़ जाते हैं।

"मैं एक दिन *क्रिस्पी क्रीम* गया था, वहां एक ऐसे लड़के को देखा जिसका काम वैसे तो सिर्फ ऑर्डर लेना है, लेकिन जो बहुत अच्छी मार्केटिंग करता है। मुझे मालूम है कि अगले तीन महीने में मैं उसे काम पर रख लूंगा।"

आपको क्या चाहिए और आप उसे कैसे हासिल करेंगे, ये बात मालूम हो तो आप वैसे भी अच्छे आंट्रप्रेन्योर बन सकते हैं। जहां अरुज के कई शुभचिंतकों ने उन्हें भुक्खड़ का ब्रांड नेम बदलकर कुछ और 'सोफिस्टिकेटेड'

नाम रखने को कहा, लेकिन अरुज ने वही किया जिस पर उन्हें भरोसा था।

"मुझे भुक्खड़ नाम बहुत पसंद है, और ये नाम मेरे लिए लकी भी रहा है। हां, ये जरूरी है कि हमें अपनी ब्रांडिंग पर काम करने की जरूरत है।"

जब शुरू के तीन आउटलेट चलने लगेंगे तो अरुज का इरादा बाहर जाकर एक ऐसे इन्वेस्टर को ढूंढ़ने का है जो काम को और बड़ा करने में उनकी मदद करे।

"लक्ष्य ये है कि एक कमर्शियल किचन सेटअप किया जाए और हम पूरे बैंगलोर में भुक्खड़ के आउटलेट खोलें। हमारा वजूद अभी छोटा है लेकिन हमारे ख्वाब बड़े हैं।"

लॉ की दुनिया से दूर ये एक साधारण ख्वाब नहीं है। लेकिन अरुज के लिए उनके दो सीनियर--समीर सिंह और मैथ्यू चैंडी उनके प्रेरणास्रोत हैं जिन्होंने लंदन में मूलीज के नाम से एक रेस्तरां खोला और अपने रैप्स (फिलिंग्स के साथ रोटियां) के लिए मशहूर हुए। बाद में उन्होंने रेस्तरां एक इन्वेस्टर को बेच दिया।

अरुज अभी सिर्फ चौबीस साल के हैं, लेकिन फिलहाल उनके पास वक्त भी है और ऊर्जा भी। और वे पूरी तरह से अपने आईडिया पर फोकस बनाए हुए हैं।

"मेरे पेरेंट्स ने मुझे दो साल का वक्त दिया ये साबित करने के लिए कि मैं ये काम कर सकता हूं और मैं जिद पर अड़ा हूं कि मुझे खुद को साबित करना है।"

बात सिर्फ अपने भरोसे की होती है। कुछ तो लोग कहेंगे, लोगों का काम है कहना। सवाल ये है कि आप अपने अंदर की आवाज सुन रहे हैं या नहीं?

क्या आप बहुत आसानी से संतुष्ट हो जाते हैं? या फिर आपके भीतर भी एक भुक्खड़ बैठा है?

युवा उद्यमियों को सलाह

छलांग लगाने की हिम्मत रखिए और लगे रहिए--किसी न किसी तरह रास्ता निकलेगा। आपके पास शुरू में हो सकता है, बहुत पैसे न हों। लेकिन सब्र रखिए।

अगर आप कुछ बोल्ड और बड़ा करने का फैसला ले लेते हैं तो ये दुनिया भी आपकी मदद करने में जुट जाती है। मुझे जब भी पैसों की ज़रूरत पड़ी मुझे कोई न कोई प्रोजेक्ट मिल गया, जिससे पैसे आ जाते थे। एनएलएस के सीनियरों ने कानूनी पक्ष देखने में मेरी मदद की है। गोवा की एक डिजाइन फर्म मुफ्त में हमारी ब्रांडिंग का काम कर रही है। बल्कि कई लोगों ने तो अपने आप ही मदद की पेशकश की, और इस तरह चीजें एक के बाद एक होती चली गईं।

आप लगे रहिए। काम करते रहिए। अगर आपको उस वक्त उसका मतलब समझ में न आए, तो भी लगे रहिए। आपको तस्वीर के और कई पहलू धीरे-धीरे दिखाई देने लगेंगे।

आपको दोस्तों से बहुत मदद मिलेगी। अगर आप काम ठीक से करते हैं तो प्रशासन भी आपकी मदद करेगा। हो सकता है शुरू में उन्हें दिक्कत हो, लेकिन अगर वे ना कह दें तो आप हार मत मानिए। उन्हें भी आपका जुनून दिखाई देगा और आख़िरकार वे हां बोल ही देंगे।

पढ़ाई को मत भूलिए--आपके लिए डिग्री हासिल करना भी ज़रूरी है। यकीन मानिए, संतुलन बनाना बहुत मुश्किल नहीं है।

अगर आप फिर भी पूरी तरह यकीनमंद नहीं हैं तो छुट्टियों में स्टार्टअप के साथ काम कीजिए। आंट्रप्रेन्योरशिप को समझने का ये सबसे सही रास्ता है।

घर के जैसा एक घर

अनुराग अरोड़ा, (आईसीएफएआई बिजनेस स्कूल, पुणे)
गणपति फेसिलिटिज

अनुराग पुणे में पढ़ने के लिए आए तो उन्हें एक दिक्कत का सामना करना पड़ा--घर का। तभी अनुराग ने हॉस्टल बिजनेस में अवसर देखा, और सेकेंड ईयर एमबीए स्टूडेंट होते हुए ही अपने जूनियर बैच के लिए हॉस्टल बिजनेस शुरू कर दिया। अपने दूसरे साल में ही गणपति फैसिलिटिज ने 25 लाख रुपए का मुनाफा कमाया, जो प्लेसमेंट में मिलने वाली नौकरी की तनख्वाह से पांच गुना ज्यादा था।

जब अनुराग को एमबीए के लिए आईसीएफएआई में दाखिला मिला तो उनकी खुशी का ठिकाना न रहा। लेकिन दिक्कत एक ही थी। कॉलेज में हॉस्टल नहीं था।

तो बाहर से आए हजारों स्टूडेंट्स की तरह अनुराग ने एक प्राइवेट हॉस्टल में जगह बुक कर दी। अनुराग ने एडवांस के तौर पर 48,000 रुपए दिए, जो साल भर के लिए था। लेकिन पुणे पहुंचते ही उन्हें एक बड़ा झटका लगा।

"हॉस्टल की हालत बहुत खराब थी, बहुत बुरी तरह से मैनेज्ड था। मैंने तीन दिन में ही हॉस्टल छोड़ दिया, लेकिन पूरे पैसे डूब गए।"

मन में गुस्सा तो था, लेकिन क्या करते? उस साल अनुराग अपने दो दोस्तों के साथ किराए के एक फ्लैट में रहे।

अप्रैल 2013 में अनुराग दिल्ली में अपनी इन्टर्नशिप कर रहे थे कि तभी उन्होंने कॉलेज के फेसबुक पेज पर आने वाले नए बैच से कई सारे सवाल देखे। उनकी सबसे बड़ी चिंता थी, हम कहां रहेंगे? हालात को और जटिल बनाने के लिए आईबीएस कैंपस पुणे शहर के बाहर के इलाके में शिफ्ट कर गया था, जहां कोई भी हॉस्टल नहीं था।

अनुराग के दिमाग में एक आईडिया चमका--"मैं अपना हॉस्टल क्यों नहीं बना सकता?"

अनुराग ने जल्दी से अपनी इन्टर्नशिप खत्म की और नए सेशन के शुरू होने के पंद्रह दिन पहले पुणे लौट आए। उन्होंने पुणे में कुछ अच्छे फ्लैट्स देखे, उन्हें फर्निश किया और 75 स्टूडेंट्स को साइन अप कर लिया। उस साल किसी तरह वे अपने सेकेंड ईयर एमबीए के साथ हॉस्टल बिजनेस चलाते रहे। जब तक प्लेसमेंट का वक्त आया, वे तय कर चुके थे कि उन्हें नौकरी नहीं चाहिए थी।

इस साल बिजनेस दोगुना हो गया और आगे बढ़ने की बहुत ज्यादा क्षमता भी दिखाई दे रही है।

"मेरा फलसफा एकदम सिंपल है--अपने कस्टमरों को खुश रखो। मैं भी एक स्टूडेंट था और मुझे मालूम है कि स्टूडेंट्स को क्या चाहिए।"

लेकिन क्या स्टूडेंट्स को पता है कि उन्हें क्या चाहिए? क्या उनमें वो कर गुजरने की हिम्मत है?

ये जानते हुए भी कि आज पेरेंट्स नाराज होंगे, लेकिन एक दिन कहेंगे, बेटा, मुझे तुम पर फख्र है।

घर के जैसा एक घर

अनुराग अरोड़ा
(आईसीएफएआई बिजनेस स्कूल, पुणे)
गणपति फेसिलिटिज

अनुराग अरोड़ा पटना में पैदा हुए।

"हम एक मिडिल क्लास फैमिली से हैं। मेरे पिता सरकारी नौकरी में थे और वे हमेशा चाहते थे कि मैं आईआईटी या आईआईएम चला जाऊं या फिर आईएएस ऑफिसर बनूं।"

अनुराग सही रास्ते पर चल भी रहे थे और दसवीं के बोर्ड में उन्हें 94.8% नंबर मिले। बिहार का माहौल उस वक्त काफी खराब था, इसलिए वे आगे की पढ़ाई के लिए दिल्ली आ गए। और वहीं से चीजें बिगड़नी शुरू हो गईं।

"ये वही वक्त होता है जब लोग प्यार में पड़ जाते हैं और मेरे साथ भी यही हुआ... बारहवीं के एक्जाम के समय हम दोनों का ब्रेकअप हो गया और उससे मुझ पर बहुत खराब असर पड़ा।"

बोर्ड एक्जाम पर किसी तरह वे ध्यान दे पाए और ठीक-ठाक नंबर भी लेकर आए। लेकिन अनुराग को इस बात का अफसोस रहा कि वे आईआईटी के एन्ट्रेंस पर बिल्कुल ध्यान नहीं दे पाए। अनुराग ने एक साल ड्रॉप करने का फैसला किया ताकि अगली बार अच्छी तरह तैयारी कर एन्ट्रेंस दिया जा सके।

"मैंने अपनी तैयारी शुरू कर दी, और साथ ही पॉकेट मनी कमाने

के लिए एक बीपीओ में काम भी शुरू कर दिया।"

टेलीपरफॉर्मेंस एक ऐसा बीपीओ था जहां सेल्स से जुड़े इन्सेंटिव बहुत ज्यादा थे। अठारह साल की उम्र में ही अनुराग 70,000 से 1,00,000 रुपए कमा रहे थे।

"वहीं मैं रास्ते से भटक गया। मैंने सोचा कि जब इतने पैसे कमा ही रहा हूं तो रेग्युलर कोर्स की क्या जरूरत है?"

अनुराग ने दिल्ली यूनिवर्सिटी में बीकॉम (पास) में एडमिशन ले लिया, वो भी कॉरेस्पॉन्डंस में। इस बीच वे खूब मेहनत भी कर रहे थे और खूब ऐश भी कर रहे थे।

"मैंने तीस लाख से ज़्यादा रुपए कमाए और सारे पैसे कपड़ों, फिल्में देखने और बाहर खाने पर उड़ा दिए।"

अनुराग को गाड़ी खरीदने का भी चस्का लग गया और कस्टमाइज्ड नंबर प्लेट '2222' वाली एक ह्युन्दाई सोनाटा भी खरीद ली। जिंदगी अच्छी तरह चल रही थी, लेकिन यहां से आगे जाने का रास्ता क्या था?

"दो साल बाद मुझे महसूस हुआ कि टेलीसेल्स में कोई भविष्य नहीं है, जहां आप रात के 1.30 बजे से सुबह के 9.30 बजे तक काम कर रहे थे।"

इस वक्त अनुराग के पिता उनसे बात तक नहीं कर रहे थे। निराशा के अलावा उनके पास बात करने के लिए कुछ था भी नहीं। वे किसी जमाने में एक टीचर रहे थे, और उनके छात्रों ने जिंदगी में बहुत कुछ हासिल किया था।

"इसलिए जब कोई उनसे मिलने जाता और ये पूछता था कि 'आपका बेटा क्या कर रहा है' तो उन्हें शर्म आती थी।"

इसी दौरान अनुराग ने वापस पढ़ाई करने का फैसला किया और एमबीए एन्ट्रेंस की तैयारी के लिए करियर लॉन्चर में दाखिला ले लिया। आखिरकार आईसीएफएआई बिजनेस स्कूल (आईबीएस) में उन्हें दाखिला मिल गया।

जहां सारे लोग अच्छे कॉलेज में एडमिशन के लिए परेशान होते हैं, वहीं कॉलेज में अपने वक्त का सही तरीके से कुछ ही इस्तेमाल कर पाते हैं। अनुराग

ने आईबीएस बिल्कुल अलग सोच के साथ ज्वाइन किया था। पहले दिन से ही उन्होंने तय कर लिया था कि उन्हें खुद को साबित करना है।

"मैं टॉपर बनना चाहता था और अपने डैड को दिखाना चाहता था कि मैं भी कुछ कर सकता हूं।"

जब पहले सेमेस्टर के रिजल्ट आए तो अनुराग ने वाकई क्लास में टॉप किया था। उनके पिता का दिल पिघला और वे बहुत खुश हुए। अनुराग ने पढ़ाई में अच्छा करना जारी रखा और अप्रैल 2013 में उनका चयन इन्टर्नशिप के लिए जैबॉन्ग की एक सिस्टर कंपनी कप-ओ-नेशन में हो गया। क्योंकि ये प्रोजेक्ट सोशल मीडिया मार्केटिंग का था, वे बहुत सारा वक्त इंटरनेट, खासकर फेसबुक पर बिताया करते थे।

"तभी मैंने देखा कि आईबीएस पुणे के एफबी पेज पर रहने की जगह से जुड़ी हुई बहुत सारी पूछताछ चल रही है।"

अनुराग को अपने दिन याद आ गए जब वे पहली बार पुणे पहुंचे थे। आईसीएफएआई बिजनेस स्कूल का अपना हॉस्टल नहीं था, इसलिए कॉलेज ने एक प्राइवेट हॉस्टल के साथ अपना टाय-अप कर रखा था। दरअसल ये छह रेजिडेंशियल फ्लैट थे, जिनमें सिर्फ मूल सुविधाएं थीं, और हर फ्लैट में छह स्टूडेंट्स रहते थे ।

"फ्लैटों की हालत बहुत खराब थी। सच कहूं तो मेरा तो मन खराब हो गया।"

बाथरूम में गीजर नहीं थे। आपको बाल्टी में गर्म पानी मांगना पड़ता था। एक इंडियन-स्टाईल टॉयलेट था जिसे एक फ्लैट के सारे लड़के शेयर करते थे। और तो और, पैसे बनाने के चक्कर में फ्लैट के मालिक ने किचन के ग्रेनाइट स्लैब हटाकर उसे एक बेडरूम में तब्दील कर दिया था।

"मैंने तीन दिनों में ही वो फ्लैट छोड़ दिया लेकिन फीस नॉन-रिफंडेबल

"मेरे पिता टूटे हुए थे... मानसिक रूप से बिल्कुल टूटे हुए। उन्होंने सोचा, मेरा बेटा आईआईटी या आईआईएम जाएगा, जैसा कि हर पेरेंट्स को लगता है। लेकिन मैं उनकी इच्छा पूरी नहीं कर सका।"

"मैं एक खराब क्वालिटी का फ्लैट लेकर बहुत सारे पैसे कमा सकता हूं। लेकिन मुझे लगता है कि अगर कस्टमर खुश नहीं है तो आगे बात नहीं बनेगी।"

थी इसलिए मेरे पूरे अठतालीस हज़ार डूब गए।"

नए बैच के लिए और मुश्किल बढ़ गई थी। कॉलेज औंध से हड़पसर शिफ्ट हो गया था। वहां कोई प्राइवेट हॉस्टल नहीं था। हां, आप ब्रोकर की सहायता लेकर फ्लैट किराए पर ले सकते थे और अपने दोस्तों के साथ रह सकते थे। लेकिन इसमें कई सारी दिक्कतें थीं।

"मैंने पहले साल यही किया था, इसलिए मुझे मालूम था कि ये इतना भी आसान नहीं है।"

अचानक अनुराग के दिमाग में एक बोल्ड आईडिया आया।

"मैंने सोचा, अगर कोई हॉस्टल प्रोवाइड करने वाला नहीं है तो मैं अपना ही हॉस्टल क्यों नहीं खोल देता?"

सिर्फ जिज्ञासा के तौर पर अनुराग ने कॉलेज में फोन किया और प्राइवेट हॉस्टल शुरू करने की जिम्मेदारी लेने की इच्छा प्रकट की। क्लास टॉपर होने की वजह से अनुराग को मैनेजमेंट जानता था। और तो और, अनुराग ने कॉलेज कैंपस में कुछ इवेन्ट्स भी कराए थे, इसलिए लोगों को एक किस्म का भरोसा था।

और वैसे भी कॉलेज के पास बहुत सारे विकल्प तो थे नहीं।

"जब मुझे प्रशासन से 'हां' मिल गई तो मैंने जल्दी से अपना समर प्रोजेक्ट खत्म किया और पुणे वापस लौट आया।"

मई की बात है। नए बैच को ज्वाइन करने में पंद्रह दिन बाकी थे।

सबसे पहला काम फ्लैट्स खोजना था। अपने दोस्तों की मदद से अनुराग ने ब्रोकरों से संपर्क किया और कुछ घर देखे गए।

"मैं कॉलेज के आसपास के सभी रिहायशी इलाकों में गया और खाली फ्लैटों के मालिकों से बात की।"

इससे प्रोजेक्ट के लिए मैथ्स करने में मदद मिली, जिससे ये समझ

में आया कि इस काम से मुनाफा भी बनाया जा सकता है। अनुराग एक बात अच्छी तरह जानते थे, वे किसी भी कीमत पर क्वालिटी के साथ समझौता नहीं करेंगे।

"मैं खुद एक स्टूडेंट हूं, मुझे एक अच्छे फ्लैट में रहने का शौक था तो मैंने सोचा, दूसरों को भी यही शौक होगा।"

इस तरह अनुराग ने अच्छी इमारतों में अपार्टमेंट ले लिए। पास बनी एक नई टाउनशिप अमनोरा में बहुत सारी जगह उपलब्ध थी। किराया थोड़ा ज्यादा था, और डिपॉजिट भी।

समस्या थी कि अनुराग के पास निवेश के लिए पैसे *नहीं* थे। कॉलेज ने उनका नाम और नंबर नए छात्रों को दे दिया था, तो अब उनके पास इंक्वायरी भी आने लगी थी। लेकिन दिखाने के लिए कोई 'हॉस्टल' तो था नहीं।

तो अनुराग ने स्टूडेंट्स को अपना फ्लैट दिखाया।

"वह बढ़िया, साफ और वैल-फर्निश्ड था। मैंने उन्हें बताया कि हॉस्टल ऐसा ही होगा।"

एक स्टूडेंट राजी हो गया और सालाना फीस के 54,000 रुपये जमा कर दिए। अनुराग ने इस पैसे का इस्तेमाल कॉलेज के पास पांच बढ़िया फ्लैट की टोकन मनी देने के लिए किया। उन्होंने उस फ्लैट को फर्निश करवाया और दूसरे स्टूडेंट्स को दिखाकर और फीस ली। उस पैसे का इस्तेमाल भी और फ्लैट्स के डिपोजिट देने और फर्नीचर खरीदने में किया गया।

बिजनेस के आने के साथ ही यह बिजनेस बढ़ाने का भी समय था। अनुराग ने कंपनी के लिए एक बैंक अकाउंट खोला।

"भगवान गणेश को हर घर का स्वामी माना गया है, इसलिए मैंने इसका नाम गणपति फेसिलिटिज चुना।"

हालांकि कुछ स्टूडेंट्स ने एडवांस में ही कमरे बुक करवा दिए थे, लेकिन अधिकांश ने अपने पेरेंट्स के साथ पुणे आने पर ही निर्णय लिया।

"मैंने यह बिजनेस बिना किसी निवेश से शुरू किया, यह जानकर लोग हैरान और चकित रह जाते हैं।"

"मेरी मां होममेकर हैं, लेकिन मेरे लिए वह कैरियर मेकर साबित हुईं। वह मेरी सबसे बड़ी सपोर्ट रही हैं।"

नए बैच 1 जून से स्टार्ट होने थे और अनुराग उससे पहली रात शायद ही सो पाए हों।

"मुझे अभी भी याद है कि मैं कैसे कोलकाता से आने वाले लोगों को लेने के लिए सुबह चार बजे स्टेशन जा पहुंचा था।"

पूरा दिन भागदौड़ में गुजरा--स्टूडेंट्स को लाना, पेरेंट्स को लाना, उन्हें हॉस्टल ले जाना। कैश लेना, संभालना, रजिस्ट्रेशन पूरा करना। किस्मत से, अनुराग की मां वहां हाथ बंटाने आ पहुंची थीं।

'उन्होंने पेरेंट्स और गार्जियन को समझाकर उनकी परेशानी काफी हद तक दूर की। उन्होंने उन्हें समझा दिया कि हॉस्टल ठीक ही होगा।'

और क्या, अनुराग ने स्टूडेंट्स से 12 नियमों वाली अंडरटेकिंग भी साइन करा ली, जैसे--नो स्मोकिंग, नो ड्रिंकिंग, लड़कियों के कमरों में लड़कों पर प्रतिबंध वगैरह वगैरह। हालांकि यह प्राइवेट हॉस्टल था, लेकिन इसके भी अपने नियम-कायदे थे। जिस किसी ने भी रूल तोड़ा उसे जाने को कह दिया जाएगा, और फीस भी वापस नहीं होगी।

150 स्टूडेंट के बैच में से, 75 ने गणपति फेसिलिटिज के साथ साइनअप किया।। इस तरह 'डबल लाइफ' की शुरुआत हुई--दिन में स्टूडेंट और शाम से देर रात तक आंट्रप्रेन्योर। यह आसान काम तो नहीं था। फिर भी, अनुराग ने उसमें से बेस्ट निकाला।

"मैंने थर्ड सेमेस्टर में सर्विस मार्केटिंग को अपने सब्जेक्ट के रूप में चुना। मैंने कई महत्वपूर्ण चीजें सीखीं, जिससे मुझे अपने बिजनेस को अगले लेवल पर ले जाने में मदद मिली!"

जब प्लेसमेंट प्रोसेस शुरू हुआ, अनुराग निर्णय ले चुके थे। यह बिजनेस किसी भी दूसरी जॉब से ज्यादा आकर्षक था। तो यहां दुविधा को कोई सवाल ही नहीं था।

"मुझे हद से हद सालाना 5-6 लाख रुपये की नौकरी मिलती, और इस

बिजनेस में पहले साल में ही मेरा प्रोफिट दस लाख रुपये से ज्यादा था।"

आईसीएफएआई बिजनेस स्कूल ने ड्यूअल डिग्री--पीजीपीएम और एमबीए--ऑफर की। फरवरी 2014 में, अनुराग ने बेहतरीन ग्रेड्स के साथ पीजीपीएम एक्जाम पास किया। अब उनके पास एमबीए एक्जाम की तैयारी के लिए तीन महीने बचे थे, और नए बैच के स्टूडेंट्स का वैलकम करने के लिए भी।

इस बार, उन्होंने अलग तरह से चीजें करने का निर्णय लिया।

"पिछली बार, मैंने फ्लैट्स लेने के लिए ब्रोकर को 3 लाख रुपये दिए थे। इस बार मैंने कुमार बिल्डर को कॉन्टेक्ट किया और उन्होंने मुझे मालिकों से सीधे मिलवा दिया।"

अनुराग ऐसे चार मालिकों से समझौता कर पाए जिनके पास फ्लैट थे और जिन्होंने निवेश के इरादे से वे फ्लैट खरीदे थे। पांच हज़ार का टोकन अमाउंट देकर अनुराग एक ही कॉम्पलेक्स में 33 फ्लैट किराए पर ले पाए। इससे स्टूडेंट्स को बहुत मदद मिलने वाली थी।

"शुरू में आधे स्टूडेंट्स अमनोरा में थे और आधे कुमार बिल्डर कॉम्पलेक्स में। मेरे लिए फ्लैटों की देखरेख, या किसी परेशानी को देखना मुश्किल हो जाता था।"

और तो और, अनुराग को स्टूडेंट्स के लिए सबसे अच्छा इंतजाम चाहिए था। अमनोरा कॉम्पलेक्स ज्यादा नया और मॉडर्न है, लेकिन कॉलेज से थोड़ी दूरी पर है। कुमार कॉम्लेक्स इंस्टीट्यूट के पास है और वहां एटीएम, डिपार्टमेंट स्टोर और एक-दो अच्छे ढाबे भी हैं।

"मैंने अपने पहले साल के अनुभव के आधार पर किराए में भी बदलाव किए।"

शुरू में अनुराग दो पैकेज ऑफर करते थे--एक था सिर्फ किराया,

"मेरा दिन सुबह सात बजे शुरू होता था और घर जाने का कोई फिक्स्ड टाइम नहीं था। मुझे अभी भी याद है कि मैं दो-दो महीने न शेव कर पाता था न बाल कटवा पाता था।"

"मेरा मकसद बाहर से आए छात्रों की मदद करना है ताकि उन्हें हर तरह की सुविधा और सपोर्ट मिले। मैं दिन-रात उनकी मदद के लिए उपलब्ध रहता हूं।"

और दूसरा था पांच सौ रुपए के अतिरिक्त खर्च के साथ वाई-फाई, बिजली वगैरह। इससे स्टूडेंट्स न सिर्फ लापरवाह हो गए और बहुत सारा बिल आने लगा, बल्कि वे अनुराग से इस बात की उम्मीद करने लगे कि इंटरनेट से जुड़े हर प्रॉब्लम को अनुराग ही सॉल्व करें।

"मुझे आधी रात को फोन आते थे कि नेट नहीं चल रहा, आकर ठीक कर दो।"

इसलिए पैकेज को बंद कर दिया गया।

इसके अलावा अनुराग ने हॉस्टल के ले-आउट को भी थोड़ा सा बदला, ताकि उसे स्टूडेंट-फ्रेंडली बनाया जा सके। पहले साल में टू बीएचके फ्लैट में छह लोग रहते थे--दो-दो हर बेडरूम में, और दो हॉल में। हर रूम में दो बेड, दो अलमारियां और दो स्टडी टेबल थे। दिक्कत ये थी कि हमेशा रात को एक जन पढ़ना चाहे तो दूसरा सोना चाहे।

"इसलिए खूब झगड़े होते थे और मुझे कई बार दखल देना पड़ता था। इसलिए मैंने सोचा, हर बेडरूम में तीन बेड रखते हैं और हॉल को कॉमन स्टडी एरिया बनाते हैं।"

एक छोटा सा आईडिया, लेकिन इससे रहन-सहन की क्वालिटी पर बहुत फर्क पड़ा।

अप्रैल 2014 में आईसीएफएआई बिजनेस स्कूल ने अपने अगले बैच को एडमिशन लेटर भेजा। इसके साथ हॉस्टल ऑप्शन भी थे। तब तक गणपति फैसिलिटिज इकलौता वेंडर नहीं था--दूसरे लोग भी बाजार में आ गए थे। लेकिन अनुराग का खुद पर भरोसा बना रहा।

"मेरा मूल मकसद बाहर से आने वाले स्टूडेंट्स की मदद करना है ताकि उन्हें घर से दूर एक घर मिल सके और वो भी सारी सुविधाओं के साथ।"

ये बताने के लिए अनुराग ने एक प्रोस्पेक्टस तैयार किया जिसमें स्टूडेंट्स के फोटोग्राफ और टेस्टीमोनियल थे, जिनमें लड़के और लड़कियां दोनों शामिल थे। जहां प्रोस्पेक्टस देखकर 50-60 स्टूडेंट्स ने साइन-अप किया और फीस ऑनलाइन भर दी या डिमांड ड्राफ्ट से भेज दिया, कई ऐसे थे जो आकर देखना चाहते थे।

मई का महीना 33 फ्लैटों की फर्निशिंग में गुजरा--जो एक बड़ा काम था, जहां 150 बिस्तर, गद्दे, अलमारियां और टेबल लगने थे।

"मैं शिफ्टिंग देर रात को किया करता था ताकि पड़ोसियों को कोई परेशानी न हो।"

हर फ्लैट के साथ पर्दे, गीजर, डस्टबिन, डोरमैट, फ्रिज और वॉशिंग मशीन जैसी सुविधाएं थीं। ये एक प्राइवेट हॉस्टल के लिए बहुत बड़ी बात है, इसलिए बहुत सारे लोगों ने यहां रहने में दिलचस्पी दिखाई।

"फिलहाल मैं खाना प्रोवाइड नहीं करता, लेकिन मैंने कई डिब्बे वालों से बात कर ली है जो किफायती डिब्बे देते हैं। धोबी और कामवालियों के साथ भी ऐसा ही है।"

कमिशन पॉकेट में रखने की बजाए अनुराग उसके बदले अपने स्टूडेंट्स को डिस्काउंट देते हैं। आखिरकार सवाल अपने कस्टमर का भरोसा जीतने का है, और यहां अनुराग का अनुभव काम आ रहा है।

"मुझे अपनी सीटें बेचनी हैं और दूसरे वेंडर को अपनी सीटें बेचनी हैं। इसलिए पेरेंट्स से मैं कैसे बात करता हूं, उससे बहुत फर्क पड़ता है।"

जब अनुराग पटना के पेरेंट्स से मिलते हैं तो उनसे पटना वाले स्टाईल में बात करते हैं। जब वे दिल्ली के पेरेंट्स से मिलते हैं तो दिल्ली वाले बन जाते हैं। लेकिन सबसे जरूरी बात, वे किसी भी बात को न बढ़ा-चढ़ाकर कहते हैं और न ही झूठे दावे करते हैं।

"मैंने टेलीसेल्स में रहते हुए यही सीखा कि आप कैसे शब्दों का इस्तेमाल कर रहे हैं, उसको लेकर बहुत सावधान रहना पड़ता है। हमेशा ये अच्छा है कि आप कम वादे करें, लेकिन काम ज्यादा करके दें।"

ऐसा वे स्टूडेंट्स के दोस्त, मेन्टर और गाइड बनकर करते हैं। शाम

"मुझे उस अंकल का शुक्रिया अदा करना चाहिए जिसने मुझे 48,000 रुपए लौटाए नहीं। उस बात का मुझे गुस्सा था और देखिए मैं कहां से कहां पहुंच गया।"

पांच बजे अनुराग भैया हॉस्टल के अहाते में होते हैं और उन सारे स्टूडेंट्स की मदद करते हैं जिन्हें मदद की जरूरत है। या फिर करियर को लेकर जिन्हें सलाह चाहिए।

"मेरे पिता हमेशा कहते थे कि विद्या बांटने से बढ़ती है। इसलिए मुझे अपनी विद्या बांटकर खुशी मिलती है।"

इसकी वजह से कई सारे स्टूडेंट्स को हाल के कॉलेज एक्जाम में 'ए' ग्रेड मिला है।

अनुराग मनोरंजन पर भी उतना ही ध्यान देते हैं। वे स्टूडेंट्स को पुणे के आसपास के पिकनिक स्पॉट्स पर चार दिनों के ट्रिप के लिए लेकर गए हैं, वो भी अपने खर्चे पर। लेकिन इतना सब करने की क्या जरूरत है? इससे स्टूडेंट और पड़ोसी दोनों खुश रहते हैं।

"मुझे बिल्डिंग की सोसाइटी वालों को भी खुश रखना है। इसलिए मैं हॉस्टल कैंपस में पार्टियां करने से बचता हूं। लेकिन साथ ही साथ स्टूडेंट्स को थोड़ी मस्ती भी तो करनी होती है।"

वीकेंड के अलावा बर्थडे सेलीब्रेशन से पड़ोसियों को तकलीफ हो सकती है। इसलिए अनुराग बर्थडे लिस्ट बनाकर रखते हैं और आधी रात को केक कटते समय जरूर वहां होते हैं।

"मुझे किसी न किसी तरह संतुलन बनाए रखना है", वे मुस्कुराते हुए कहते हैं।

240 स्टूडेंट्स के बैच में 150 ने गणपति फैसिलिटिज की सुविधाएं ली हैं। 50 दूसरे प्रतियोगी के साथ हैं और बाकियों ने किराए पर फ्लैट ले रखे हैं। साल की फीस 50-54,000 रुपए है, और तीस हॉस्टल यूनिट हैं। इस तरह अनुराग की कंपनी ने दूसरे साल में पचहत्तर लाख रुपए का रेवेन्यू कमाया और मुनाफा भी बनाया।

इसका हिसाब एकदम सिंपल है। छह सीट वाले हॉस्टल में हर फ्लैट पर 25,000 रुपए (4150X6) मिल जाते हैं। फ्लैट का किराया 15,000 रुपए के आसपास है। बाकी के पैसों में से फर्नीचर और मेन्टेनेंस का खर्च निकाल दिया जाए तो कुल मुनाफा पच्चीस लाख रुपए का है।

जब आप इतने कम समय में इतने पैसे कमा लेते हैं तो लालच होता है कि सारे पैसे दबा लो। इनकम मत दिखाओ, टैक्स मत दो। जो पैसे कमाए हैं उस पर ऐश करो। लेकिन अनुराग अलग सोचते हैं।

“मैं अपनी कंपनी को बढ़ाना चाहता हूं, और इसके लिए इन्वेस्टमेंट चाहता हूं। या फिर होम लोन लेने के लिए भी मुझे सही अकाउंट्स की जरूरत तो पड़ेगी ही।”

इसलिए जब स्टूडेंट्स हॉस्टल छोड़कर जा रहे होते हैं तो अनुराग 8000 रुपए का डिपॉजिट जरूर वापस कर देते हैं। कई सारे वेंडर वो पैसे ये सोचकर दबा जाते हैं कि कोई उनका क्या बिगाड़ लेगा।

“मुझे मालूम है कि अगर मेरे स्टूडेंट्स खुश हैं तो वे जूनियर बैच को भी इस हॉस्टल के बारे में बताएंगे। ये मेरे ब्रांड अम्बैसेडर हैं।”

अनुराग पुणे के बाकी कॉलेजों से भी संपर्क करने की सोच रहे हैं ताकि वहां के स्टूडेंट्स को भी प्राइवेट हॉस्टल की सुविधा दी जा सके। वे कॉरपोरेट सेगमेंट में भी आना चाहते हैं। गेस्टहाउस या कामकाजी महिलाओं के लिए घरों के रूम में वे ये सुविधा शुरू करना चाहते हैं।

कॉन्सेप्ट अलग होगा वहां--हर कमरे में सिर्फ दो लड़कियां और लिविंग रूम में एक काउच और एलसीडी टीवी।

रहने की जगह के अलावा ये युवा आंट्रप्रेन्योर अब खाने की सुविधा भी देना चाहता है। इसलिए अनुराग अपनी मां की मदद ले रहे हैं, जिन्हें कॉरपोरेट केटरिंग में अनुभव रहा है।

पर्सनल लाइफ में भी सब कुछ ठीक है। अक्टूबर 2014 को अनुराग ने अपनी बैचमेट आस्था पुरोहित के साथ सगाई कर ली।

“आस्था सिटीबैंक में काम कर रही हैं और मेरा बिजनेस ज्वाइन करने का कोई इरादा नहीं रखती।”

पुणे से बाहर दूसरे शहरों में जाने के लिए अनुराग को एक टीम की जरूरत पड़ेगी। सिस्टम्स की जरूरत पड़ेगी। इसके अलावा सौ छोटी और बड़ी चीजें चाहिए होंगी।

एक हजार शुबहे, कई सारे फैसले। कई सारे काम। लेकिन सोने से ठीक पहले के उस लम्हे में आप जानते हैं कि जिंदगी ठीक वैसी ही है जैसा आप बनाते हैं।

युवा उद्यमियों को सलाह

मैंने आंट्रप्रेन्योरशिप के रास्ते पर चलने का कोई सोचा-समझा फैसला नहीं लिया था। लेकिन जब अवसर ने मेरे दरवाजे को खटखटाया तो मैंने उसे जोर से पकड़ लिया। मेरी कहानी से ये पता चलता है कि मैं बिजनेस के दिमाग के साथ पैदा नहीं हुआ था। मैंने 23 साल की उम्र में आंट्रप्रेन्योरशिप के लिए अपने दिमाग को तैयार किया।

मेरे साथ कोई वेंचर कैपिटलिस्ट नहीं था जो मुझे फंड देता। मैंने एक ऐसी इंडस्ट्री में काम शुरू किया जहां कस्टमर एडवांस देने को तैयार है।

अगर आपके पास क्रिएटिव तरीके हैं तो आपके आईडिया को फंड करने का रास्ता भी निकल जाएगा।

बात ये है कि आंट्रप्रेन्यरशिप मेरे लिए कई विकल्पों में से एक विकल्प नहीं है। मेरे पास अब यही एक विकल्प है। मुझे जो बात सबसे ज्यादा पसंद आती है वो है आजादी। मैंने कैंपस प्लेसमेंट में नहीं बैठने का फैसला इसलिए लिया क्योंकि मैं पूरी जिंदगी किसी और के लिए काम नहीं करना चाहता था।

अपने दिल से कुछ नया करने का सोचिए और लोगों की मदद करने का इरादा रखिए। सफलता अपने आप मिलेगी।

चोर को पकड़ो

अपूर्वा जोशी

(सीए फाइनल स्टूडेंट)

फ्रॉडएक्सप्रेस

अपनी आर्टिकलशिप के दिनों में अपूर्वा ने फॉरेन्सिक अकाउंटिंग का एक बिल्कुल नया क्षेत्र पकड़ा। कई मामलों पर काम करने के बाद अपूर्वा ने अब फ्रॉड-रिस्क असेस्मेंट पर एक कोर्स शुरू किया है जिसे यूनिवर्सिटी से पहचान मिल चुकी है।

अगर आप तेज स्टूडेंट हैं, लेकिन इंजीनियरिंग या मेडिकल की ओर झुकाव नहीं रखते तो सीए स्वाभाविक विकल्प माना जाता है। एक सुरक्षित, इज्जतदार करियर सीए के रूप में बनाया जा सकता है।

आप कड़ी मेहनत करते हैं, एक्जाम पास करते हैं, रैंक की ख्वाहिश रखते हैं। इस बीच आपको अपने किसी अंकल के फर्म में आर्टिकलशिप करने का मौका मिलता है।

लेकिन अपूर्वा जोशी के पास ऐसे कोई अंकल नहीं थे जो उनकी मदद करते। एक छोटे से शहर की लड़की पुणे आई और किसी सीए फर्म में ब्रेक की तलाश करने लगी। उसे एक छोटे से स्टार्टअप *इंडियाफॉरेन्सिक* के साथ ब्रेक मिला।

ये फर्म फॉरेन्सिक अकाउंटिंग के बिजनेस में था, एक ऐसा नया डोमेन जिसके बारे में अपूर्वा ने पहले कभी नहीं सुना था।

इस युवा ट्रेनी को फ्रॉड-असेस्मेंट का काम मिला, और उसे काम के लिए कंपनी की बैलेंस शीट्स में फ्रॉड की संभावना देखने की जिम्मेदारी दी गई।

“जहां पूरी दुनिया टैक्स रिटर्न भरने में मसरूफ थी और टैली में एंट्री कर रही थी, वहीं मैं बिल्कुल नया कुछ कर रही थी।”

कुछ लोगों ने सोचा कि ये काम बहुत रिस्की है और उन्होंने अपूर्वा को टैक्सेशन और ऑडिट जैसी चीजों से जुड़े रहने की सलाह दी। क्यों ऐसे झमेले में पड़ने का?

लेकिन अपूर्वा को काम में बहुत मजा आ रहा था। वे अपने दिन-रात ज्यादा से ज्यादा सीखने में गुजारने लगीं। अपूर्वा ने एसीएफई, यूएसए की ओर से सर्टिफाइड फ्रॉड एक्जामिनर का एक कोर्स भी किया और तभी भीतर के आंट्रप्रेन्यर ने आवाज लगाई ऐसा कोई कोर्स भारत में क्यों नहीं है?

“मुझे लगता है सवाल पूछने की बजाए जवाब देने की ओर ध्यान देना चाहिए।”

24 साल की उम्र में अपूर्वा ने फ्रॉड रिस्क असेस्मेंट में अपनी वेबसाइट के जरिए डिप्लोमा देना शुरू किया। ये डिप्लोमा सोलापुर यूनिवर्सिटी से संबद्ध है।

इस युवा, महत्वाकांक्षी लड़की के रास्ते में ये सिर्फ एक मील का पत्थर है। एक ऐसी लड़की जो खुद पर यकीन करती है, और जो दुनिया में सफाई करने में यकीन करती है--एक वक्त में एक फ्रॉड के बारे में पता करते हुए।

चोर को पकड़ो

अपूर्वा जोशी
(सीए फाइनल स्टूडेंट)
फ्रॉडएक्सप्रेस

अपूर्वा जोशी महाराष्ट्र के सोलापुर नाम के एक छोटे से शहर में पैदा हुईं।

"मेरे पूरे परिवार का बैकग्राउंड मेडिकल है। मेरे पापा एमडी मेडिसिन हैं, मां एमडी गायनोकॉलोजी हैं और मेरी बहन एमडीएस है। लेकिन मेरी मां ने मुझसे कहा, तुम कुछ अलग करो।"

इसलिए दसवीं में 89% मार्क्स के बावजूद अपूर्वा ने मेडिकल न पढ़ने का फैसला किया। चार्टर्ड अकाउंटेंट बनने के इरादे से अपूर्वा ने कॉमर्स की पढ़ाई शुरू कर दी।

ज्ञानप्रबोधिनी विद्यालय, सोलापुर से बारहवीं की पढाई करने के बाद अपूर्वा आर्टिकलशिप की तलाश में पुणे पहुंची। किसी सीए फर्म को जानती नहीं थी, इसलिए *मनीकंट्रोल* वेबसाइट पर जाकर फर्मों के नाम ढूंढ़ने लगी, जहां अक्सर चार्टर्ड अकाउंटेंट शेयर-मार्केट के ट्रेंड बांटा करते थे।

"मुझे लगा कि वहां सीए फर्म में कहीं न कहीं वेकेन्सी मिल जाएगी, इसलिए मैं यहां किस्मत आजमा सकती हूं।"

एक ऐसे ही सीए थे मयूर जोशी, फॉरेन्सिक अकाउंटेंट। अपूर्वा को फॉरेन्सिक देखकर दिलचस्पी जगी। उसने तुरंत पता गूगल किया और सीधे इंडियाफॉरेन्सिक के ऑफिस पहुंच गई। किसी सीए फर्म में अपूर्वा का ये पहला इंटरव्यू था।

मयूर ने कहा, "आर्टिकलशिप में नॉर्मली बच्चे इनकम-टैक्स रिटर्न भरना सीखते हैं, ऑडिटिंग सीखते हैं--क्या तुम कुछ नया सीखना चाहोगी?"

मयूर ने समझाया कि फॉरेन्सिक अकाउंटिंग क्या है और ये आईडिया अपूर्वा को बहुत ही मजेदार लगा।

और तो और, इंडियाफॉरेन्सिक एक स्टार्टअप था, इसलिए आर्टिकल ट्रेनी होने के बावजूद अपूर्वा को सीधे काम पर लगा दिया गया। काम था एक बड़े रिटेल चेन का फ्रॉड-रिस्क असेसमेंट। अपूर्वा घबरा गई। फ्रॉड शब्द से ही लगा कि कुछ खतरनाक और क्रिमिनल टाइप का काम होगा। उन्हें लगा कि वो अभी इस काम को हैंडल करने के लिए तैयार ही नहीं हैं।

"मेरे सारे दोस्तों ने कहा, एक लड़की के लिए ये एक खतरनाक फील्ड है। मैं उत्साहित थी लेकिन कन्फ्यूज्ड भी थी। आखिरकार मैंने अपनी मम्मी को फोन किया।"

अपूर्वा की मां ने कहा, "कोई काम अच्छा या बुरा नहीं होता। वो हर काम जो आप करते हैं, आपको कुछ न कुछ नया सिखाता है।"

मम्मी ने अपूर्वा से कहा कि 'सर' को जाकर सॉरी कहे और असाईनमेंट को हां कह दे। और इस तरह अठारह साल की लड़की का सफर फॉरेन्सिक अकाउंटिंग की दुनिया में शुरू हो गया।

मार्च 2008 में अपूर्वा टीम के साथ बैंगलोर गईं। आठ दिनों तक टीम ने रिटेलर के अकाउंट्स देखे और उनके सर्वर पर एनालिटिक टूल्स चलाए। सब कुछ सही लग रहा था। सिर्फ एक ही चीज देखना बाकी रह गया था, इन्वेंटरी की जांच। लेकिन जब टीम ने स्टोर मैनेजर से संपर्क किया तो वो बहाने बनाने लगा।

उस आदमी ने कहा, "टीवी एक-दूसरे पर चढ़ाकर रखे हुए हैं। आप डिब्बों को खोलेंगे कैसे?"

क्या ये काम इतना मुश्किल था, या वो कुछ छुपा रहा था। अपूर्वा ने तय किया कि प्यार से बात करके काम निकलवाने का वक्त आ गया है।

"मैं चढ़ गई सीढ़ी पर और ऊपर के माले पर बैठ गई।"

उसने पहला बॉक्स खोला। खाली था। दूसरा बॉक्स खोला। खाली था। तीसरा बॉक्स खोला। वो भी खाली था।

टीवी एक भी नहीं था। सिर्फ कार्डबोर्ड था।

फॉरेन्सिक अकाउंटिंग का एक सिद्धांत है। डेटा को बार-बार वेरिफाई करें। डेटा आखरी सच नहीं है।

ऊपर से उतरते हुए अपूर्वा से गलती से डिटर्जेंट पाउंडर का एक डिब्बा टूट गया। वो परेशान हो गई। अब क्या करे? क्या उसके लिए पैसे देने को राजी हो जाए?

"हमने तय किया कि हम चुप रहेंगे और देखेंगे कि स्टोर क्या कार्रवाई करता है।"

उस बॉक्स को ऑक्शन रूम में ले जाया गया और उसे एक कर्मचारी को 50% डिस्काउंट पर बेच दिया गया।

"हमें तब समझ में आया कि ये फ्रॉड का एक और तरीका हो सकता है।"

इस पहले असाइनमेंट ने अपूर्वा की आंखें खोल दीं। फ्रॉड सिर्फ नेता लोग ही नहीं करते। आम लोग, मेरे और आपके जैसे लोग भी जिसके लिए काम करते हैं, उसके साथ फ्रॉड कर सकते हैं। एक सेल्समैन पेट्रोल के लिए झूठे बिल दे सकता है। एक पर्चेस मैनेजर अपने प्रतिद्वंद्वी को जानकारी लीक कर सकता है। एक सीएफओ अपने निजी अकाउंट में पैसे चुराकर रख सकता है।

"मुझे समझ में आया कि फ्रॉड हर जगह है--भगवान की तरह।"

हम भगवान की उपस्थिति को ठीक-ठीक दिखा नहीं सकते, लेकिन फ्रॉड कहां हो रहा है, ये दिखा सकते हैं। इसका एक तरीका कंपनी की बैलेंस शीट देखना हो सकता है। कर्मचारी जो फ्रॉड कर रहे हैं, उससे कहीं बड़ा फ्रॉड वो होता है जो मैनेजमेंट कर रहा होता है। अच्छे क्वार्टरली नतीजों

"मेरे सारे दोस्तों ने कहा कि एक लड़की के लिए ये फील्ड बहुत रिस्की है... लेकिन मुझे ऐसा कभी नहीं लगा।"

"जब पूरी दुनिया टैक्स रिटर्न फाइल करने में और टैली में एंट्री करने में मसरूफ थी, मैं कुछ बिल्कुल अलग हटकर कर रही थी।"

और अपने स्टॉक की कीमतों को बढ़ाने के लिए कई बार कंपनियां आंकड़ों के साथ छेड़खानी करती हैं।

इसके लिए इंस्टीट्यूट ऑफ चार्टर्ड अकाउंटेंट्स ने इंडियाफॉरेन्सिक के साथ मिलकर एक स्टडी कराई, जिसका विषय था 'कॉरपोरेट फ्रॉड के शुरुआती लक्षण'।

इस प्रोजेक्ट का मकसद एक पैमाना तैयार करना था, जिससे बैलेंस शीट की लाल बत्ती को पहचाना जा सके कि कुछ प्रॉब्लम है।

किस्मत ने इस युवा ट्रेनी को एक बहुत अच्छा अवसर दे दिया। अपूर्वा इस प्रोजेक्ट पर कड़ी मेहनत करने लगीं। जो कंपनियां गलतियां कर रही थीं, उनकी अकाउंटिंग प्रैक्टिस की तरह की थी? फ्रॉड करने के तरीके क्या-क्या हैं?

"इस सूचना को हासिल करने के लिए हमने तीन सौ से ज्यादा सीए का सर्वे किया और ऐसी 6000 से ज्यादा कंपनियों के बैलेंस शीट देखे जो बॉम्बे स्टॉक एक्सचेंज और नेशनल स्टॉक एक्सचेंज में लिस्टेड थे।"

इस स्टडी के नतीजे हैरतअंगेज थे। 1200 से ज्यादा कंपनियां किसी ने किसी तरह के फाइनेंशियल फ्रॉड में शामिल थीं।' (स्टडी के तरीकों में खर्चे, रेवेन्यू और टैक्स से बचने की कोशिश पर गौर किया गया।) स्टडी के नतीजों को राष्ट्रीय अखबारों में जगह मिली, जिसमें *इकोनॉमिक टाइम्स* और *मिंट* जैसे बड़े अखबार शामिल थे। ऐसी ही एक रिपोर्ट में अपूर्वा प्रदीप जोशी का नाम इंडियाफॉरेन्सिक की चीफ रिसर्च ऑफिसर के तौर पर आया।

"ये मेरे लिए गर्व का लम्हा था क्योंकि मेरा नाम मेरे पिता के नाम के साथ अखबारों में कोट हो रहा था।"

लेकिन अपूर्वा को एक मुश्किल पाठ भी सीखने को मिला--जब आप कुछ अच्छा कर रहे होते हैं तो कुछ लोग आपकी तारीफ करते हैं, लेकिन

ज्यादा लोग ऐसे होते हैं जो आपकी आलोचना कर रहे होते हैं।

"हमें सरकारी अफसरों से फोन आने लगे। कई ऐसे लोग थे जिन्हें हमारी स्टडी और उसके निष्कर्षों पर यकीन ही नहीं था।"

रिपोर्ट सितंबर 2008 में पब्लिश हुई। चार महीने के बाद सत्यम घोटाला सामने आया और अचानक फॉरेन्सिक अकाउंटिंग चर्चा में आ गई। मीडिया से एन्क्वारी आने लगी, टेलीविजन पर बात करने के न्यौते आने लगे। अपूर्वा के बॉस मयूर जोशी को सीबीआई ने बुलाया ताकि वे टीम को सत्यम की स्कैनिंग में सलाह दे सकें।

"उसी दिन मुझे अपना रोल मॉडल मिल गया। मैंने तय कर लिया कि मैं अपने बॉस की तरह बनना चाहती हूं।"

लेकिन करियर किस रास्ते पर जाता? क्या एक छोटे से फर्म के साथ काम करने में कोई भविष्य था? या फिर चार बड़े अकाउंटिंग फर्म* में से किसी एक के साथ काम करने का लक्ष्य रखना चाहिए था।

"मैं अपनी मां से बात करने के लिए घर गई। मैं मां से हर बात के बारे में सलाह लेती थी।"

जब अपूर्वा ने अपने काम के बारे में बताया तो मां हैरान रह गईं। अकाउंटिंग में ये सब भी होता है? वे थीं तो डॉक्टर लेकिन उन्हें इस क्षेत्र की असीम क्षमता का अंदाजा लग गया। लेकिन टैक्सेशन या ऑडिट की तरह फॉरेन्सिक अकाउंटिंग डेस्क जॉब नहीं होता। यहां कोई रूटीन नहीं था, न कोई रेग्युलर वक्त था काम करने का।

"मां ने अपना आशीर्वाद दिया। कहा, जो करना है करो। जहां जाना चाहती हो जाओ--अपने सपने पूरे करो।"

अपूर्वा ने तय किया कि सीए पूरा हो या नहीं, वो इस फील्ड के बारे में और जानकारी हासिल करती रहेंगी। उन्होंने कई सारे ऑनलाइन सर्टिफिकेशन के लिए अप्लाई कर दिया, जैसे सीएफएपी (सर्टिफाइड फॉरेन्सिक अकाउंटिंग प्रोफेशनल), सीबीएफए (सर्टिफाइडड बैंकिंग फॉरेन्सिक

* अर्न्स्ट एंड यंग, प्राइसवॉटरहाउसकूपर्स, डेलॉयट और केपीएमजी चार बड़े अकाउंटिंग फर्म हैं।

"कई सीए आजकल गलत ढंग से प्रैक्टिस भी करते हैं और अवैध काम करते हैं। हमारा काम ठीक इसके विपरीत है।"

अकाउंटेंट) और सीएएमई (सर्टिफाइड एन्टी-मनी लॉन्डेरिंग एक्सपर्ट)।

"मैंने ये सारे कोर्स किए और अपना बेस बनाना शुरू कर दिया क्योंकि मेरा अंतिम लक्ष्य एसीएफई, यूएसए के सर्टिफाइड फ्रॉड एक्जामिनर एक्जाम में बैठना था।"

उसी दौरान अपूर्वा ने ये भी तय किया कि वो इस पेशे के टेक्निकल साइड को भी अच्छी तरह समझेंगी--सॉफ्टवेयर भी और हार्डवेयर टूल्स भी। ऐसा ही एक टूल है एनकेस--जो एक पेन ड्राइव की तरह लगता है लेकिन उससे कहीं ज्यादा शक्तिशाली है। एक बार लैपटॉप में घुसा देने के बाद ये हार्ड ड्राइव की वैसी की वैसी तस्वीर ले लेता है। बल्कि अगर आप इस प्रोग्राम को रन करें तो ये डिलिटेड डेटा और ईमेल हिस्ट्री तक निकाल देता है।

"ये टूल मुश्किल था, लेकिन मैंने सीख लिया। मुझे बताया गया कि इस देश में मैं पहली लड़की हूं जिसने इस टूल का इस्तेमाल करना सीख लिया है।"

आईसीएआई के साथ आई दिक्कत खत्म हो गई और अपूर्वा अपनी आर्टिकलशिप करती रहीं। लेकिन इससे उसके दूसरे कोर्स पर फर्क पड़ा। अक्टूबर 2010 में अपूर्वा भारत की सबसे छोटी सर्टिफाइड फ्रॉड एक्जामिनर बन गईं। उस वक्त उनकी उम्र बीस साल थी।

इसमें कोई शक नहीं कि अपूर्वा मेहनती स्टूडेंट थीं। लेकिन चारों मुश्किल पेपर 75% से ज्यादा मार्क्स के साथ वो इसलिए पास कर पाईं क्योंकि उन्होंने प्रैक्टिकल काम किया था।

"हमें बड़ी कंपनियों के कई सारे मामले मिलते थे, और हमारा फर्म छोटा था इसलिए मुझे कई सारे मामलों पर सीधे काम करने का मौका मिलता था।"

ये असाइनमेंट नियामक संस्थानों यानी रेग्युलेटरी बॉडीज और बड़े बैंकों

से आते थे, जो उन कंपनियों के बारे में जानना चाहते थे जो लोन के लिए अप्लाई करते हैं। इसके अलावा एजीएम और डीजीएम के लिए बैलेंस शीट पढ़ने और फ्रॉड को पहचानने की ट्रेनिंग भी दी जाती थी।

"हर मामला एक चुनौती होता है लेकिन वक्त के साथ आप पैटर्न पहचानने लगते हैं।"

सबसे मुश्किल काम वो होते थे जिन्हें महाराष्ट्र स्टेट पुलिस की इकोनॉमिक ऑफेन्स विंग (ईओडब्ल्यू) इंडियाफॉरेन्सिक को रेफर किया करती थी।

ऐसा ही पॉन्जी स्कीम* केस था ग्लोबल ट्रैवल** का। इस स्कीम में नॉर्मल रिटर्न का वादा था, और ये कहा गया था कि आप अपने पैसों का इस्तेमाल गाड़ियां खरीदने के लिए कर सकते हैं। ये गाड़ियां टैक्सियों के तौर पर किराए पर चलाई जाती थीं और किराए से मिलनेवाले पैसे रिटर्न के तौर पर दिए जाते थे। इसके पीछे जिस शख्स हफीज अजीज*** का दिमाग था, उसने हजारों छोटे निवेशकों को बेवकूफ बनाया था।

वो शख्स एक बहुत बड़े नेता के काले पैसे की हेरा-फेरी भी कर रहा था।

करोड़ों रुपए जमा कर लेने के बाद एक दिन अजीज गायब हो गया। लेकिन जिस नेता को उसने धोखा दिया था, उसने हंगामा मचाया और उस आदमी को पकड़कर गिरफ्तार कर लिया गया। मुश्किल ये थी कि अजीज बात करने को तैयार नहीं था। ऐसे ही वक्त पुलिस ने इंडियाफॉरेन्सिक की मदद ली।

चूंकि ये फाइनेंशियल फ्रॉड का मामला था, इसलिए पुलिस जानना चाहती थी कि उसके काम करने का तरीका क्या था और बैंक अकाउंट कहां-कहां थे, कितने पैसे रिकवर हो सकते थे।

* वो फ्रॉड स्कीम जिसमें निवेशकों को हाई रिटर्न का वादा होता है, लेकिन पैसे कई सारे और निवेशकों से इकट्ठा करके दिए जाते हैं।

** बदला हुआ नाम

** बदला हुआ नाम

"इंडिया में विभिन्न फ्रॉड की जांच करते हुए मैंने कई रातों की नींद गंवाई है।"

चार दिनों तक ड्रामा चलता रहा। अजीज एक बेंच पर बैठ जाता था और उससे पूछताछ करने वालों को बस घूरता रहता था। किसी सवाल का जवाब नहीं देता था। वो बस इधर-उधर देखता रहता था और सिगरेट फूंकता रहता। और तभी पूछताछ करने वालों को एक आईडिया सूझा।

"इस चेन स्मोकर से उसकी सिगरेट ले लेते हैं।"

अगले दिन जेल के स्टाफ को ये कड़ा निर्देश दिया गया कि अजीज को किसी भी हालत में सिगरेट न दी जाए। और पानी भी नहीं दिया जाए। शाम तक अजीज परेशान हो गया था। उसने अपनी चुप्पी तोड़ी और विस्तार से बताया कि क्या-क्या और कैसे हुआ था।

"तुम्हें कभी डर नहीं लगा," मैं अपूर्वा से पूछती हूं।

"नहीं, कभी नहीं," वो बिना हिचके जवाब देती हैं।

"कोई धमकी?"

"बस एक बार। हम एक शख्स के बहुत बड़े ट्रैवल फ्रॉड की जांच कर रहे थे। हर रोज हमें एक ब्लैंक कॉल आता था।"

शुरू-शुरू में डिस्टर्बिंग था, लेकिन पांचवे दिन हमने एक अजीब सी बात नोटिस की। कॉल हमेशा तब आता था, जब हम होटल की लॉबी में होते थे।

"हमने ध्यान दिया कि एक आदमी अखबार से अपना चेहरा ढककर वहां बैठा है? ये वही शख्स था जिसके खिलाफ हम जांच कर रहे थे। हमने अपने क्लायंट को बता दिया और फिर उन्हें जो करना था, उन्होंने किया।"

तीन साल कैसे निकल गए, पता ही नहीं चला। 2011 में अपूर्वा ने अपनी आर्टिकलशिप पूरी कर ली और उसे अब सीए फाइनल एक्जाम देना था। भविष्य सुनहरा था, वो इंडियाफॉरेन्सिक के साथ काम करते हुए अपना करियर और आगे ले जा सकती थी। लेकिन अपूर्वा के दिमाग में कुछ और चल रहा था।

"मैंने अपने वेंचर पर काम करने का फैसला किया, मयूर सर की छत्रछाया के बगैर।"

अपूर्वा ने कुछ बड़ा करने का मन बना लिया, कुछ ऐसा करने का जो उसे मशहूर बनाता।

"मैंने *स्टे हंग्री स्टे फूलिश* और *कनेक्ट* द *डॉट्स* पढ़ी है और मुझे भी कुछ ऐसा ही लिखने की प्रेरणा मिली।"

अपूर्वा ने फॉरेन्सिक अकाउंटिंग के क्षेत्र की महिलाओं से बात करने का फैसला किया। उसने कई ऐसे प्रोफेशनल्स को इंटरव्यू किया जिनकी कहानियां बड़ी दिलचस्प थीं। लेकिन क्या ऐसी एक किताब आम लोगों को पसंद आती?

"मुझे लगा कि फ्रॉड पर एक न्यूज पोर्टल बनाते हैं। मुझे उस वक्त तीन नाम पता थे--*एक्सप्रेस, टाइम्स* और टुडे।"

'फ्रॉडएक्सप्रेस' के नाम से डोमेन नेम उपलब्ध था--अपूर्वा ने उसे तुरंत रजिस्टर कर लिया। अपूर्वा अब खुद काम कर रही थीं, बिना फर्म के सपोर्ट के। बिना किसी सहयोगी के। बिना किसी ब्रांड नेम के।

"इंडियाफॉरेन्सिक छोड़ने के बाद मुझे अहसास हुआ कि एक असाइनमेंट हासिल करना इतना आसान नहीं है।"

एक जूनियर कर्मचारी होने के बावजूद अपूर्वा ने कई सारे क्लायंट का भरोसा जीता था। उनके पास जाकर बिजनेस मांगना आसान होता। लेकिन अपूर्वा ने मुश्किल रास्ता चुनने का फैसला किया। उसने ऐसी कंपनियों से बात की जो ऑडिट और अकाउंटिंग के क्षेत्र में कॉन्फ्रेंस कराया करती थीं और उनसे कहा कि वो अपनी वेबसाइट पर उनके इवेंट को कवर करेंगी।

इस तरह अपूर्वा को दिल्ली में सीआईआई-केपीएमजी कॉन्फ्रेस में शामिल होने का मौका मिला, जहां कई हाई-प्रोफाइल कॉरपोरेट प्रोफेशनल आए थे। अपूर्वा ने सबके बिजनेस कार्ड ले लिए और कॉफी ब्रेक के दौरान अजनबियों से बात भी की।

"तो यंग लेडी, आप हमारे लिए क्या कर सकती हैं?" एक सीनियर

प्रोफेशनल ने पूछा।

"सब कुछ--ट्रेनिंग से लेकर डिजिटल फॉरेन्सिक जांच तक," अपूर्वा ने जवाब दिया।

"अच्छा? लेकिन ये सब करेगा कौन?"

"मैं करूंगी," अपूर्वा ने जवाब दिया।

उस सीनियर प्रोफेशनल को विश्वास नहीं हुआ। और इसकी वजह भी उन्होंने बता दी। काम बहुत ज्यादा था, और उसे कोई एक इंसान नहीं कर सकता था। उस शख्स ने अपूर्वा को एक सलाह दी।

"तुम्हें एक टीम बनाने की जरूरत है।"

ये बात सच थी। आखिरकार इंडियाफॉरेन्सिक में भी तो एक टीम थी। जैसे कि 'सीआईडी' में हर खिलाड़ी का अपना रोल है।

"मैं हमेशा मयूर को 'एसीपी प्रद्युमन' की तरह देखती थी, सारंग को 'दया' और अभिजीत को 'सीआईडी अभिजीत' की तरह देखती थी। हमारे यहां वेंकटेशन सर भी थे, 'डॉ सलुंखे' की तरह।"

अपूर्वा के सामने एक अच्छी टीम बनाने की जिम्मेदारी थी। दिक्कत ये थी कि लोगों को तो वो जानती थी, लेकिन उन्हें देने के लिए पैसे नहीं थे। इसलिए ज्यादातर काम भरोसे के आधार पर होता था।

अपूर्वा के रूममेट मानसी ईनामदार पहली शख्स थी, जिसने अपूर्वा को ज्वाइन किया। मानसी फाइनेंस में बहुत अच्छी थी और सबसे पहले उसने डिजिटल मीडिया वेंचर के लिए एक बिजनेस प्लान बनाया। प्लान था कि मुंबई एन्जेल्स नाम के इन्वेस्टर ग्रुप के सामने उसे पेश किया जाए।

"प्लान की तारीफ तो बहुत हुई, लेकिन चूंकि मार्केट बहुत नया था, इसलिए हमें कोई फंडिंग नहीं मिली।"

2011 में निजी कारणों से अपूर्वा वापस सोलापुर शिफ्ट हो गईं।

"मेरे भीतर से ही ये आवाज आई थी कि मेरी मां को मेरी जरूरत

"एक फॉरेन्सिक अकाउंटेंट के तौर पर अगर आपको कुछ करना है तो आपको बहुत दूर की सोचना होगा।"

है। मुझे अपनी मां के आसपास होना चाहिए। मैं कहीं से भी काम कर सकती हूं।"

बल्कि अपूर्वा को सोलापुर की ही एक बायोटेक कंपनी में असाइनमेंट मिल गया। मामले में कंप्यूटर फॉरेन्सिक के साथ-साथ फाइनेंशियल फॉरेन्सिक की भी जरूरत थी। अपूर्वा ने एक एजेंसी की मदद से एक प्रोजेक्ट टीम बना ली, और अपने पुराने सहयोगी सारंग खाटवकर को भी जोड़ लिया। वो असाइनमेंट बहुत सफल रहा और पैसे भी मिले।

"मैं बहुत खुश थी और मुझे लग रहा था कि भविष्य भी अच्छा है।"

लेकिन सामने अभी और मुश्किलें आनी थीं। सोलापुर शिफ्ट होने के कुछ दिन बाद ही अपूर्वा को मालूम चला कि उनकी मां को लीवर में परेशानी थी। अप्रैल 2012 में उनकी हालत और खराब हो गई और ऑपरेशन करना जरूरी हो गया।

"ऑपरेशन बहुत मुश्किल नहीं था, लेकिन मां को एक दवा से बहुत खराब रिएक्शन हो गया। उनके दिल ने काम करना बंद कर दिया। शुक्र है कि पापा उनके साथ थे।"

मिसेज जोशी पौने घंटे के कार्डिएक मसाज के बाद होश में आ सकीं। वो रिकवरी चमत्कारिक ही थी, लेकिन आठ दिनों के बाद वे कोमा में चली गईं। पूरा परिवार देखता रह गया और वो चल बसी।

"जब मां गई तो मेरी उम्र बाईस साल थी... वो मेरी सबसे अच्छी दोस्त थीं, मेरी मेन्टर थीं, मेरी ज़िंदगी की खुशी थीं।"

तब अपूर्वा सीए फाइनल के थर्ड पेपर में बैठने वाली थीं। पूरी परीक्षा देना मुश्किल हो गया। लेकिन अपूर्वा ने तुरंत खुद को संभाला और खुद से कहा, काम को आगे बढ़ाना ही होगा।

"मैं अपनी मां के लिए कुछ करना चाहती थी क्योंकि वो मेरी प्रेरणा थीं।"

सीएफई (सर्टिफाइड फ्रॉड एक्जामिनर) सर्टिफिकेशन पूरा करने के बाद अपूर्वा को लगने लगा कि इस क्षेत्र में बारे में और जानकारी फैलाई जाए। इसके लिए अपूर्वा फॉरेन्सिक अकाउंटिंग के लिए एक हैंडबुक पर काम

कर रही थीं, जो पूरा होने ही वाला था। जून 2012 में अपूर्वा ने उस किताब को *अमेजॉनडॉटकॉम* पर पब्लिश कर दिया, और उसे अपनी मां को समर्पित किया।

"हमारे पास पैसे आने लगे और जल्दी ही मुझे सोलापुर की लोकल मीडिया से बात करने के लिए बुलाया गया। जल्द ही हम *फ्रॉडएक्सप्रेस* के बैनर तले और किताबें लेकर आने लगे।"

इन सारी किताबों में देश से जुड़ा मैटिरियल था, जो आसानी से कहीं और नहीं मिलता था। अगर इस देश के फ्रॉड अकाउंटिंग के मामलों से जुड़ी किताबों की मांग थी तो फिर कोर्स की क्यों न होती? कई सारे ऐसे स्टूडेंट्स हैं तो सीए या सीएस एक्जाम नहीं कर पाते क्योंकि वे दिशाहीन होते हैं। साथ ही अमेरिका से स्टडी मैटिरियल खरीदने के लिए उनके पास हजारों रुपए नहीं होते।

"मुझे लगा, अगर किसी यूनिवर्सिटी से संबंद्ध कोई कोर्स फ्रॉड रिस्क मैनेजमेंट में नहीं है, तो क्यों?"

सितंबर 2012 में अपूर्वा के इंडियाफॉरोन्सिक के सहयोगी सारंग सोलापुर आए हुए थे। अपूर्वा ने उनसे ये ख्याल बांटा। उस वक्त इंडियाफॉरोन्सिक कुछ ऑनलाइन सर्टिफिकेट कोर्स ऑफर भी कर रहा था, लेकिन टीम के लोग कन्सलटिंग असाइनमेंट में ज्यादा व्यस्त थे और उनके पास ट्रेनिंग और कन्टेंट डेवलपमेंट के लिए वक्त नहीं था।

"मयूर सर मेरे साथ एक कोर्स डिजाइन करने के लिए तैयार हो गए, ये कोर्स उसी सीएफई कोर्स की तरह था जो मैंने अमेरिका से किया था।"

एसीएफई मॉड्यूल में 3000-4000 पन्नों का स्टडी मैटिरियल था, जो अमेरिका के कानूनों पर आधारित था। उस बेसिक स्ट्रक्चर को वैसे ही रखा गया, लेकिन अपूर्वा ने भारत के संदर्भ में एक कोर्स तैयार किया।

"हमने भारत के कई मामलों का विश्लेषण किया, उनके काम करने के तरीके को देखा कि कैसे सॉल्व हुआ। हमने ये सारे उदाहरण एक-एक करके लिख लिए, अपने हाथ से।"

कोर्स डिस्टेंस लर्निंग का था, बिल्कुल एसीएफई की तरह, जिसमें सीडी

"मैंने कभी नहीं सोचा कि मुझे अपने पहले फर्म के क्लायंट्स को अपने पास कर लेना चाहिए। मैं अपना खुद का काम करना चाहती थी।"

पर आधारित परीक्षा होती।

नवंबर 2012 तक स्टडी मैटिरियल तैयार हो गया। एक्जाम के सॉफ्टवेयर को तैयार होने के लिए भेज दिया गया। अब आया मुश्किल काम--यूनिवर्सिटी को राजी करना।

"पहले तो यूनिवर्सिटी ने मुझे एन्टरटेन ही नहीं किया। फिर मैंने तय किया कि मैं सीधे वाइस-चांसलर से जाकर मिलूंगी।"

अपूर्वा हर रोज सुबह आकर वीसी के कमरे के बाहर बैठ जाती थीं। वहां बैठकर रोज धैर्य से वीसी के आने का इंतजार करती थीं। जाहिर है, वीसी ने भी सोचा कि ये लड़की आखिर है कौन।

एक दिन उन्होंने अपने सेक्रेटरी से कहा, "उस लड़की को मुझसे मिलने के लिए भेजो।"

"मैंने उस मौके का पूरा फायदा उठाया और अपने लैपटॉप पर उसका डेमो दिया। मैंने ये भी समझाया कि इस फील्ड में बहुत ज्यादा स्कोप है।"

भारत में सिर्फ 6000 फॉरेन्सिक अकाउंटेंट काम कर रहे हैं और अगर ऐसा कोई सर्टिफिकेशन हो तो एमकॉम ग्रैजुएट्स के लिए करियर के नए रास्ते खुल सकते हैं। क्योंकि ये डिस्टेंस-लर्निंग मॉड्यूल था, ये काम कर रहे लोगों के लिए भी उतना ही फायदमेमंद था।

"मैंने ये कहकर उन्हें और भी मना लिया कि देश में ऐसा कोई कोर्स शुरू करने वाली सोलापुर यूनिवर्सिटी पहली यूनिवर्सिटी होगी।"

इससे एनएएसी असेस्मेंट के वक्त यूनिर्वसिटी को बहुत फायदा मिलता।

यूनिवर्सिटी ने अपूर्वा को एक प्रपोजल सब्मिट करने को कहा। कोर्स के कन्टेंट को बोर्ड ऑफ स्टडीज दोबारा रिव्यू करती ताकि ये देखा जा सके

कि मौजूदा सीए, सीएस, एमकॉम और एमबीए कोर्स से ये कोर्स अलग था या नहीं।

"मैं यूनिवर्सिटी में अपने सहयोगी राजेन्द्र और अपने मामा डॉ बालकृष्ण भावे का शुक्रिया अदा करना चाहूंगी जिन्होंने यूनिवर्सिटी के हर काम में मेरी मदद की।"

ये सब जब चल ही रहा था तो अपूर्वा दूसरी और परेशानियों से घिरी हुई थीं। मां के गुजर जाने के बाद उनके पिता परेशान रहे, और इसलिए अपूर्वा पुणे नहीं शिफ्ट कर सकीं।

सारंग से बात करते हुए अपूर्वा को एक और अवसर का पता चला। इंडियाफॉरेन्सिक जांच में इतना व्यस्त था कि वहां उसे डॉक्युमेंट करने के लिए कोई था ही नहीं। ये बहुत बड़ा अवसर था, जिसके आधार पर बहुत कुछ किया जा सकता था।

"सारंग ने मुझे अंदर की जानकारी दी और ये भी कहा कि अगर तुम कोई प्रपोजल देती हो तो मैं बोर्ड मीटिंग में उसका समर्थन करूंगा।"

अपूर्वा ने अपनी दोस्त मानसी से फ्रॉडएक्सप्रेस के लिए एक बिजनेस प्लान बनाने को कहा, ताकि उसे इंडियाफॉरेन्सिक की पेरेन्ट कंपनी रिस्कप्रो को पिच किया जा सके। अपूर्वा ने अनुमान लगाया कि कन्टेंट तैयार कर कंपनी अपने रेवेन्यू में 70% का इजाफा कर सकती है। फ्रॉडएक्सप्रेस के पास फिलहाल कन्टेंट मौजूद था और बहुत कुछ और तैयार भी किया जा सकता था।

"मैंने मयूर को ऑफिशियली फोन किया और उनसे प्लान पेश करने के लिए वक्त लिया।"

दोनों पुणे में फरवरी 2013 में मिले और मयूर को आईडिया में दम लगा।

"हमने हाथ मिलाया और मयूर ने मुझसे कहा कि मैं सब कुछ लिखकर दूं।"

सारंग की सलाह पर अपूर्वा ने तीन शर्तें रखीं। पहली कि फ्रॉडएक्सप्रेस स्वतंत्र रूप से काम करेगा। दूसरा, कि अपूर्वा को रिस्कप्रो के बोर्ड पर जगह

मिलेगी। और तीसरा कि कम से कम तीन साल का लॉक-इन होगा।

"दोनों तरफ इन शर्तों को लेकर सहमति थी, इसलिए मैं अक्टूबर 2013 में रिस्कप्रो के बोर्ड में आ गई।"

उसी महीने अपूर्वा के कोर्स को सोलापुर यूनिवर्सिटी से संबद्ध कर लिया गया।

"मुझे इस बात की खुशी थी कि मैं अपने शहर के स्टूडेंट्स के लिए कुछ कर पाई और उनके लिए एक अफोर्डेबल* कोर्स शुरू करा पाई।"

अपूर्वा वापस पुणे लौट गईं और पूरी तरह काम में मशगूल हो गईं।

"मां के गुजर जाने के बाद मैं इसी एक तरीके से सब कुछ भुला सकती हूं।"

अपूर्वा ने एक और बहुत इन्टरेस्टिंग प्रोजेक्ट लिया है जो कॉरपोरेट इंडिया में नेताओं और उनके परिवारों के निवेश और संपत्ति की मैपिंग कर रहा है।

चूंकि नेता अपने पैसे सीधे तौर पर निवेश नहीं कर सकते, इसलिए वे दलालों और बिचौलियों का सहारा लेते हैं।

"हमने पॉलिटकली एक्सपोज्ड पार्टी (पीईपी) का एक डेटाबेस प्रोपोज किया है... कि नेताओं के कितने पैसे घूम रहे हैं और किस कंपनी में लगे हुए हैं।"

ये डेटाबेस देश का पहला ऐसा डेटाबेस है जहां इन्वेस्टर मुफ्त में सारी जानकारी पर नजर डाल सकते हैं।

2014 कई तरीके से अहम रहा क्योंकि और कोर्स, कन्टेंट और कई तरह की सर्विस कंपनी ने शुरू कीं। इसमें ऑडिटर ड्यू डिलिजेंस, प्रोमोटर ड्यू डिलिजेंस और वेंडर ड्यू डिलिजेंस शामिल है। अक्सर ये सब कुछ काम, काम और सिर्फ काम से जुड़ा होता है।

"मुझे फ्लेक्सिबल होना पड़ता है--अगर क्लायंट कहता है कि कल बैंगलोर आ जाओ तो मैं जाऊंगी। मैं ना नहीं कहती।"

* फॉरेन्सिक अकाउंटिंग में डिप्लोमा की फीस 12,000 रुपए है

काम का ये भी मतलब है कि कोई संडे, कोई छुट्टी का दिन नहीं है, दोस्तों के साथ टाइमपास नहीं है, कोई आउटिंग नहीं है।

मयूर सर की पहली शर्त ये थी कि अगर तुम्हें फॉरेन्सिक अकाउंटिंग में अच्छा करना है तो तुम्हें सब कुछ छोड़ना पड़ेगा।

"अगर आप अपूर्वा को ऑनलाइन ढूंढ़े तो आपको उनकी तस्वीर तक फेसबुक पर नहीं दिखाई देगी।"

"हम जिन लोगों के खिलाफ जांच करते हैं वे कई बार जेल तक चले जाते हैं। इसलिए मुझे ऐसी सावधानियां बरतनी होंगी।"

यही नहीं, अपूर्वा कई बार मामलों में या काम में इतनी उलझी हुई होती हैं कि खाने का वक्त तक नहीं मिलता। कुछ टूल ऐसे होते हैं जिनको लेकर बहुत सावधानी बरतनी पड़ती है।

"ऐसा नहीं कि कि मैंने टूल लॉन्च कर दिया या रन कर दिया और दो घंटे बाद जाकर देखूंगी कि कितना काम हुआ है। मुझे वहीं बैठे रहना पड़ता है।"

एक्साइटिंग जरूर है लेकिन इस ज़िंदगी में तनाव भी है--अपूर्वा इन सबसे कैसे जूझती है? कई सारी चीजें अपूर्वा के नियंत्रण में नहीं हैं, लेकिन उन्होंने अपने लिए एक जरूरी नियम बना लिया है।

"मैं जिम जरूर जाती हूं। वहां मेरा स्ट्रेस पूरी तरह बर्न हो जाता है।"

अपूर्वा को अध्यात्म में भी बहुत शांति मिलती है। गजानन महाराज के चरित्र और शंकर महाराज की शंकर गीता को पढ़कर उन्हें बहुत सुकून मिलता है।

"इन पोथियों से मुझे मानसिक शांति मिलती है, खासकर तब जब मैं पूरी तरह निराश हो जाती हूं।"

अपूर्वा के भविष्य की योजनाएं बहुत बड़ी हैं। पांच सालों में फॉरेन्सिक अकाउंटिंग पर वो अपना एक इंस्टीट्यूट खोलना चाहती हैं और आईपीओ भी लाना चाहती हैं।

"मेरी बहुत बड़ी एक कंपनी होगी, जिसमें बहुत सारे लोग काम कर रहे होंगे। और मुझे ग्लोबल पहचान बनानी है।"

एक अधूरा प्रोजेक्ट है उनका सीए कोर्स। ये अभी भी एक लक्ष्य ही है, लेकिन प्राथमिकता नहीं है।

"अगर मुझे सीए का टैग नहीं भी मिलता है तो मुझे यकीन है कि मैं इस फील्ड में अपनी पहचान बना पाऊंगी।"

पर्सनल फ्रंट पर अपूर्वा शादी को अगले दो साल के लिए टालना चाहती हैं--27 साल की होने तक। हालांकि उन्हें ये अभी मालूम नहीं कि वे काम और परिवार दोनों के प्रति अपने कमिटमेंट को कैसे पूरा करेंगी, लेकिन ऐसे मौके पर वे अपनी मां की ज़िंदगी से प्रेरणा लेती हैं।

"मां ने काम भी संभाला, घर भी संभाला।"

और इसके अलावा एक सरकारी अस्पताल में काम करती रहीं जहां पुरुषों का एकछत्र राज्य होता है। यही गुण अपूर्वा में भी है।

छह सालों के अनुभव के बाद भी अभी भी कई बार ऐसे क्लायंट अपूर्वा से मिलते हैं जो उन्हें देखकर कहते हैं, "ये? ये लड़की क्या कर सकती है?"

क्या नहीं कर सकती है? कोई भी ऐसा काम नहीं जो बहुत बोल्ड हो, बहुत बड़ा, बहुत मुश्किल, बहुत पेचीदा हो--अगर एक लड़की कुछ करना चाहती है तो वो जरूर कर सकती है।

युवा उद्यमियों को सलाह

डिग्रियों के पीछे मत भागिए। अगर आप डमी आर्टिकलशिप करके अपना सीए एक्जाम पहली कोशिश में क्लियर कर भी लेते हैं तो उसकी क्या अहमियत है? जीरो। इसलिए प्रैक्टिकल ज्ञान पर ध्यान दीजिए। वो कहीं ज्यादा जरूरी है।

जब चुनौतियां आती हैं तो आपको उन्हें स्वीकार करना ही पड़ता है। अपने सीनियर के पास जाकर आप ये नहीं कहते कि मुझे एक चेकलिस्ट दीजिए। मैं उसी हिसाब से काम करूंगी। बाहर निकलिए और खुद देखिए, सीखिए। ये देखिए कि आपके लिए कौन सा काम ठीक होगा। इन दिनों स्टूडेंट्स बिल्कुल प्रयोग नहीं करते। उन्हें सब कुछ सामने अपनी मेज पर चाहिए, उनके सामने। ऐसा करने से आप अपनी जगह तंग करते हैं। और थोड़ी हिम्मत दिखानी पड़ती है। हिम्मती और बोल्ड बनिए। किसी से, किसी बात से मत डरिए।

ईश्वर विकास सुदीत साबत

रवा मसाला दोसा

ईश्वर विकास और सुदीत साबत
(एसआरएम इंजीनियरिंग कॉलेज, चेन्नई)
दोसामैटिक

दो इंजीनियरों ने मिलकर एक ऑटोमैटिक दोसा मशीन बनाने का फैसला किया। तीन साल के भीतर दोनों मिलकर दुनिया का सबसे पहला टेबलटॉप दोसा प्रिंटर बनाने में कामयाब हो चुके थे और उनके पास तकरीबन 100 रेस्तरां मालिकों के पास से ऑर्डर थे।

एसआरएम इंजीनियरिंग कॉलेज में शाम को चार बजते ही क्लास खत्म होने के बाद स्टूडेंट कॉरिडोरों और कैंटीन में मस्ती करते थे।

शाम का मजा लेने के लिए।

लेकिन एक लड़का था ईश्वर विकास, जो सबसे अलग था। क्लास के तुरंत बाद वो काम पर जाने के लिए ट्रेन पकड़ने के लिए दौड़ा करता था। काम के लिए वो पचास किलोमीटर दूर जाता था। काम ऐसा कि जिसके लिए न सैलरी मिलती थी और न जिसकी जॉब मार्केट में कोई कीमत थी।

लेकिन काम ऐसा कि वो एक जुनून, एक जरूरत बन गया था।

“मुझे थर्ड ईयर कॉलेज में एक ऑटोमैटिक दोसा मशीन बनाने का आईडिया आया। फिर मैं इसमें इस तरह इन्वॉल्व हो गया कि बस उसमें डूबता चला गया।”

ईश्वर के उत्साह ने रूममेट संदीप को भी अपने घेरे में ले लिया। दोनों ने अब एक ही लक्ष्य पर काम करना शुरू कर दिया--एक ऐसी मशीन का ईजाद जो बिल्कुल गोल और कुरकुरा दोसा बनाए।

दोनों चेन्नई की गलियों और बाजारों में मशीन के पार्ट्स के लिए भटकने लगे। मेकैनिक्स और इंडस्ट्रियल इंजीनियरिंग में ज्ञान के लिए, जो साक्षात गुरुओं से ही हासिल होना था। लेकिन मशीन ने काम करना फिर भी शुरू नहीं किया।

लड़कों ने अपनी नींद गंवाई, दोस्तों से मिलना-जुलना बंद कर दिया और यहां तक कि गर्मी की छुट्टियों के लिए भी नहीं गए। लेकिन मसले का हल नहीं निकला। जब उनकी मशीन से पहला दोसा निकला तो ईश्वर और संदीप खुशी से उछल पड़े। ये अब तक का सबसे बड़ा हासिल था, आईआईटी जेईईई ऑल इंडिया रैंक 1 लेकर आने की तरह। दो साल बाद उनकी कंपनी और आगे बढ़ रही है। दोसामैटिक का एक और बेहतर वर्जन रेस्तरां मालिकों के लिए बिक्री के लिए उपलब्ध है।

आप अपने दिमाग के तवे पर एक आईडिया डालते हैं। फिर उसे जुनून की आग में पकाते हैं। आप कुछ जलाते हैं, कुछ खराब करते हैं, लेकिन फिर भी आईडियानुमा दोसे पर काम करना तब तक बंद नहीं करते जब तक एक दिन आपको सही रास्ता न मिल जाए।

रवा मसाला दोसा

ईश्वर विकास और सुदीत साबत
(एसआरएम इंजीनियरिंग कॉलेज, चेन्नई)
दोसामैटिक

ईश्वर विकास आंध्र प्रदेश में तिरुपति के नजदीक वयालपडु में पैदा हुए।

"मेरे पिता विजया बैंक के साथ काम करते हैं और उनका ट्रांसफर होता रहता है। इसलिए मैं कर्नाटक के बहुत छोटे-छोटे गांवों में पला-बढ़ा।"

पहली क्लास में थे तो ईश्वर का परिवार बड़े शहर मैसूर आ गया। बाद में वे हैदराबाद शिफ्ट हो गए जहां ईश्वर ने बारहवीं की पढ़ाई की। इसी दौरान उन्होंने *स्टे हंग्री स्टे फूलिश* नाम की किताब पढ़ी, और तय किया कि उन्हें आंट्रप्रेन्योर ही बनना है।

"मैंने सोचा, अपना बिजनेस करने के लिए आईआईएम की डिग्री होना जरूरी है, लेकिन पहले मुझे ग्रैजुएशन करना होगा।"

हैदराबाद के दूसरे और स्कूली बच्चों की तरह ईश्वर ने भी इंजीनियरिंग में हाथ आजमाया। लेकिन कई एन्ट्रेंस परीक्षाएं देने के बाद भी न आईआईटी में हुआ न एनआईटी में। जिस कॉलेज ने उन्हें दाखिला दिया, वो था चेन्नई का एसआरएम कॉलेज। और ईश्वर ने एडमिशन लेने का फैसला किया।

वहां ज्वाइन करने के तुरंत बाद ही उन्हें मालूम चला कि उनके कॉलेज में आंट्रप्रेन्योरशिप सेल है, जो नेशनल आंट्रप्रेन्योरशिप नेटवर्क की मदद से चल रहा है। इस ई-सेल ने इचिबान कन्सल्टिंग के राज शंकर के साथ एक टॉक का आयोजन किया। राज शंकर का ये फर्म छोटे और मझोले

उद्यमों को सलाह देता था। अभी फर्स्ट ईयर का पहला ही सेमेस्टर था, लेकिन ईश्वर स्पीकर के पास जाने से बिल्कुल नहीं हिचके और कहा, "सर, मैं एक आंट्रप्रेन्योर बनना चाहता हूं--क्या आप मेरी मदद करेंगे?"

राज शंकर ने उस नौजवान से कहा, "मेरे ऑफिस आना।"

जब ईश्वर सचमुच उनके दफ्तर पहुंच गए, तो कन्सलटेंट ने उन्हें कुछ कड़वी सचाई से रूबरू कराया। एक वेबसाइट शुरू करना बिजनेस नहीं है। आपको ये समझना होगा कि एक कंपनी कैसे चलाई जाए, लोगों से कैसे बातचीत की जाए और कैसे काम कराया जाए। ईश्वर को और जानने की जिज्ञासा हुई।

"मैं आपके साथ काम करके ये सारी चीजें सीखना चाहूंगा।"

इस तरह फर्स्ट ईयर इंजीनियरिंग का वो स्टूडेंट कॉलेज खत्म होने का इंतजार करता था और फिर पचास किलोमीटर का सफर कर इचिबान के ऑफिस में जाकर काम सीखता था। वहां ईश्वर रात के नौ बजे तक काम करते और फिर लोकल ट्रेन पकड़कर हॉस्टल वापस आ जाते, कई बार लौटते-लौटते आधी रात हो जाती।

"एसआरएम के साथ अच्छी बात ये है कि वहां पूरी आजादी होती है--अगर आप कुछ करना चाहते हैं तो कर सकते हैं।"

इतने व्यस्त शेड्यूल के बाद भी ईश्वर के ग्रेड्स ठीक-ठाक बने रहे। इलेक्ट्रिकल इंजीनियरिग का कोर्स बहुत मुश्किल नहीं था।

"मैं कभी भी टॉपर नहीं था, लेकिन 70-80% लाना बहुत मुश्किल नहीं था।"

इचिबान में ईश्वर ने सेल्स में मदद करना शुरू कर दिया। कंपनी स्टूडेंट्स के लिए एक ट्रेनिंग प्रोग्राम चलाया करती थी और ईश्वर का काम इसी कोर्स को बेचना था। टार्गेट ये था कि हर क्लास में तीस लोग एनरोल हो जाएं। ईश्वर ने कई कॉलेजों से संपर्क किया, कई इवेंट्स में बोला भी।

"मैंने फेसबुक का भी इस्तेमाल किया जो उस वक्त बहुत नया था।"

उस नौजवान ने तुरंत सेल्स का काम सीख लिया और इचिबान अकादमी के तीन बैचों को भरने में मदद की। बिजनेस से जुड़े कई विषयों

पर आठ रविवार लगातार क्लास होती थी, जिसकी फीस 2500 रुपए थी। लेकिन अपनी मेहनत के लिए ईश्वर को एक भी पैसे नहीं मिले।

"मुझे बिल्कुल पैसे नहीं मिलते थे, यहां तक कि आने-जाने के लिए भी नहीं। दरअसल मैं चाहता ही नहीं था कि मुझे पैसे मिलें क्योंकि मैं इतना कुछ सीख रहा था।"

जो चीजें यहां सीखीं, वो एसआरएम के सालाना कॉलेज फेस्टिवल 'मिलन' के दौरान एक फूड स्टॉल लगाने में काम आईं। क्योंकि ईश्वर के पास स्टॉल बुक करने के पैसे नहीं थे, इसलिए उन्होंने पांच दोस्तों को पचास-पचास रुपए देने को कहा। उन पैसों को जमा करके कुछ ब्लैक एंड वाईट पोस्टर छपवाए गए।

पोस्टर पर लिखा था--"अपने वड़ा पाव और जलजीरा प्रीबुक करें--20% डिस्काउंट पर! नो कंडीशंस अप्लाई!"

कॉलेज हॉस्टल के एक कमरे से दूसरे कमरे जा-जाकर ईश्वर ने 1,000 वड़ा पाव टोकन बेच दिए और कुल 8,000 रुपए कमाए! पैसे हाथ में आ गए तो वे कॉलेज प्रशासन के पास स्टॉल के लिए गए। उनका उत्साह देखकर प्रिंसिपल ने बिना पैसे के स्टॉल दे दिया।

"तीन दिनों में हमने बीस हजार रुपए का मुनाफा कमाया।"

ईश्वर अपने सेल्स जॉब करते रहे, लेकिन अब धीरे-धीरे वे परेशान होने लगे थे। एक दिन उन्हें राजा गणेश नाम का एक मजेदार आदमी इचिबान के ऑफिस में मिला। राजा *अमर* इंडस्ट्रीज के मालिक थे, और कंस्ट्रक्शन, इंटीरियर डिजाइन, मैन्युफैक्चरिंग और ट्रेडिंग का काम करते थे। ईश्वर को लगा कि वहां काम करने में मजा आएगा।

ईश्वर राजा के पास गए और कहा, "मैं आपके साथ काम करना चाहता हूं।"

"मुझे अपनी पहली नौकरी में पैसे नहीं मिले। लेकिन मैं इतना कुछ सीख रहा था कि मेरे लिए वो पैसे से कहीं ज्यादा था।"

"मैं पूरे दिन गियरबॉक्स की दुकान में बैठा रहता था, ये समझने के लिए कि गियर आखिर काम कैसे करता है?"

"आपको कितनी सैलरी चाहिए?" अमर इंडस्ट्रीज के मालिक ने पूछा।

ईश्वर ने कहा कि वे सैलरी की अपेक्षा नहीं करते। लेकिन राजा जिद पर कायम रहे।

"अगर मैंने आपको पैसे नहीं दिए तो मुझे बुरा लगेगा। "फिर राजा ने आने-जाने और खाने के खर्चे के लिए 5,000 देना तय किया।

इस तरह कॉलेज के चौथे सेमेस्टर में ईश्वर अमर इंडस्ट्रीज के सीईओ के पीए बन गए। यहां भी ऑफिस कॉलेज से दो घंटे की दूरी पर था और ईश्वर को हॉस्टल लौटते-लौटते आधी रात हो जाती थी। लेकिन इस बार उनके साथ कोई था।

"मेरा दोस्त सुदीप भी मेरे साथ अमरसन्स आने लगा। हम दोनों रूममेट्स थे।"

दक्षिण उड़ीसा के बहरमपुर के सुदीप साबत ने केंद्रीय विद्यालय में पढ़ाई की और एसआरएम इलेक्ट्रॉनिक्स और इलेक्ट्रिकल इंजीनियरिंग की पढ़ाई के लिए ज्वाइन किया। कॉलेज के सेकेंड ईयर में ईश्वर और सुदीप कैंपस से बाहर शिफ्ट हो गए। उसकी एक बड़ी वजह मेस का खाना थी।

"हम लोग वन बीएचके फ्लैट में रह रहे थे और हमें अपना खाना बनाने में बहुत मजा आता था।"

शुरू में सुदीप को ईश्वर की तरह कॉलेज के बाद काम करने में कोई दिलचस्पी नहीं थी। लेकिन इसलिए क्योंकि सुदीप को सेल्स या ऑफिस के काम में मजा नहीं आता था। सुदीप को मशीनों का साथ रास आता था, और अमरसन्स में बहुत सारी मशीनें थीं।

"मुझे वेल्डिंग, कटिंग और ग्राइन्डिंग का काम देखने में बहुत मजा आता था। मशीनों की आवाज मुझे बहुत पसंद थी।"

इसलिए सुदीप शॉपफ्लोर पर रहते जबकि ईश्वर राजा सर के साथ ऑफिस में बैठते। क्योंकि अमर इंडस्ट्रीज के कई तरह के बिजनेस थे,

इसलिए सीखने के बहुत सारे मौके थे। एक सीईओ को कई सारी चीजें एक साथ संभालनी होती है--कोटेशन भेजना, कर्मचारियों को मैनेज करना, मुनाफे पर नजर रखना।

ईश्वर हमेशा ऑन कॉल होते थे, इसलिए राजा सर को बहुत काम देते थे।

"मैं क्लास में भी होता था तो मेरे पास एसएमएस आता था कि ये ईमेल भेजना है और मैं वहीं बैठे-बैठे फोन पर ही काम कर दिया करता था।"

शनिवार और रविवार की छुट्टी होती थी, इसलिए ये दोनों दिन अमर इंडस्ट्रीज में निकलते थे। और इसके अलावा बीच-बीच में एक्जाम या प्रोजेक्ट या सबमिशन तो होते ही थे।

"शेड्यूल बहुत बिजी था--हमें कई बार क्लास में नींद आ रही होती थी। लेकिन बहुत मजा आ रहा था और हम किसी न किसी तरह मैनेज कर ही लेते थे।"

कॉलेज के थर्ड ईयर में राजा ने अपने पीए को क्रोमियम माइन्स पर कुछ रिसर्च करने को कहा। ये वो एरिया था जिसमें उन्हें इन्वेस्ट करना था।

ईश्वर ने सबसे पहले ऑनलाइन चेक किया, लेकिन जानकारी न के बराबर थी। इसलिए उन्होंने सुदीप से कहा, "चलो उड़ीसा चलकर खुद पता लगाते हैं।"

अगले दिन दोनों लड़कों ने भुवनेश्वर के लिए कोरोमंडल एक्सप्रेस पकड़ ली, बिना किसी रिजर्वेशन के।

"क्योंकि सुदीप उड़ीसा के थे, इसलिए हमें लगा कि माइनिंग इंडस्ट्री के लोगों से बात करने में सहूलियत होगी।"

लेकिन ऐसा हुआ नहीं। सुदीप और ईश्वर उड़ीसा माइनिंग कॉरपोरेशन के ऑफिस पहुंचे। वहां उन्होंने एक अफसर से संपर्क किया, और ये कहा कि वे माइनिंग पर एक प्रोजेक्ट करना चाहते हैं। अफसर ने उनसे कॉलेज से चिट्ठी लेकर आने को कहा।

"हमने कहा कि हम अपनी फैकल्टी को कह देंगे कि वे आपको ईमेल कर दें। लेकिन उन्हें वो चिट्ठी पोस्ट से चाहिए थी, एक लेटरहेड पर।"

ज्यादातर माइनिंग कंपनियों से यही प्रतिक्रिया आई। आख़िर में लड़के सुकिन्डा में एक खान में पहुंचे जिसे टाटा ग्रुप नियंत्रित करता था। सुकिंडा भुवनेश्वर से सौ किलोमीटर दूर था।

"वहां के लिए कोई सीधी बस या ट्रेन नहीं थी, लेकिन हम किसी तरह वहां पहुंच गए।"

वहां के माइनिंग ऑफिसर ने लड़कों की बात सुनी, उनके कॉलेज आईडी कार्ड देखें। और फिर राजी हो गए।

"हमेशा याद रखो कि आपको अपनी ज़िंदगी में परमिशन चाहिए होती है... लेकिन चूंकि आप लोग चेन्नई से इतनी दूर से आए हैं, इसलिए मैं आपकी मदद किए देता हूं।"

उन्होंने लड़कों को टेक्निकल टीम से मिलवाया जिसने एक प्रेजेन्टेशन दिया। यहां तक कि टीम ने एक सीडी भी दिया और उन्हें शुभकामनाएं दीं।

"हमें बहुत बुरा लग रहा था कि हमने उनसे झूठ बोला था, लेकिन हम इस बात को लेकर बहुत खुश भी थे कि हमें जानकारी मिल गई थी।"

चेन्नई लौटने के बाद ईश्वर ने रिपोर्ट जमा कर दी। उस रिपोर्ट के आधार पर बॉस ने इन्वेस्टमेंट कर दिया। उसका एक फायदा ये हुआ कि ईश्वर और सुदीप को लगा कि वे एक टीम के तौर पर काम कर सकते हैं।

"हमें लगा कि अब अपनी कंपनी खोलने का वक्त आ गया है।"

इसी दौरान लड़के कॉलेज के किसी काम से दिल्ली आए थे और करोल बाग के बीकानेरवाला में थे। वहां उन्हें मालूम पड़ा की एक मसाला दोसा यहां 130 रुपए में बिकता है। चेन्नई से होने की वजह से उन्हें ये सुनकर बड़ा झटका लगा। साउथ इंडियन खाना इतना महंगा क्यों है?

दुकानदार ने समझाया, "मुझे कुक को हर महीने बीस से पच्चीस हजार रुपए मसाला दोसा बनाने के लिए देने पड़ते हैं। इसलिए कीमत ज्यादा

है।"

क्या कोई ऐसी मशीन हो सकती थी जो गोल, गर्म और कुरकुरे दोसे बनाए? ईश्वर के दिमाग में ये सनकी आईडिया आया और सुदीप से इस बारे में बात हुई। सुदीप ने कहा, "चलो कोशिश करके देखते हैं।"

चेन्नई लौटने के बाद लड़कों ने उसकी गूगल स्केच बनाने की कोशिश की (एक बेसिक थ्री-डी ड्राईंग)। लेकिन दोनों असफल रहे। इसलिए वे दोनों पास के एक कैड सेंटर में दो हजार रुपए के बजट के साथ गए और एक ड्राफ्ट बनाने को कहा। इसमें पूरे तीन दिन लगे, दिन-रात, और तब जाकर डिजाइनर को समझाया जा सका कि आईडिया क्या है।

"हम मेकैनिकल साइड से नहीं हैं, इसलिए हम जानते भी नहीं थे कि बॉल बेयरिंग क्या होती है। हमने बस इतना ही कहा--एक पिलर बनाते हैं।"

फिर डिजाइनर ने पूछा, "साइज क्या हो? कितना मोटा हो? मैटिरियल क्या हो?"

ईश्वर और सुदीप को बिल्कुल आईडिया नहीं था। लेकिन इतने सारे प्रॉब्लम का एक साथ हल निकाल लेने के अनुभव की वजह से उन्हें यकीन था कि ये भी हो जाएगा। फिर वे चेन्नई के इंडस्ट्रियल आइटम्स के बाजार पैरिज गए, ताकि कुछ दिशा या कुछ क्लू मिल सके।

"80% से ज्यादा दुकानदार आपसे बात तक नहीं करेंगे। वे कहेंगे, आप बताइए आपको कौन सा पार्ट चाहिए--562 बी या 562 सी?"

लेकिन अगर आप वहां थोड़ी देर घूमते रहे, और दुकानदार के पास थोड़ा सा वक्त होने का इंतजार करते रहे तो आप जरूर कुछ न कुछ सीख जाएंगे। आप ये छोटी-छोटी सूचनाएं जमा करते रहेंगे और फिर इंटरनेट पर

"दोसा मशीन बिल्कुल नया कॉन्सेप्ट था, इसलिए हम कल्पना करते गए और उस पर काम करते गए। हमेशा कुछ न कुछ बदलते रहे, कुछ न कुछ जोड़ते रहे।"

"मैं मेकैनिकल इंजीनियर या डिजाइनर नहीं था। मुझे नहीं मालूम था कि कंपनी कैसे चलती है। लेकिन मुझे किसी न किसी तरह ये काम करना ही था... चाहे जो हो जाए। मुझे करना ही था।"

उसे खोज डालेंगे ताकि और जानकारी मिल सके। अगली सुबह आप दूसरी दुकान में जाएंगे और वहां तब तक बैठे रहेंगे जब तक मालिक आपसे दो मिनट बात न कर ले।

धीरे-धीरे आप मेकैनिकल पार्ट्स के बारे में काफी कुछ सीख जाएंगे।

एक और चीज जो आप सीखेंगे वो है वक्त के साथ मैनेज करना। क्योंकि कॉलेज बहुत बंक करना पड़ता था, इसलिए प्रॉक्सी भी लगती थी। फैकल्टी के कुछ लोगों को मालूम था कि ये लड़के कुछ न कुछ कर रहे हैं, लेकिन वे अनदेखा कर देते थे।

पांच महीने के आखिर में ईश्वर और सुदीप एक और कैड डिजाइनर के पास गए और उन्हें इस बार आत्मविश्वास के साथ बताया कि उन्हें चाहिए क्या। एक बार डिजाइन तैयार हो गया तो वे अमर इंडस्ट्रीज गए और थोड़ी सी जगह मांगी।

"हमने अंदाजा लगाया था कि मशीन को बनाने में एक महीने का समय लगेगा।"

लेकिन काम खिंचता ही चला गया। तीन महीने के अंत में लड़कों के हाथ में अभी भी प्रोडक्ट नहीं था।

मशीन को एकदम शुरू से बनाने में वक्त भी लग रहा था और पैसे भी लग रहे थे। ईश्वर और सुदीप ने जिस मशीन के बारे में सोचा था वो एक मीटर बटा एक मीटर की होती और उसका वजन तीन सौ किलोग्राम होता। स्टील का खर्च ही 80,000 रुपए आ रहा था।

"हमने अपने पॉकेट से दो लाख रुपए खर्च किए।"

अपनी 5,000 की सैलरी में से ईश्वर 4,000 सीधे अपने पिता को भेज देते थे ताकि पैसे इधर-उधर खर्च न हो जाएं। इस तरह एक लाख

रुपए बच गए थे और अब वो पैसा काम आ रहा था। ईश्वर के पिता एक और लाख देने के लिए तैयार हो गए।

लड़कों की ढाई महीने की गर्मी छुट्टी मिली और उन्होंने चेन्नई में ही रुकने का फैसला किया ताकि मशीन पर काम हो सके। सबसे मुश्किल गर्मी झेलना था।

"चौदह घंटे बिजली नहीं होती थी। पानी नहीं होता था। लेकिन किसी तरह हमने मशीन को चला लिया... लेकिन वो कभी काम नहीं करता था।"

तब तक ईश्वर और सुदीप दोनों अमर इंडस्ट्रीज से शिफ्ट कर चुके थे और घर के पास एक फैक्ट्री में जगह ले ली थी। लेकिन मुफ्त में जगह के लिए उन्हें मालिक को बहुत मनाना पड़ा था।

"हमने कहा कि प्रोटोटाइप तैयार है--हम बस छोटे-छोटे बदलाव करेंगे।"

गर्मी कई सारे असफल प्रयोगों के साथ गुजर गई और बहुत सारा कच्चा माल बर्बाद हुआ। खुशकिस्मती से कहीं से बीस रुपए किलो के हिसाब से दोसा बनाने का सस्ता मिश्रण मिलने लगा।

फिर एक दिन वो दोसा मिश्रण अंदर गया और दोसा बाहर आया। ईश्वर और सुदीप को लगा कि जैसे वे सातवें आसमान पर हैं।

"वो दोसा जरा सा जला हुआ था, गोल नहीं था लेकिन फिर भी हमें लगा कि वो दुनिया का सबसे अच्छा दोसा था।"

ईश्वर ने एक वीडियो ले लिया और जिससे मिलते, वो वीडियो दिखाया करते। इसी वीडियो की वजह से उन्हें एनआईटी त्रिच्ची में होने वाले बी-प्लान कॉम्पटीशन की इनोवेशन कैटगेरी में पहला स्थान मिल सका।

इंडियन एंजेल नेटवर्क के गगन अग्रवाल को ये आईडिया बहुत पसंद

"अगर एक सॉफ्टवेयर में गड़बड़ी हो जाए तो आप बैकस्पेस दबाकर उसे डिलीट कर सकते हैं, लेकिन हार्डवेयर के साथ आपको पूरे पीस को कबाड़ में फेंकना पड़ता है और नए सिरे से शुरुआत करनी होती है।"

"मुझे मालूम था कि अगर उसका पार्टनर प्लेसमेंट के लिए बैठे तो ईश्वर को अच्छा नहीं लगेगा। इसका मतलब ये है कि वो शख्स कंपनी को लेकर बिल्कुल आत्मविश्वासी नहीं है।"

आया और उन्होंने इस आईडिया को इन्क्युबेट करने का फैसला किया।

"तुम लोगों को एक प्राइवेट लिमिटेड कंपनी बनानी होगी और हमारे पास 5% हिस्सेदारी होगी।"

इसके बदले इंडियन एंजेल नेटवर्क एक मेन्टर देती जो महीने में एक या दो बार लड़कों को कंपनी चलाने में मदद करता।

"कुछ लोगों ने कहा, नहीं 5% बहुत ज़्यादा है, तुम लोगों को पैसे या ऑफिस थोड़े मिल रहा है।"

लेकिन ईश्वर अलग सोचते थे।

"मैंने कहा कि इस आईडिया की फिलहाल कोई अहमियत नहीं है। अगर मैं 5% दे देता हूं तो जरूर कुछ न कुछ होगा।"

इस प्रक्रिया में दोसामैटिक एक प्राइवेट लिमिटेड कंपनी के रूप में रजिस्टर हो गया। और चीजें गंभीरता से चलने लगीं। इसी दौरान लड़कों ने सोचा कि दोसा मशीन एक प्रोजेक्ट नहीं, एक बिजनेस है।

जब ईश्वर और सुदीप सातवें सेमेस्टर के लिए कॉलेज लौटे तो उनके एचओडी ने कहा, "क्या तुम लोग मशीन का डेमो दे सकोगे?"

यूएस की एक कंपनी एबईट (एक्रेडिटेशन बोर्ड फॉर इंजीनियरिंग एंड टेक्नॉलोजी) के प्रतिनिधि एसआरएम कॉलेज ऑफ इंजीनियरिंग आए थे। दोसा मशीन को एक लाइव प्रोजेक्ट के रूप में उनके सामने पेश किया गया और उससे एबईटी टीम बहुत प्रभावित हुई। उससे कॉलेज को एक्रेडिटेशन मिल गया।

"हमसे कॉलेज प्रशासन ने कहा कि एक प्रोपोजल जमा करो और 3-4 महीने के भीतर ही हमें डेढ़ लाख का ग्रांट मिल गया।"

इससे युवा उद्यमियों को अपने कच्चे प्रोटोटाइप पर और काम करने का मौका मिल गया। वे अपने एक दोस्त अनिरुद्ध नाथ को साथ ले आए।

अनिरुद्ध इलेक्ट्रॉनिक्स में उस्ताद थे।

अनिरुद्ध दो ही चीजें करते थे--सोते थे और गैजेट्स के साथ खेलते थे।

बाद में कई और साथियों भी अपना हाथ आजमाया। सब आंट्रप्रेन्योरशिप को बहुत बड़ी चीज समझ रहे थे। लेकिन जितनी मेहनत थी, उसको देखकर उनका उत्साह जाता रहा।

"हम हमेशा से तीसरा को-फाउंडर ढूंढ़ रहे थे, लेकिन हमें कोई मिला नहीं।"

बल्कि दोस्त दुश्मन हो गए। वे फोन करते थे और कहते थे, "आज रात बीचहाउस पार्टी है"। और सुदीप ईश्वर से कहते थे, "चलो चलते हैं।"

ईश्वर याद दिलाते थे कि अभी बहुत सारा काम बाकी है।

दोस्तों के लिए वक्त नहीं था। गर्लफ्रेंड्स के लिए वक्त नहीं था। शुक्रवार की रात दो या तीन बजे तक काम करने के बाद लड़के घर जाते थे। और सुबह सात बजे ईश्वर फिर से सुदीप को जगा दिया करता था।

"दो घंटे और सो लेते हैं," सुदीप बड़बड़ाते।

"हमें जल्दी से एक फरारी लेनी है--चलो, चलो," ईश्वर का जवाब होता।

आधे घंटे के भीतर दोनों फैक्ट्री में होते।

"आज जब मैं याद करता हूं तो लगता है कि हम उस वक्त कितने मोटिवेटेड थे... पता नहीं कैसे। हमारे पास कोई फैक्ट्री नहीं थी, कोई ऑफिस नहीं था, कोई प्रॉपर प्रोडक्ट नहीं था। हमारे पास सिर्फ और सिर्फ एक सपना था।"

एक सपना कि हम ये करके रहेंगे।

कॉलेज में प्लेसमेंट शुरू हो गया था। सवाल था कि प्लेसमेंट के लिए बैठा जाए कि नहीं। उसी दौरान फिल्म 'डार्क नाइट' रिलीज हुई।

ईश्वर को एक सीन याद है जिसमें बैटमैन एक कुंए में गिर जाता है और एक रस्सी के सहारे बाहर निकलने की कोशिश करता रहता है। वो कई बार गिरता है, बार-बार गिरता है। और आखिर में वही रस्सी उसे

बचा ले जाती है।

एक फरिश्ता उसे समझाता है, "तुम्हें मौत से डरना होगा।"

अगर आप बिना रस्सी के कूदते हैं, तो आप असफल होने की गुंजाइश नहीं छोड़ सकते। वो एक मोटिवेशन आपको आगे ले जाएगा।

उसी वक्त ईश्वर ने तय किया, "मैं प्लेसमेंट नहीं लूंगा।"

"मेरी कंपनी फेल नहीं हो सकती--हमारे पास कोई बैक-अप ऑप्शन नहीं है।"

खुशकिस्मती से ईश्वर के पेरेंट्स बहुत सपोर्ट कर रहे थे। लेकिन सुदीप को एक लंबा रास्ता तय करना था।

"मैंने अपने पेरेंट्स को बताया कि मैं टेस्ट दे तो रहा हूं लेकिन मेरा कहीं हो नहीं रहा--मैं क्या करूं?"

आखिर में सुदीप के पिता ने पूछा, "क्या तुम सचमुच प्लेसमेंट के लिए बैठ रहे हो?"

जब उन्हें समझ में आया कि उनका बेटा दोसा-मशीन बिजनेस को लेकर गंभीर है तो उन्होंने साथ देने का फैसला किया। बस एक शर्त रखी।

"मेहनत करो और ये सुनिश्चित करो कि तुम बहुत जल्दी कुछ बड़ा करने लगो।"

इससे ईश्वर और सुदीप को बी. हरि के पास जाने की वजह मिली। हरि कोलकाता में ऑन ट्रैक सिस्टम्स नाम की एक कंपनी के फाउंडर थे। हरि को इन दो नौजवानों की मेन्टरशिप की जिम्मेदारी मिली थी। वे एक बार चेन्नई आए और चार-पांच घंटे सिर्फ इन दोनों से उनकी योजनाओं के बारे में सुनते रहे।

"उस वक्त हमें लगता था कि हम लोग एक होटल खोलेंगे, अपनी मशीन वहां लगाएंगे और दोसे बेचेंगे।"

दिमाग में इसी प्लान को लेकर उन्होंने अपनी कंपनी का नाम मुकुंद फूड्स रखा (मुकंद भगवान कृष्ण का एक नाम है)। सरवाना भवन (भगवान मुरुगन के नाम पर) और वसंता भवन (वसंत के देवता) की तर्ज पर।

"हमें लगा कि अगर चेन्नई में एक सफल रेस्टोरेंट चलाना है तो उसमें

भगवान का नाम होना ही चाहिए।"

तर्क ये था कि एक मशीन बेचने से बीस हजार रुपए का मुनाफा होता। लेकिन दोसा बनाने से लगातार रेवेन्यू आता रहता, इसलिए प्रोफिट ज्यादा होता।

हरि ने कहा, "तुम लोगों ने ऐसी मशीन बनाई है जो दोसा बना सकती है। लेकिन रेस्टोरेंट खोलकर दोसे बेचना एकदम अलग काम है। तुम्हें ये तय करना होगा कि तुम लोग किस बिजनेस में रहना चाहते हो।"

हरि ने दो विकल्प पेश किए। चुनना सुदीप और ईश्वर को था। और तब उन्हें समझ में आया कि उनकी महारत तो मशीनें बनाने में थी।

"उस दिन से हमने अपना ध्यान मशीनें बनाने पर केंद्रित कर दिया और एक प्रोडक्ट कंपनी बन गए।"

इस तरह हरि वो सारथी बने जिसने दोनों लड़कों को बिजनेस की लड़ाई के मैदान में रास्ता दिखाया। उन्होंने कंपनी चलाने के अपने अनुभव उन दोनों से बांटे और ईश्वर और सुदीप को सलाह दी कि वे एक संस्था बनाने के बारे में सोचे। सेल्स के लोगों को हायर करना, डिजाइनर हायर करना।

"बड़ा सोचा और तभी तुम लोग बड़े बन पाओगे, यही उनका दिया मंत्र था।"

इस मीटिंग ने ईश्वर और सुदीप की सोच बदल दी। उन्होंने सब कुछ खुद करने की कोशिश छोड़ दी और अच्छे लोगों को ढूंढ़ने लगे।

इस तरह ईश्वर और सुदीप ने डी-क्यूब डिजाइंस के मोहम्मद शाह के साथ काम करना शुरू किया। आईआईटी कानपुर के ग्रैजुएट मोहम्मद को मेकैनिकल इंजीनियरिंग और प्रोडक्शन इंजीनियरिंग का गहरा ज्ञान था। मोहम्मद ने ही उन्हें टेबलटॉप मशीन का आईडिया दिया, जो एक प्रिंटर की तरह काम करती है।

"मैंने पीटर ड्रकर, फिलीप कोटलर की जीवनियां और किताबें पढ़ीं। मुझे उपन्यासों में कोई रुचि नहीं है।"

"आंट्रप्रेन्योर होने का सबसे मुश्किल हिस्सा है अपने खुद के इमोशन्स को समझना और उनसे डील करना।"

"हमें मालूम था कि हमें मशीन में क्या चाहिए, लेकिन कैसे--ये हिस्सा डी-क्यूब से आया।"

मोहम्मद को हर फंक्शनल जरूरत की समझ थी और उसे कारगर फॉर्मेट में काम करने का तरीका मालूम था। जाहिर है, उनकी सर्विस सस्ती नहीं थी।

"डी-क्यूब ने हमसे चार लाख मांगे, हमने कहा हम आपको इतना दे ही नहीं सकते।"

मोहम्मद ने कहा, "ठीक है। अभी एक लाख रुपए दो और जब तुम्हारा प्रोडक्ट मार्केट में आ जाएगा तो मैं तुमसे अगला इन्स्टॉलमेंट ले लूंगा।"

एक बार फिर ईश्वर ने अपने पिता से पैसे मांगे--उन्होंने बिना कोई सवाल पूछे पैसे दे दिए। सुदीप ने भी अपने परिवार से कुछ पैसे लगाने को कहा।

अक्टूबर 2012 तक टेबलटॉप प्रोटोटाईप दोसामैटिक तैयार था। ईश्वर और सुदीप ने नई दिल्ली के इंडियन एन्जेल्स नेटवर्क की एक कॉन्फ्रेंस में उसे लॉन्च करना तय किया। उस कॉन्फ्रेंस में दो सौ लोग आने वाले थे, और ये एक ऐसा मौका था जहां प्रोडक्ट को नोटिस किया जाता।

लड़कों को अपने पिच के लिए चार मिनट का समय दिया गया। एक दिन पहले उन्होंने मशीन चेक की, सब कुछ ठीक चल रहा था।

अगली सुबह ईश्वर स्टेज पर गए और एक डेमो के साथ अपना प्रेजेंटेशन शुरू किया। बटन प्रेस करते ही एक कुरकुरा दोसा सामने आने वाला था। उन्होंने एक बार बटन दबाया... दोबारा दबाया... लेकिन सिर्फ कच्चा मिश्रण बाहर निकला।

"मैंने तुरंत माइक हाथ में लेकर कहा, लगता है कोई दिक्कत है। हम अभी इसे ठीक किए देते हैं।"

ईश्वर बिल्कुल नहीं घबराए और वापस अपने पावरप्वाइंट पर चले गए।

बाद में उन्हें पता चला कि मशीन में शॉर्ट सर्किट हो गया था।

"जाहिर है हम लोग बहुत दुखी हुए, लेकिन हम क्या कर सकते थे?"

उस कॉन्फ्रेंस में कुछ बड़े लोग भी थे।

"ज़िंदगी में पहली बार कोई हमें गूगल इंडिया के सीईओ राजन आनंदन से इंट्रोड्यूस करा रहा था।"

इस असफलता के बावजूद जो भी मिला, उन्हें प्रोत्साहित ही करता रहा।

लेकिन इस घटना ने दोनों को सोचने पर मजबूर कर दिया। क्या हमें प्रोडक्ट को अच्छा दिखने वाला बनाना चाहिए? क्या हमें क्वालिटी के स्टैंडर्ड पर ज्यादा ध्यान देना चाहिए?

"उस झटके का वजह से हमें कम से कम ये प्रेरणा मिली कि हर हाल में हमें अपना प्रोडक्ट परफेक्ट रखना है।"

ईश्वर और सुदीप ने तय किया कि तब तक कोई इवेंट्स नहीं किए जाएं, जब तक एक ऐसी मशीन न तैयार हो जाए जो पूरी तरह से बिना रुके चलती हो। सवाल ये था कि वैसी मशीन बनाई कैसे जाए।

जब आप ऐसे सवाल पूछते हैं तो जवाब भी यूनिवर्स से ही आता है, एक दिन आप जवाब भी सुन लेते हैं। दोसामैटिक के लिए ये जवाब एलिस्टेयर डीरोजैरियो में मिला।

एक दिन ईश्वर बाजार में बॉल बेयरिंग की तलाश कर रहे थे। एलिस्टेयर उसी दुकान में काम करते थे, और एलिस्टेयर ने ही ईश्वर से पूछा, "आपको ये बॉल बेयरिंग किस चीज के लिए चाहिए?"

जब एलिस्टेयर को इस अजीब सी दोसा बनाने वाली मशीन के बारे में पता चला तो उन्होंने कहा, "मुझे दिखाओ। चलो तुम्हारी फैक्ट्री चलते हैं।"

तभी एलिस्टेयर ने अपनी पुरानी मोटरसाइकिल निकाली और ईश्वर के साथ पचास किलोमीटर दूर ओल्ड महाबलिपुरम रोड पर उनकी फैक्ट्री के लिए निकल पड़े। एलिस्टेयर ने मशीन देखी और पूरी रात काम करने के लिए रुक गए।

"मैंने तुम्हारी प्रॉब्लम सॉल्व कर दी है", अगली सुबह एलिस्टेयर ने कहा।

इंजीनियरिंग कॉलेज की आधी पढ़ाई छोड़ चुके एलिस्टेयर मेकैनिकल जीनियस थे। उन्हें मशीनों के साथ सही मायने में काम करना आता था।

एलिस्टेयर 2013 की फरवरी में 5000 रुपए की सैलरी पर काम करने के लिए साथ आ गए। मार्च के अंत तक जो मशीन पांच-छह दोसे बना रही थी, वो सौ दोसे बनाने लगी थी। बिना किसी ब्रेकडाउन के।

"हमने आईआईटी के लोगों से पूछा, प्रोफेसरों से बात की, इंडस्ट्री के एक्सपर्ट्स से बात की। लेकिन जितनी आसानी से ऐलिस्टेयर ने हमारी प्रॉब्लम को सॉल्व कर दिया, वैसा कोई नहीं कर पाया था।"

दिसंबर 2013 में एक मजबूत, भरोसेमंद मशीन काम करने के लिए तैयार थी। उसका वजन सिर्फ पचास किलो था, और दोसामैटिक की इस मशीन में मिश्रण, पानी और तेल के लिए कन्टेनर बने हुए थे। एक बटन प्रेस करते ही मिश्रण बाहर निकल आता है, अपने आकार में फैल जाता है, उस पर तेल छिड़क जाता है और मिश्रण दोसे में तैयार हो जाता है। एक मिनट के भीतर गर्मागर्म दोसा तैयार हो जाता है।

एक बार फिर दिल्ली जाने का वक्त आया, ताकि इस चमत्कारिक मशीन को निवेशकों को दिखाया जा सके। इस बार मशीन अच्छी तरह काम कर रही थी।

"हमने सादा दोसा, बटर दोसा और मसाला दोसा बनाया। इस बार हमें फंडिंग मिल गई।"

जहां शुरू में प्लान बीस लाख रुपए जुटाने का था, वहीं उनके मेन्टर ने सलाह थी कि इतना काफी नहीं होता। उन्होंने कहा कि और बड़ा, महत्वाकांक्षी प्लान लिखा जाना चाहिए।

"हरि सर ने हमेशा 'बड़ा सोचो' में यकीन किया--बस इतना ही। और उन्होंने ही हमें अपने प्लान को और आगे बढ़ाने में हमारी मदद की, निवेशकों को भरोसा दिलाया।"

जून 2013 में कॉलेज से ग्रैजुएट करने का वक्त आ गया था। उसी

महीने ईश्वर और सुदीप को इंडियन एन्जेल नेटवर्क से स्वीकृति भी मिल गई। औपचारिकताएं पूरी होने के बाद फंड रिलीज हो गया।

लड़कों ने तय किया कि अब बैंगलोर शिफ्ट करेंगे क्योंकि उस शहर में स्टार्टअप के लिए माहौल अच्छा है। बिजली भी कम जाती है। इस तरह ईश्वर, सुदीप और ऐलिस्टेयर बैंगलोर पहुंचे। दिक्कत ये थी कि वे अभी भी फंड्स का इंतजार कर रहे थे।

"हमने किसी तरह छोटे-छोटे अमाउंट में फंड जमा किया और प्रोडक्ट पर काम करते रहे।"

आखिरकार अक्टूबर में बैंक में पैसे आ गए। दिसंबर तक बेचने लायक एक प्रोडक्ट आखिरकार तैयार हो गया। अब वक्त आ गया था कि होटलों के पास जाकर उन्हें इस प्रोडक्ट को खरीदने के लिए राजी किया जा सके।

ईश्वर के नेतृत्व में एक छोटी सी सेल्स टीम ने पूरे बैंगलोर में कोल्ड कॉलिंग शुरू की।

"जब हम स्टूडेंट्स थे तब आसान था। लेकिन कोई सेल्सपर्सन को तवज्जो नहीं देता।"

लेकिन इस खेल में लगे रहना ही काम आता है। हर एरिया के होटलों को श्रेणियों के हिसाब से बांट दिया गया है। एक सेल्सपर्सन सिर्फ उन्हीं आउटलेट्स का ख्याल रखता है जहां दोसे की कीमत तीस रुपए से कम है। दूसरा मॉल्स के क्विक सर्विसेज रेस्टोरेंट्स में जाता है।

"हम उन्हें अपनी मशीन पिच करते हैं और ऑफिस में आकर डेमो देखने को कहते हैं।"

ऑपरेशन में आसान और दोसों का स्वाद दो मुख्य चीजें हैं, जिनकी वजह से बेचना आसान होता है। आपको हर महीने 20,000 की तनख्वाह देकर अनुभवी कुक या मास्टर रखने की जरूरत नहीं है। इसलिए हालांकि मशीन की कीमत डेढ़ लाख रुपए है, लेकिन एक रेस्टोरेंट के मालिक को 6-9 महीने में फायदा दिखाई देने लगता है।

90% ऑर्डर ऐसे हैं जो क्विक सर्विस रेस्टोरेंट्स से आते हैं।

"हमें उत्तराखंड के ऋषिकेष और आंध्र के श्रीकलाकुलम जैसी जगहों से ऑर्डर आ रहे हैं।"

ये कस्टमर स्काईप पर डेमो देखकर ऑर्डर देते हैं।

बल्कि ब्रिस्बेन और लंदन तक से एन्क्वारी आने लगी है। युवा उद्यमी ग्राहकों को जरूर सावधान करते हैं कि ब्रेकडाउन हुआ तो मशीन को अपने खर्चे पर वापस भेजना पड़ेगा। फिर भी कस्टमर कहते हैं, 'नो प्रॉब्लम'।

मार्च 2014 में फैक्ट्री से पहले सेट की मशीनें बाहर निकलीं। वेल्डिंग और कटिंग का काम आउटसोर्स किया जाता है जबकि असेम्बली पूरी तरह इन-हाउस होती है। सुदीप पूरे प्रोडक्शन की जिम्मेदारी संभालते हैं जबकि ऐलिस्टेयर ट्रबलशूटर हैं, डिजाइनर हैं और रिसर्च-डेवलपमेंट का काम भी देखते हैं।

"हम फिलहाल मशीनें खुद बनाना चाहते हैं। जैसे-जैसे संख्या में इजाफा होगा, हम मशीनें आउटसोर्स करेंगे।"

दोसामैटिक का अनुमान है कि हर दिन भारत में लोग दस करोड़ से ज्यादा दोसे खाते हैं। अगर इस मशीन को घरेलू वर्जन आ जाए तो उसका मार्केट कितना बड़ा होगा, ये अंदाजा लगाना मुश्किल नहीं। टीम अब उस पर काम शुरू भी कर चुकी है।

"हमारा सपना है कि पांच सालों के भीतर हर उस घर में जहां माइक्रोवेव अवन है, वहां एक दोसा मशीन भी हो।"

अपने पहले साल के अंत तक 31 मार्च 2014 को मुकंद फूड्स के पास तीस कन्फर्ड ऑर्डर और पंद्रह कर्मचारी थे (जिनमें चार सेल्स में थे और बाकी मैन्युफैक्चरिंग में)। फिलहाल फोकस आंकड़े पर नहीं, बल्कि बिजनेस मॉडल को सही बनाने पर है।

"हम अलग-अलग शहरों में आईटीआई के डिप्लोमा होल्डरों के साथ मिलकर सर्विस सेंटर खोल रहे हैं। हमारा लक्ष्य संतुष्ट कस्टमर और पॉजिटिव फीडबैक है।"

ऐप्पल के इस जमाने में लोगों को खुश करना इतना भी आसान नहीं।

"हमसे किसी ने पूछा कि क्या कोई ऐसा इनबिल्ट ऐप्प भी है जो

फोन से मशीन चला सके।"

इसमें कोई शक नहीं कि लक्ष्य बेहतर बनता चला जाता है। लेकिन इतना एडवांस होने में अभी कई साल लग जाएंगे। परफेक्ट प्रोडक्ट बनाने की बजाए ईश्वर और सुदीप करने में और ग्राहकों की सुनने में यकीन करते हैं ताकि प्रोडक्ट के हर नए बैच के साथ प्रोडक्ट और बेहतर बन सके।

स्टूडेंट होने से लेकर इन्वेंटर बनने तक, और फिर कमर्शियल आंट्रप्रेन्योर बनने की मंजिल तक ईश्वर और सुदीप का ये सफर कमाल का रहा है। इस तरह उन्होंने समस्याओं से जूझना, पैसे मैनज करना और खुद को मैनेज करना भी सीखा है।

"हमारे ऐसे कई दोस्त हैं जिन्होंने कंपनियां खोलीं और फिर असफल रहे, क्योंकि इमोशनली असफल रहे।"

हर इंजीनियर के दिमाग में ये सवाल रहता है--क्या मुझे एमबीए की जरूरत है? ईश्वर और सुदीप कहते हैं, नहीं। चाहे फाइनेंस हो या मार्केटिंग, आपको क्लासरूम में ये सीखने की जरूरत नहीं है। ज्यादा बड़ी चुनौती लोगों को मैनेज करना है और एक डिग्री उसे आसान नहीं बनाएगी। इसकी शुरुआत आपके ऑर्गनाइजेशन के लिए सही लोग ढूंढ़ने से होती है।

"हम जब हायर कर रहे होते हैं तो हम मार्क्स नहीं देखते हैं, क्योंकि मार्क्स जरूरी नहीं है। हम उन्हें टेस्ट करने के लिए एक लाइव प्रोजेक्ट देते हैं।"

कंपनी के भीतर ईश्वर और सुदीप के बीच दोनों ने अपने-अपने रोल तय कर लिए है। जहां सुदीप अपनी टीम के साथ हंसी-मजाक करते हैं, ईश्वर अनुशासनप्रिय हैं। और इससे संतुलन बना रहता है।

कंपनी चूंकि अभी अपने शुरुआती दौर में है, इसलिए पूरी टीम शनिवार और रविवार को भी काम करती है।

अभी रास्ता बहुत लंबा है। कई अड़चनों को पार करना जरूरी है। कई पर्वतशिखर चढ़ना बाकी है।

लेकिन आपकी नजरें अगर सड़क पर हों और हाथ दिल पर, तो आप वहां पहुंच ही जाएंगे।

युवा उद्यमियों को सलाह

सुदीप

जब आप कॉलेज में हों तभी शुरुआत करें। ये न सोचें कि मैं कॉलेज से पास कर जाऊं, फिर कुछ शुरू करूंगा। वो कभी नहीं होगा, आप कोई न कोई कंपनी ज्वाइन कर ही लेंगे और एक बार आपकी जेब में पैसे आने शुरू हो जाएंगे तो आप आगे बिल्कुल नहीं सोचेंगे।

अगर आपको आईआईएम अहमदाबाद का इन्क्युबेशन मिल जाता है, या फिर सीआईआई या नैसकॉम से, तो फिर आंख मूंदकर वो शुरू कर दीजिए। पैसों के लिए नहीं, बल्कि सही एक्सपोजर और अनुभव के लिए। सही मेन्टर के लिए। इससे आपको अपने रेवेन्यू मॉडल पर फोकस करने में मदद मिलेगी, और आप बिजनेस को चलाने को लेकर गंभीर हो जाएंगे।

आखिर में, कई लोग आपसे ये वादा कर सकते हैं कि वे आपकी मदद करेंगे। लेकिन कोई करता नहीं है। इसलिए किसी पर निर्भर मत रहिए, सिवाय खुद के।

ईश्वर

स्टार्टअप चलाना मैराथन दौड़ने जैसा है, और एक प्रोडक्ट कंपनी को चलाना डबल मैराथन है। आपको बहुत सारा धैर्य चाहिए होगा इसके लिए।

पांच साल तक अपने जुनून को बचाए रखें। आपको कई बार लगेगा कि मैं बहुत प्रतिभाशाली हूं, इसलिए मुझे जल्दी सफलता मिलेगी। लेकिन ऐसा नहीं होता है।

हमने शुरू में ये भी किया कि मशीन से बने हुए दोसे खुद ही बेचे। हम दस दोसे बेचते थे और फिर मशीन बंद हो जाती थी। हम मशीन को फिर से ठीक करते थे और उसे वापस चला दिया करते थे। लेकिन हमें मालूम चल गया कि हमारे दोसे तवे के दोसों जितने ही अच्छे हैं। कोई अंतर नहीं बता सकता। इससे हमें आत्मविश्वास मिला कि हां, प्रोडक्ट काम कर रहा है। हमें चलते रहना चाहिए। चाहे जो हो जाए।

स्टार्ट-अप रिसोर्स

अगर आप इस किताब में शामिल किसी भी युवा उद्यमी से संपर्क करना चाहते हैं तो उनके ईमेल और वेबसाइट के पते नीचे दिए हुए हैं। अगर आप जल्दी रिस्पॉन्स चाहते हैं तो सटीक सवाल या कमेन्ट भेजें। और थोड़ा सब्र रखें!

1. शाशांक एनडी – shashank@practo.com
   अभिनव लाल – abhinav@practo.com, www.practo.com
2. सौरभ बंसल – sbansal@magicrete.in
   पुनीत मित्तल – puneetmittal@magicrete.in
   सिद्धार्थ बंसल – sidharth.bansal@magicrete.in, www.magicrete.in
3. प्रकाश मुंधा – Prakash.blessingz@gmail.com
4. प्रभकिरन सिंह – prabhkiran@bewakoof.com
   सिद्धार्थ मुनौत – siddharth@bewakoof.com, www.bewakoof.com
5. अंकित गुप्ता – ankit@innovese.com
   ध्रुव सोगानी – dhruv@innovese.com, www.innovese.com
   नीरज अग्रवाल – nee.agl@gmail.com
6. रूपेश शाह – rupesh@inopen.in, www.inpoen.in
7. अरुज गर्ग – arujgarg@gmail.com
8. अनुराग अरोरा – 12aarora@ibsindia.com
9. अपूर्वा जोशी – apurvapj@gmail.com, www.fraudexpress.com
10. ईश्वर विकास – eshwar@mukundfoods.com
    सुदीप साबत – sudeep@mukundfoods.com www.dosamatic.com

स्टूडेंट बिज़नेस-प्लान कॉम्पटिशन्स

स्टूडेंट आंट्रप्रेन्योर्स के लिए कुछ अहम स्टूडेंट बिजनेस-प्लान कॉम्पटिशंस

यूरेका–आईआईटी बॉम्बे

2.4 करोड़ रुपए की कुल प्राइज मनी। इसके अलावा कानूनी और वित्तीय कन्सलटेंसी सर्विस भी, मेन्टरशिप भी। www.ecell.in/eureka

एम्प्रेसारियो–आईआईटी खड़गपुर

एक ऐसा बिजनेस प्लान कॉम्पटिशन जिसमें तीन श्रेणियों में एंट्री ली जाती है--क्लीन टेक चैलेंज, एक्लेयरज (सोशल पहल) और नेजोकियो (वेब और मोबाइल ऐप्प आईडिया) www.ecell&iitkgp.org/empressario

ग्लोबल सोशल वेंचर चैलेंज (जीएसवीसी)–हास स्कूल ऑफ बिजनेस, यूसी बर्कले

दुनिया भर की टीमें पचास हजार डॉलर की इस प्राइज मनी के लिए स्पर्द्धा में होती हैं और अपने वेंचर के लिए प्रोफेशनल फीडबैक हासिल करती हैं। अभी तक शामिल 25% प्रतिभागी अपनी कंपनियां चला रहे हैं। gsvc.org/

द टाई इंटनैशनल बिजनेस प्लान कॉम्पटिशन

दुनिया का सबसे रईस बी-प्लान कॉन्टेस्ट जिसे राइस यूनिवर्सिटी के साथ मिलकर आयोजित किया जाता है। 2013 में आईआईटी खड़गपुर की टीम (बीटाग्लाइड) ने ये प्रतियोगिता जीती और दस लाख डॉलर का इन्वेस्टमेंट हासिल किया। tie.org/tie-international-business-plan-competition/

फर्स्ट डॉट

स्टूडेंट स्टार्टअप के लिए भारत का पहला मेंटरिंग प्लैटफॉर्म। इसे नेशनल आंट्रप्रेन्योरशिप नेटवर्क होस्ट करते है और इसे टाटा ग्रुप सहयोग देता है। www.tatafirstdot.com

‘हॉल ऑफ फेम’ स्टूडेंट ऑन्ट्रोप्रॉन्योर्स

नेता, अगुवा, नई राह बनाने वाले। क्या आप जानते हैं कि इन सारे सफल उद्यमियों ने अपनी यात्रा एक स्टूडेंट के रूप में शुरू की थी? (इनका नाम गेस कीजिए!)

1. ये एसआरसीसी में अपने एक दोस्त के साथ मिलकर रॉक कॉन्सर्ट आयोजित किया करते थे। कई बार कैंपस से गायब रहने की वजह से आईआईएम अहमदाबाद में इनके कमरे के बाहर एक बोर्ड लगा दिया गया था, जिस पर लिखा था, ‘विजिटिंग स्टूडेंट।’
2. मेकैनिकल इंजीनियरिंग के इस स्टूडेंट ने घंटों कंप्यूटर लैब में बैठकर लिनक्स सीखा। कॉलेज के थर्ड ईयर में याहू ने इन्हें नेटवर्क सेक्योरिटी का जॉब ऑफर किया (जो उस बैच की सबसे ऊंची सैलरी थी)।
3. सेंट जेवियर्स कॉलेज मुंबई की इस स्टूडेंट ने अपने दोस्तों को वॉलन्टियर्स के रूप में इकट्ठा किया, और कुछ बच्चों को स्लम से जमा किया। फिर इन बच्चों को स्कूल के बाद पढ़ाना शुरू कर दिया।
4. वीएनआईटी नागपुर के स्टूडेंट्स ने इंजीनियरिंग परीक्षाओं के लिए स्टडी मैटिरियल बेचने के लिए पब्लिशिंग कंपनी बनाई। सेकेंड ईयर कॉलेज के बाद उन्होंने अपने पेरेंट्स से कभी पैसे नहीं लिए--फीस के लिए भी नहीं।
5. सोफिया पॉलिटेक्निक की इस स्टूडेंट ने अपने लिफ्टमैन और दर्जी की मदद से कैनवस बैग बनाना शुरू किया। बैग बनाने में 25 रुपए की लागत आती थी, और उसने उन बैगों को 60 रुपए में बेचा!

क्लूः आप मेरी पिछली किताबों में से ही इनके उत्तर ढूंढ़ सकते हैं। पांच लोग, पांच किताबें--ढूंढ़ना शुरू करें। :)

जो 100 लोग मुझे सही जवाब भेजेंगे, उन्हें एक सरप्राइज गिफ्ट मिलेगा।

अगले 1000 को पर्सनल मेसेज मिलेगा।

अपनी एन्ट्री mail@rashmibansal.in पर अपने स्कूल या कॉलेज के नाम और कॉन्टैक्ट नंबर के साथ भेजें।

(ये कॉन्टेस्ट सिर्फ कॉलेज स्टूडेंट्स के लिए खुला हुआ है।)

क्या आप में भी वो बात है?

रश्मि बंसल की अगली किताब में जगह पाएं

क्या आप पहली पीढ़ी के आंट्रप्रेन्योर हैं? क्या आपके पास भी प्रेरणा की एक ऐसी कहानी है जो आप बांटना चाहते हैं? अगर आप ऐसे एक शख्स हैं तो मुझे अपनी कहानी संक्षेप में भेज दें। आप किसी ऐसे शख्स की भी कहानी भेज सकते हैं जिसे आप निजी तौर पर जानते हैं। ईमेल आईडी है,
mail@rashmibansal.in

रश्मि बंसल के साथ काम करने का मौका

मैं अपनी कंपनी बुशफायर पब्लिशर्स के लिए ऐसे लेखकों और पत्रकारों की तलाश में हूं जिनके पास तीन से पांच साल का अनुभव है। ये लेखक मेरे साथ दिलचस्प शख्सियतों की जीवनियों पर काम करेंगे। उन्हें इंटरव्यू लेने और लेखन की शैली पर मैं ट्रेनिंग दूंगी।
ये पोजिशन मुंबई और अहमदाबाद के लिए है।
अपने तीन सैंपल्स के साथ मुझे ईमेल करें, mail@rashmibansal-in पर।

बल्डी गुड बुक के जरिए पब्लिश होने का मौका

अगर आप नए लेखक हैं तो मैं आपको www.bloodygoodbook.com (BGB) के साथ जुड़ने का न्यौता देना चाहती हूं। ये नया प्लैटफॉर्म नए लेखकों की तलाश करने और उन्हें पब्लिश करने के इरादे से शुरू हुआ है। हम हर किताब के पहले तीन चैप्टर अपनी वेबसाईट पर डालते हैं, ताकि पाठक उन्हें पढ़कर अपने कमेंट दे सकें। जिन किताबों को सबसे अच्छी रेटिंग मिलती है उन्हें हम बीजीबी एडिटर्स की मदद से ई-बुक्स के तौर पर, या प्रिंट में वेस्टलैंड एडिटर्स

की मदद से लेते हैं।

अपने लॉन्च के पहले छह महीने में ही ब्लडी गुड बुक्स को सत्तर पांडुलिपियां मिलीं, और 1200 से ज्यादा कमेंट्स मिले। हमने जिस पहली किताब को चुना है, वो एक थ्रिलर है जिसका नाम है ब्रूटल, और उसे उदय सत्पथी ने लिखा है। किताब पर अपनी नजर बनाए रखिए।

मैं अपने जीवन में क्या करना चाहता/चाहती हूं *(मेरा लक्ष्य)*

____

____

____

____

____

अगले 12 महीने में मैं ये पांच काम करूंगी/करूंगा *(अपने लक्ष्य के नजदीक पहुंचने के लिए)*

____

____

____

____

____

Arise Awake के फेसबुक पेज पर शेयर कीजिएः

www.facebook.com/AriseAwakebook